送禮的藝術

從特洛伊木馬到動物園熊貓，50件外交禮物背後的世界史

Diplomatic Gifts

A History in Fifty Presents

Paul Brummell 保羅・布魯梅爾 ——著 鄭煥昇 ——譯

獻給瓊恩與鮑伯，我的母親與父親

目次

CONTENTS

臺灣好評推薦

國與國的交往，和人與人之間的友誼，道理是相近的。禮物，無論貴重與否，心意是重點。

——吳釗燮，外交部長

外交送禮不一定要很實用，但一定要很有故事。每個人都想展現自己國家最好的一面，也想表達對另一方的友好與理解。送禮之前不只要仔細打聽、送禮當下要挑對場合、送禮之後更要想辦法延伸禮物的存在時間與意義。

我曾經跟臺灣藝術家訂製了一條藍染方巾，送給瓜地馬拉駐台大使。上頭有瓜地馬拉的國鳥格查爾鳥，與代表臺灣的臺灣藍雀。當聽到大使說要把方巾裱匡起來放大使館時，我便知道這個禮物完成了它繼續說故事的任務。

本書雖然是關於外交送禮的歷史，但更多是關於人的心思與社會觀察。希望大家看完這本書，都能成為會送禮物的人，並在每一份收到的禮物中得到支持與信任的滋養。

——郭家佑，台灣數位外交協會理事長

外交送禮隱藏的政治意圖，「熊貓」或許是最佳案例之一。本書當然也沒錯過當初一九七二年時，中國分別送給美國、日本的大熊貓案例。當時的人恐怕也沒想到，日本後來還真的塑造出了熊貓熱潮與經濟效益。有趣的是，這份熊貓大禮對於臺灣的處境而言也是微妙的存在，還誤傳過木柵動物園的熊貓是用「中藥材名義進口」。儘管中藥材說法是假的，但禮物背後的算計絕不單純，這也是外交送禮值得細究之處。

——林齊晧，UDN Global 轉角國際主編

送禮對於個人、國家都不容易，「眉角」很多。送禮可能送到君王心坎裡，也可能釀成國安危機。這本書從禮物談外交，作者即是專業外交官，寫起送禮，可說點滴在心頭。

對高中生來說，教科書無法好好講的，可以在《送禮的藝術》找到細緻的描述與豐富意義。例如在〈查理曼的大象〉一章，透過兩大帝國的結盟，串起歐亞大陸幾個政權的合縱連橫，很有統整歷史知識的效果。當然，中古大象作為禮物，讓人聯想到現代熊貓的使命，也投射出特定時空對這些禮物的想法。

——蔡蔚群，北一女中歷史科教師

你是否曾經為了該送給親友、客戶或長官什麼禮物而困擾？對於一個國家的統治者或外交官來說，這個問題無疑更令人頭疼了！畢竟禮物的真正價值通常不在於價格，而在於其背後的意義。是該表達善意，還是該展現國力？是該賦予象徵意義，還是得著眼於實用性？本書介紹了各種荒誕奇特的外交贈禮，同時為讀者揭露出背後國際角力的隱喻。五十個禮物蘊含著歷史冷知識的趣味橫生，也包含外交禮儀的細膩巧思。下次為該送什麼禮物煩惱時，就翻開這本書從歷史中找靈感吧！

——**吳宜蓉，《開箱臺灣史》作者、歷史教師**

推薦序

送一枝梅花給國王

陳國棟（中研院史語所研究員）

送禮真的是一種藝術、一門巧思，因為要透過禮物收受來表達特定的意念。現在偶爾有人利用送禮的方式來惡搞收禮的一方，不過，送禮及收禮以後的答禮，根本的用意還是在培養與鞏固雙方的關係。給予禮物的一方在挑選與決定送出的禮物時，理論上都應該把對方的感受當成是最重要的考慮。只不過，價值觀因人而異、隨國而異，送禮的一方與收禮的一方想法常常會有落差，有時候這落差還很不小！

春秋時代，江南的越國派了一位名叫諸發的人到北方黃河流域的梁國出使。諸發帶著準備送給梁王的禮物——沒有別的——就是簡單的一枝梅花！負責接待的梁國臣子韓子覺得這未免太沒誠意，就跟同僚說：我來讓他丟臉丟臉吧！

只是直白地嫌人家禮物微薄也難開口。因此，一見面，韓子就另外找個理由來說嘴。他藉口諸發沒有戴帽子，就向他說：「國王有交待，有戴帽子才見，不然不見。」不戴帽子是越國的風俗，戴帽子是梁國人的習慣。我們可以想像北國天冷，戴帽子好保暖，南方的情況當然不同。可是，既然韓子都那麼欠缺體諒了，諸發就回答他說：「越國和梁國一樣，都是周天子所分封的邦國，地位相等，只是地理位置不同而已。梁國位在內陸北方；越國則偏處東南靠海之處，境內水中生物特別多。南方天暖，越國人因此剪短頭髮，紋身、穿比較少的衣物以適應在地的環境條件。生活環境與風俗習慣不一樣，穿著當然不同。我們依照本國打扮前來貴國，有何不對呢？如果貴國派遣使節到我國去，我們國王也要求使節剪斷頭髮，在身上刺青才肯見面，你們願意嗎？如果你們覺得妥當，那請借一頂帽子給我戴，好見大王；如果不是，那就請讓我維持本國的風俗。」韓子還沒想好要怎麼回答，宮殿裡的梁王一聽完就披上外衣，直接跑出來和諸發見面，同時也趕走了韓子。

梁國地處黃河流域，屬於中原文明的一環。越國則為南方臨海國家。兩國人民的生活習俗有所不同，因地制宜，各有特色。諸發一則強調兩國都是周天子所封，因此地位平等。文化氣質則各自發展，應該相互尊重。梁王聽了深深覺得有道理，就站到他這邊。

以上這個故事記錄在漢朝劉向編輯的《說苑》這部書裡。書中第十二章〈奉使〉的一篇專門講列國使臣的故事，其中講晏嬰出使齊國的那一段最為膾炙人口。至於諸發的故事，後來的討論都歪了樓，都在講送一枝梅花當禮物，恰當與否的事。文人當然說好，很雅啊！但是收禮的人，如果是你，會不會覺得少了些什麼呢？

其實，一枝梅花也可以很珍貴。在氣候濕暖的南方，梅花樹少見，開花更是難得，因此在越國說不定很受喜愛。諸發用這樣的心理去送禮，分享其所愛，用心也不錯。可是這也未免太自我了，他不是該想想在北方梁國，梅花可是千樹、萬樹，成片綻放啊！說來韓子也沒有錯呢！他同樣也只是從自己的角度看問題。好在梁王很大氣，懂得尊重他國，也懂得外交的本意，成功處理了這個事件。

越國與梁國都是周天子分封的邦國，國家的基礎是平等的。可是歷史上的國家往來，未必都是這樣。以周天子來說吧，中國境內的邦國都是由他分封出去的，中國之外的其他國家則都被當成是蠻夷，連封國的地位都不及。地球上所知的世界為天下，全天下只有一位天子，天子獨大。秦始皇以後，天子一般叫作皇帝，皇帝也獨大。從中國皇帝的觀點來看，其他國家要和中國互動或交涉，就得走朝貢的路，把自己國家的地位放低一等。

天下的觀念就是天無二日，地無二國，因此其他的國家都應臣屬中國。即使是因為失去大陸而偏處臺灣一隅的鄭經，因為尊奉早在康熙元年（一六六二年）就已經離世的南明皇帝，持續使用「永曆」為年號來印發稱為「大統曆」的曆書，以示天下仍然是大明的一統天下，頒贈給外國的禮物也就包括這一項。英國牛津大學就藏有一本永曆二十五年（一六七一年）的大統曆。當年鄭經一口氣送給到臺灣交涉的英國東印度公司代表五十本，著名的化學家波義耳因為對書中帶有的中國天文知識感興趣而取得一本，最後捐贈予牛津大學的圖書館。顯然，英國人在乎的根本不是「大統曆」所代表的天下觀與朝貢體系的概念。

乾隆五十八年（一七九三年），英國派出的使節馬戛爾尼帶了豐厚的禮物，以補慶祝乾隆皇帝八十大壽的名義前往中國，希望請中國擴大開放貿易、讓英國派遣使節常駐中國等事情。英國視中國為一個對等的國家，中國則把馬戛爾尼當成是朝貢的使節，而他的國家地位比中國低。在這樣的思維之下，英國贈送的禮物就沒有受到足夠的注意，沒有被費心看出它們的意義。

其實，在馬戛爾尼動身到中國前的三十年，後來被稱作「工業革命」的歷史大事件早已在英國發生，而其他科技進步更遠在那之前就已經開始。航海、科技與工業的進步讓英國具有擴大對外貿易的基礎，因此馬戛爾尼的國禮當中，強烈展現了這方面的成就。構成禮物的精品包括工業機具、儀器、槍砲刀劍、金銀製作的戰船模型、地圖、毛毯、馬車……等等英國的優良產品，卻沒被清廷重視。儘管交涉未獲成功的直接原因是馬戛爾尼不願完整地執行朝貢制度所要求的儀節，背後的原因也係皇帝以及近臣都不瞭解那些禮物所代表的英國國力。

假如馬戛爾尼的禮物送到中國時，在位的皇帝是康熙玄燁，而不是乾隆弘曆，故事或許會大不相同。乾隆皇帝追求文治武功的成就，也自居為一名文人，對待西方傳教士所介紹的科學，態度冷漠。康熙皇帝則不然。康熙皇帝因為對西方玻璃工藝興趣濃郁，自己就在皇城裡設了一座玻璃工廠，從事研發、製作。他也對研發琺瑯彩顏料感興趣，因此就廣羅人才、蒐集資訊，還親自帶領團隊做實驗。當時西方的奈米金（用王水鎔開黃金）技術才發明不久，就被他學來製作琺瑯彩的「金紅彩料」。康熙皇帝的態度反證了乾隆皇帝因為欠缺興趣與相關知識，因此未能評估出英國國禮內含的意義，也就不能認知大英帝國在軍事、航海、科技與經濟上的實力，自以為是而不能領略英國的威脅已經迫在眉睫。

不過，康熙皇帝也沒有那麼神，對於他所收到的禮物，有些處理方式也讓我們想像不到。康熙六年（一六六七年），荷蘭進貢，送給才十四歲的他來自波斯（伊朗）的駿馬還有印度的瘤牛（又稱肩峰牛），此外還有荷蘭人精鍛的刀劍。數十年後，他的兒子兼繼承人雍正皇帝在《庭訓格言》

這本書裡，記錄他老爸有一天指著桌上的一把荷蘭鐵尺跟他說，這把鐵尺不但不會彎曲而且沒有鐵鏽的味道，告訴他這正是用荷蘭刀改作的。康熙皇帝顯然知道荷蘭人的鍛冶技術好、刀劍的殺傷力強，可是他卻要強調把兵器改成書桌上的鐵尺，因為要「偃武修文」才是儒家社會的價值。

從以上幾個故事可以想到：禮物真的代表很多東西，國家的禮物更不用說。當然，外交送禮，前面也說過，有時候只是拿來鞏固既有的關係，接近常態性活動。不過，史書記事其實像是一種「縮時攝影」，國與國之間的外交往來實際上多年才發生一次，因此都要當成大事來處理。在這種場合，大致上就要挑選貴重或者稀奇罕見的東西，像是珍珠、琥珀、玉石……等等，經過精巧的加工，作為國禮，才見用心。不過，特別少見、特別美麗、特別凶猛或者特別可愛的動物，更為吸睛，更容易討好對方。這就包括獅子、老虎、犀牛、大象、老鷹、天堂鳥……等等，隨處不同。

動物因為生態條件與生活領域的限制，只有某些地方有，而且具有生命，餵養不易，備受統治者歡迎。元朝時，印度洋國家不時進貢「福鹿」給蒙古大汗——，「福祿」其實就是斑馬，產在非洲。印度洋的西側是東非，東非的野生動物種類特別多，西亞及非洲的君主常常拿來作國禮，贈送給印度洋周邊的其他國家。最厲害是送長頸鹿。一隻長頸鹿可以高達五六公尺，重達一兩千公斤，要從海上搬運，說多不容易就不容易，因此被當成是大禮。鄭和下西洋時，船隊發現埃及馬穆魯克蘇丹送了一隻長頸鹿給孟加拉的一位君主，飼養者給的土名發音還很像中文的「麒麟」，於是鄭和想辦法弄到這頭長頸鹿，送回大明給永樂皇帝當禮物。四百多年後，埃及也送了一隻長頸鹿給法國，一路在船上搖搖晃晃，好不容易終於在法國南部的馬賽港下船，在飼育者的伴隨下，自己走路到巴黎。

在馬戛爾尼的時代以前，可以當成國禮的工業品還屬有限，工藝品倒是常常讓收禮者目光為之一亮，若以品項來說，中國綢緞、印度織品、玉器與瓷器都頗搶手。擁有工藝技術的君主往往也引以自豪。例如永樂四年（一四一六年），有一位中亞的「回回」（穆斯林），打算進呈一枚玉枕給皇帝。皇帝答覆說：「中國瓷器潔素瑩然，甚適於心」，表示睡覺用瓷枕就很棒了，婉拒了這件玉枕，不過還是回贈許多禮物給「回回」。康熙皇帝晚年製作琺瑯彩頗有一些成就，那時候他就拿琺瑯彩瓷當成國禮送給葡萄牙、羅馬教廷等國家的使節。

古代國家的主體在君主，現代民主國家的主體在人民。古代送禮目的在取悅君主，現代則在乎人民的感受。民主國家都有法律規定元首能留在手邊的禮物只能具有小小的價格，此外都由國家保管，可能也會安排展示。動物，因為是活的，像是一八六九年才被發現的貓熊，所以通常會被安排在動物園飼養，開放給一般人民接近參觀，人民也才有參與感。至於古代的動物國禮大概只有君主周邊的人可有機會分享。然而當年的生物知識絕對不足，作為禮物的動物能夠存活多久實在令人好奇。能夠流傳下來，讓我們一睹風貌的，還是有幸進到博物館裡既屬罕見又精緻萬分的工藝品吧！

陳國棟
中央研究院歷史語言研究所
二〇二三年七月七日

送禮的藝術

從特洛伊木馬到動物園熊貓，50件外交禮物背後的世界史

前言

非洲菜餚塔吉鍋（Tajine）。

糟糕，尷尬了。一切原本都那麼順利。法國總統歐蘭德（François Hollande）在其國防部長與外交部長的陪同下，於二〇一三年二月二日抵達馬利大城廷布克圖並接受英雄式的歡迎。這裡先前被基本教義派叛軍控制，在法軍的協助之下才獲得解放。馬利當局致贈給法國總統一頭可愛的駱駝寶寶，但小駱駝尖叫聲中的焦躁不安，彷彿預示著事情不會那麼順利。由於小駱駝上不了總統座機，所以牠被先安置在廷布克圖市的一戶人家中，等待後續的運輸處理。

兩個月後，全球的媒體幸災樂禍地把路透社的一則報導拿來大用特用。原來在馬利的法軍士兵赫然發現受託照顧小駱駝的人家沒把自己要做什麼搞清楚，更慘的是駱駝口味的塔吉鍋風味尤佳。糗到無地自容的馬利當局馬上保證他們會另外幫友邦總統準備一頭更氣派的大駱駝。

送禮與收禮是國家與政府元首們在外交場合的常見行為，這個大家都知道，因此現在這件事如果還能引起媒體或大眾的興趣，不外乎牽涉到下列三種事情之一：首先是這禮物送起來不容易，例如跟動物有關的贈禮；再就是有人嗅到送禮過程中瀰漫著貪腐的氣息；最後是這份禮物突顯出兩方的文化差異。當第三種狀況發生時，最能一言以蔽之的新聞標題句型就是：最讓人匪夷所思的外交禮物，就是……。你會在這類報導中讀到愛丁堡公爵菲利普親王殿下（已故英國女王伊莉莎白二世的夫婿）曾收到用乾草編成的陰莖鞘，由太平洋島國萬那杜的卡斯托姆族人（Kastom）所贈予，或是阿根廷總統基西納（Néstor Kirchner）曾在二〇〇三年送給美國總統小布希三百磅的羊肉。

像這樣把外交禮物當成國際關係的喜劇插曲，可說小看了國禮的重要性。須知送禮是一種可以追溯至史前，貫穿諸年代且遍布各大洲的外交手段。若處理得宜，國禮將成為兩個強權之間恆久友誼的象徵，自由女神像就是最好的例子。如今在華府預示著春天即將到來的那些櫻花，也是這麼來的。好的禮物可以搞定條約，也可以拉起聯姻的紅線；反之，擺烏龍的禮物讓大家都白忙一場，來路有問題的禮物則使得原本國運昌隆的政權毀於一旦——特洛伊被屠城就是因為他們忘了檢查木馬這份大禮的嘴。跨文化的贈禮充滿了被誤解的風險。同一份禮物在送的人與收的人眼裡，時常有著不同的意義，由此衍生出理解或誤會，但也正是這些理解或誤會，形塑了我們的世界。

人們會低估外交贈禮的重要性，一部分的原因在於「禮物」這個概念。禮物一詞讓人直觀地想到某樣討人喜歡的東西，很多人因此覺得外交贈禮不過是行禮如儀，再附上一抹微笑與雙方握個手便大功告成。也就是說，禮物被視為只是鋪陳，雙方交流的重頭戲還在後頭。的確，大部分現代領袖或外交官多數時候對外交贈禮的想像就是如此，不過我們很快就會看到，他們的前輩可不是這麼想的。有些人付出了慘痛的代價，才發現送禮是門學問。

奧利佛・法蘭克斯（Oliver Franks）一眼看上去，就是傑出政治人物的典範。他曾任英國軍需部的常務祕書，在戰時表現突出，還當過英國駐美大使、歐洲經濟合作組織（經濟合作暨發展組織之前身）的主席，以及英國駿懋銀行董事長。一九五四年，法蘭克斯擔任英國廣播公司的「里斯講座」*的講者，講題是「英國與國際事務的潮流」；到了一九六〇年，他在競選牛津大學名譽校長

* 譯註：Reith Lectures。英國廣播公司自一九四八年起舉辦，一年一度邀請社會賢達進行的廣播講座。里斯之名是紀念英國廣播公司的首任總經理約翰・里斯（John Reith）。

時，以微小差距敗給日後的英國首相麥克米倫（Harold Macmillan）。他是一名身材高大的知識分子，充滿莊嚴與權威的氣息，並給人不苟言笑的衛道之感。

但他的名字出現在今時今日，除了連結到他在職業生涯中成就的豐功偉業之外，還有可能是為了一件跟聖誕節禮物有關的軼事。這則小故事常常出現在英國外交官於晚宴後給出的輕鬆短講，而且這類故事都有一個特色，就是每次說的人都會更動一些細節。有時候法蘭克斯這個名字會徹底從故事裡消失，場景也會依照說故事當下場合的不同而被搬到世界各地。不過如果按照原始版本，這個故事的來龍去脈大致是這樣：一九四八年聖誕節前夕，英國駐美大使法蘭克斯爵士的祕書喊住了他，告知他有地方廣播電臺的電話打來，想知道他聖誕節希望得到什麼禮物。生性節儉的法蘭克斯在經過一番長考後，給出了他的答案。到了聖誕夜，電臺播出一段聖誕節專屬的特別節目，公布各國駐美大使的聖誕禮物願望。法國大使要的禮物是世界和平，蘇聯大使要的是讓受到帝國主義奴役的民眾獲得自由，法蘭克斯要的則是一小盒蜜餞。

在這本書裡，我們會一起來看看從遠古到現代的五十個外交禮物。有些禮物在人類歷史上極富盛名，也是各種文學與藝術作品的靈感來源；有些禮物鮮為人知，卻能讓我們理解外交餽贈過程的某個面向。不過在一起踏上這趟歷史之旅前，我們要先探討一下禮物和外交究竟是怎麼一回事。

禮物

法國社會學家馬歇・牟斯（Marcel Mauss）就曾以禮物作為他的研究主題，而他用鍥而不捨的態度把禮物給摸個透徹。身為涂爾幹（Émile Durkheim）的外甥，牟斯在一九二五年完成了讓禮物成為一門獨立學問的論文《禮物：古式社會中交換的形式與理由》（*Essai sur le Don*），探討禮物的交換是如何在特定的社會中將秩序建立起來。牟斯檢視了馬凌諾斯基（Bronisław Malinowski）在新幾內亞以東的特羅布里恩群島（Trobriand Islands）進行的人類學研究。在其一九二二年影響深遠的《南海舡人》（*Argonauts of the Western Pacific*）一書中，馬凌諾斯基描述了他近距離觀察乃至於實際參與島民生活的結果，而這種田野研究方法也在日後對人類學產生了深遠的影響。

馬凌諾斯基描述了一種部落間非常特別的交流系統，他稱之為「庫拉圈」，其中牽涉到美拉尼西亞西部一大圈島嶼中的居民。他們只交換兩樣物品，一條紅色貝殼項鍊跟一副白色貝殼臂環。這兩樣東西會在盛大的公開典禮中交換，但不會被持有太久，很快它們就會在另一場典禮中被傳下去。馬凌諾斯基發現項鍊會在交換的過程中，順時鐘繞所有島嶼一圈，臂環則是以逆時鐘方向做交換。

牟斯點出了庫拉圈的幾項重要特色。庫拉圈作為一個複雜的禮物交換系統，固然是由酋長進行贈禮與收禮，但交換禮物的主體並非個人，而是群體，酋長只是代表。一場交換典禮中的贈予方，將在下一場典禮中成為受贈方。贈予者會在送出禮物時演個戲，假裝那東西沒什麼，因此禮物一般會先被丟在地上，再由對方收下。禮物本身的價值不斐，擁有它們能帶來寬慰，但這些東西不會留在某一方手中太久，而會在送禮鏈中繼續往下傳遞。關鍵之處在於，收到禮物的人同時也收到了一份義務，就是要在未來做出回禮。庫拉圈的換禮系統僅適用於這些有價值的物品，且本質上是貴族的行為。同時間存在的還有一些可能比較多人熟悉的交換體系，比方說「金姆瓦利」（即以物易物），該儀式牽涉到透過討價還價來交換有用的貨品，像這種有些粗魯的程序就不見於庫拉圈的儀式中。

牟斯主張特羅布里恩島民的庫拉圈交換系統，與美洲西北沿岸各原住民族間以禮物作為核心的「誇富宴」具有可比之處。這些宴會在外人看來相當浪費：一整年費心積攢下來的財貨會被恣意揮霍或大手筆送掉，甚至被刻意銷毀。牟斯認為在這些民族所建立的換禮系統中，這種看似鋪張的行為其實完全合乎邏輯。排場愈大，揮霍得愈誇張，就愈能賺到威望，而威望又能帶來權力。這是一個高度競爭的過程，領導者會相互較勁，誰也不想在送禮跟設宴的規模上落於人後。

在誇富宴的系統中，禮物是要還的，而且必須連本帶利地還。但牟斯主張此處的利息不同於市場經濟中的概念，不是要補償贈禮者的時間成本，反而是用來羞辱對方。參加誇富宴而無力償還的一方，就會有身敗名裂，甚至失去自由的風險。誇富宴是牟斯所謂「全面性表演」的其中一個例子，集結了宗教、經濟、社會與法律的元素。

在一項針對古羅馬、印度與日耳曼贈禮體系進行的研究中，牟斯主張特羅布里恩島與美洲西北沿岸的禮物交換體系不只反映了太平洋上特定原住民族社群的樣貌，更是廣大人類歷史的一環。他認為當代的市場經濟已經失去重要的社會凝聚元素，而這些具有凝聚力的元素正是源自各禮物交換系統中的「全面性表演」。不過有些地方還是可以看到這些元素的蹤影，比方說在社福體系裡。

由牟斯首先開始描述，再由後續眾多評論者詳加檢視過的禮物交換系統，具有三個可以分析的面向：首先是禮物背後的目的。再來是「禮物」這個名號如何改變一樣東西的性質，贈予者與收受者又是如何以不同的眼光看待禮物的性質。最後是禮尚往來的重要性。我們如果想理解對禮物在外交上所扮演的角色，就不能不探討一下這三個面向

禮物背後的目的

對牟斯來說，禮物經濟具有社會性的功能，禮物可以造就及維繫社會關係。他區分了兩種不同類型的交換：在禮物的交換中，送禮的行為會建立起社會關係，將贈禮者與收受者連繫起來；在商品交換中，交易的行為則不會創造出持久的連繫，消費者與販售者之間的關係就在買賣的行為中開始與結束。外交，如我們接下來會看到的，就是地理上各自獨立的群體之間的生意。如果彼此具有長年維繫的社會關係，推動這種生意便相對容易，這時有著建立與維繫社會關係功能的外交禮物就派上用場了。

當然，社會關係不是只有一種樣貌，而是形形色色各有不同。學術界在這個領域裡的歧見主要可分成兩大陣營，一派認為禮物交換是為了促進團結，另一派則認為禮物交換的重點在於展現權

威。美國人類學家費斯克（Alan Fiske）在他的著作《社會生活的結構》（*Structures of Social Life*）中對人類關係所做出的分類，提供了一個很有用的框架，可以幫助我們理解贈禮與禮物的選擇背後各式各樣的目的。

在菲斯克看來，社會關係有四種基本類型。第一種是「社群分享」，這類交換是基於人與人之間的連結或認同，出於愛、友誼或感激而送出的禮物便屬於這種類型。由於贈予者對雙方關係充滿不安全感而給出的禮物也是這個類別，這時禮物就成了他們用來鞏固關係的工具。

第二種關係是「權威排行」。此時送禮的目的是要強調個人的地位或權力。雙方的關係往往並不對等，其中一方負責大放送，另一方則會被對方的手筆給震懾或開始仰賴對方的恩惠。這類禮物有時會夾雜著贈予方的輕蔑。

第三種關係是「平等配對」。此時的交換是一種平等的行為，贈予者送禮的同時，也預期未來會收到價值相當的回禮。

第四種關係則是「市場定價」。此時送禮的目的是想透過禮物換取某種實質的好處，送禮者打算從收受者身上獲得比自己的付出更有價值的回饋。

本書提到的外交禮物的贈予者與收受者，彼此之間也有著各式各樣的關係。按照前述的分類，中國清朝的乾隆皇帝與其賞賜的藩屬國之間屬於「權威排行」的關係，行賄與受賄者之間則屬於「市場定價」關係。互惠作為費斯克區分出的第三種社會關係「平等配對」的核心，是要理解外交禮物時格外重要的一個概念，我們後續會更仔細地探討這個部分。

贈予和收受者可能對禮物的目的有不同的解讀。我們已經提過送禮的行為背後有著許多可能的動機，有些送禮者實際上對收受者心懷不軌。也就是說，送禮的行為往往內建有對於其動機的混淆。例如在外交禮物的場域中，兩國各自認定自己是比較占優勢的一方，送禮的國家認為自己在展示其科技或文化上的優越性，收禮的國家卻以為自己在接受朝貢。

瑞士歷史學家溫德勒（Christian Windler）研究十八世紀時基督教法國與伊斯蘭教突尼斯貝伊（酋長之意）的關係，結果發現前者認知中的好意饋贈，被後者描繪成一種進貢。溫德勒認為這種「一個禮物，各自表述」的詮釋空間其實有助於創造性交換的發生，世界觀南轅北轍的兩種文化可以藉這個機會相互磨合。

值得強調的是禮物符合的是送出者的目的。這點看起來顯而易見，卻不時會被人忽視，因為送禮者往往會付出許多心思揣摩收禮者想要的是什麼禮物。禮物看似為了收禮者而生，但想要確保精挑細選的禮物能讓收禮者心花怒放，卻不見得是一種利他的行為。

被賦予禮物身分的物品

禮物的身分使得作為禮物的物品，與其他看起來一模一樣的物品有所區別。在商品交換的系統中，商品與賣家的關係是疏遠的。一樣東西一旦被買走，從此便與販售者毫無瓜葛。商品具有易於交易或交換的性質，完全可以被另一個相同的商品取代，這樣的物品沒有獨特性可言。但在禮物交換的系統中，被贈予之物與贈予者之間的關係是不可分割的。禮品與贈禮者的連結依然持續，這樣的連結也為它創造出個性與故事性。禮物總是獨一無二的。牟斯認為禮物裡頭融入了贈禮者的靈魂，他以毛利人的禮物為例：禮物在毛利人的社會中會被灌輸一種他們稱為「豪」的靈力，透過這種靈力，贈禮者能在某種程度上控制收禮者。

我們可以舉一個例子來說明同一樣東西身為禮物與商品的不同。二〇〇一年辦在熱那亞的八大工業國高峰會最令人印象深刻的，就是外頭將會場團團圍住的反全球化抗議。美國總統小布希在峰會後去了趟羅馬與義大利總理西爾維奧·貝魯斯柯尼（Silvio Berlusconi）進行了雙邊會談。在小布希從貝魯斯柯尼手裡收到的禮物當中，包括了三條海軍藍色的斜紋真絲領帶，出自羅馬享有盛名的西服老店巴蒂斯托尼之手。

根據美國法律對於總統收受禮物的規範，即一九六六年的《外國贈禮與授勳法案》（Foreign Gifts and Decorations Act）與後續的修正案，貝魯斯柯尼的禮物只要價格超過明文規定的「最低價值」，就不能被小布希納作個人的財物。小布希只能代表美國收下禮物，然後由國家檔案和記錄管理局收入國庫。

領帶一般被認為是穿戴在襯衫領子後方，然後在打完結之後懸於胸前的輕薄配件。按照這種定義，義大利總理送的領帶徒有領帶的外型，卻沒有領帶的功能。這些「領帶」不是拿來穿戴，而是要留著作為兩國友誼的紀念品。被當成贈禮的物品擁有一種個性，一種源自禮物身分的獨特性，同樣的物品若作為商品在市場上流通，就不具備這種個性與獨特性。

這種由禮物身分所賦予的特性，就是人類學家阿帕度萊（Arjun Appadurai）在其所編《物品的社會生命》（*The Social Life of Things*）一書中提出的核心概念。作為賓夕維尼亞大學研討會的論文集開頭，這篇文章認為社會生命不光是人類的專利，物品也有。不過，一個物品內涵的社會生命並不是恆久不變。一樣物品被當成禮物的時空環境如果遭眾人淡忘，它也就失去了特殊的身分光環，而淪為一個普通的商品；這個商品又可能被時代淘汰，成為廢棄物；接著經過時光的淬鍊，化身為古董。我們知道許多拜占庭的絲綢被當作外交禮物送到西歐去。不過在大多數的案例中，我們都不清楚現今教堂與西歐皇室收藏所留存下來的絲綢中，哪些是禮物，哪些不是。它們仍是很有價值的藝術品，卻不再擁有禮物所獨具的地位與個性。

同樣是贈禮，某些物品的連結性比較強，有些則比較弱。前面提到的領帶與其他一模一樣的產品有所區別，是因為它們具有禮物的身分，並攜帶著贈禮的記憶。但這些領帶除了禮物的抽象身分以外，跟一般的量產商品可說毫無差別，因此要變回沒有人味的商品相對容易，比送禮者的自畫像要做到同樣的事容易許多。以後者而言，無論收禮者是否有意為之，都難以抹煞禮物所代表的記憶，因為禮物本身就銘刻著那段關係。

美國人類學家韋納（Annette Weiner）在說明何謂「雖贈猶存」的悖論時，主張有些物品是無法分割的財產，這些物品擁有的力量可以決定持有者的地位，並充當把過去帶到現在的載體，召喚祖先的歷史。她認為這類物品的持有者會竭盡所能地讓這些東西不要被送出去，傾向將它們保留下來，在日後傳承給後代子孫，因為這些物品有著維護持有者階級地位的重要功能。她舉的一個例子是澳洲中部的原住民族阿蘭達（Aranda）人，他們擁有一種叫「褚林加」（護身符之意）的板子，這種聖物必須妥善藏好，不能離開祖厝半步。

韋納主張禮物的交換有一項特色，就是當事人會極力避免放棄這些珍貴且足以作為地位標示的「無法割捨之財產」，而在送禮時選擇捨得送出的東西。只不過這樣的策略並不是在任何狀況下都可行。在毛利人的葬禮中，最珍貴的財物，他們稱之為「塔翁加」（珍寶之意，一譯「襲產」），會被當成禮物送出去，這些塔翁加可能包括軟玉或綠石類的飾品、羽毛斗篷和精緻的亞麻毯子。在這些例子中，儘管這些禮物可能會被持有很多年，但它們終究會在類似的場合中被歸還給原始的贈予人或其後裔。他們認為這些禮物是暫時被託付給受贈者。

肖像一類的禮物則很少被原持有人當成具有至高價值、捨不得送出的財產，也不具備決定持有人地位的力量。如十八世紀的歐洲君主往往會設立某種生產線來製造自身的肖像，目的就是要當作外交上的贈禮。選擇這類禮物的好處在於，這種連結性特別強烈的禮物會讓受贈者難以抹除內建於禮物中的記憶。再者，這類禮物也比較不容易被受贈者拿去換錢，這麼做冒著一定的風險。正是出自這個原因，賄賂時的首選贈禮才會是現金，因為現金沒什麼好不能割捨的。

互惠的重要性

牟斯認為禮物交換有三項核心義務，分別是送禮的義務、收禮的義務，還有回禮的義務。拒絕這些義務，就是拒絕與對方的社會關係。由此可知，互惠對於維持禮物交換體系的穩定來說至關重要。

牟斯主張贈禮者注入禮物的靈魂，進一步強化了互惠的必要性。他觀察到在毛利人的社會中，如果一個被當作禮物收到的物品被某人傳承了下去，那麼某人因此收到的回禮就應該被當成禮物，返還給原始的贈禮者，因為這份回禮中保有最初的禮物當中的靈力。

這種對於禮物靈力的強調，向來是牟斯研究中最受到爭論的部分。法國人類學家李維史陀（Claude Lévi-Strauss）雖然自承受到了牟斯的影響才發展出他的結構人類學的基本概念，但他也認為牟斯對於靈力的看重完全是不必要的。他認為牟斯之所以需要靈力這種帶有魔幻色彩的概念，只是因為在牟斯的眼中，禮物不是互惠體系中的一個元素，而是啟動互惠體系的要角。

牟斯以印度教規範宗教贈禮的文本《檀施》（*danadharma*）作為禮物具有靈力論點的例證。根據這本書，送牛的人會在送出之前跟牛一起睡在地上，吃牛所吃的食物。在這個例子裡，我們可以很清楚地看到一個成為贈禮者化身的禮物。《檀施》中的禮物更具體代表著贈禮者的罪孽，這些罪孽一如某種負擔，被轉移到收禮者的身上。也就是說，這種禮物不但可能是危險的，甚至可能是有毒的。另一個例子是德文的「Gift」，這個單字的確曾經和英文一樣，有著接近「禮物」的含義，譬如德文裡另外一個複合單字「Mitgift」就是「嫁妝」的意思，但Gift在現代德文中卻帶有「毒藥」之意。

人類學家派瑞（Jonathan Parry）是倫敦政經學院「馬凌諾斯基紀念講座」一九八五年的講者，

在該次講座裡他主張《檀施》中的例子並不足以支持牟斯所說的，回禮是一種義務的觀點：既然《檀詩》中的禮物承載著送禮者的罪孽，沒有道理送禮者會想要它回到他的手上。雖然牟斯召喚了「禮物的靈魂」來解釋禮物必須回到與其關係密切的贈禮者身邊，但在《檀施》的例子裡，那些禮物絕對不能回到最初的擁有者手裡，否則罪孽也會一同回歸。

派瑞主張這種不期待互惠的「純粹禮物」，比較常出現在有著大型市場的經濟體中，因為不同於在美拉尼西亞或美洲西北岸，這種經濟體中的禮物可以更輕易地與其經濟價值脫鉤。這類純粹的禮物也經常涉及某種特定的信仰體系所承諾的回報，只不過這種信仰承諾的回報不在現世，而在來世，且來世有的究竟是回報還是報應，得視今生的表現而定。非互惠性的送禮在這種脈絡下，可以說是一種贖罪的行為，以及為了得到救贖所做的努力。

但從收禮者的角度來看，互惠是最安全的策略。在特羅布里恩島或美洲西北岸的文化中，無法回禮是很丟臉的一件事；在別的地方文化裡，無力互惠則意味著臣屬或依賴。本書接下來會提到的、讓人倍感溫馨的外交禮物，許多正是為了表達感謝而送的，例如奧斯陸每年送給倫敦的聖誕樹，還有一九四九年由法國送給美國的「感恩列車」。兩者都是互惠的禮物，因為挪威在二戰時受過英國的幫助，法國則在戰後復興的過程得到美國「馬歇爾計畫」的援助。這些禮物也讓挪威和法國不會「拿人手短」，處在欠人恩情和過度依賴的狀態，進而與英美維持長久正向的互動關係。

外交禮物若不求互惠，代表它可能是包裝成禮物的進貢或賄賂。這類交易彼此之間的界線有時相當模糊，而且我們後面會看到，贈予者和收受者經常會對同一份禮物，產生截然不同的解讀。

時間在這裡是一個需要考慮的重點。如果一份禮物讓收受者處於欠贈禮者恩情的狀態，那麼盡快回禮就成了讓風險降低的解套方法。現代外交會議經常以同步的方式交換禮物，就是因為這對雙方來說都是風險最低的做法。然而法國社會學家布赫迪厄（Pierre Bourdieu）卻主張這種立即性的互惠摧毀了禮物交換的功能，因為贈禮者再也無法透過送禮讓收禮者對他產生某種義務，也就沒辦法對收禮者施加控制。對布赫迪厄而言，沒有時差的互惠代表著對最一開始贈禮的拒絕，也暗示著不知感恩的態度；反之，耽擱過久的互惠則代表收禮者不把回禮當一回事。禮物之間的時間差可以促進外交上的接觸與互動，國家之間的社交關係便得以維持，而社交關係正是禮物交換的宗旨，只不過這個間隔也不宜過久，免得給人無心經營長久關係的感受。

外交

分隔兩地的群體若想要跟對方做生意，彼此就必須建立起交換關係，外交便應運而生。負責傳達兩邊意旨的人們需要某種形式的豁免權，他們工作起來才不會綁手綁腳。要理解外交贈禮行為演進的歷史，我們必須先瞭解外交實務的演進過程。雖然現代意義上的「外交」一詞直到十八世紀末才出現，但外交的行為早在史前就已經開始。

外交實務的誕生與發展

曾任外交官的尼可森（Harold Nicolson）在二戰前夕提筆寫道：儘管人們一度認為第一批「外交官」是天使，因為祂們是天堂與人間之間的信差；但對於實事求是的現代社會而言，首開外交先河的應該是克羅馬儂人與尼安德塔人。不同的社會群體一定會意識到他們有必要讓使節不受干擾地在兩造之間傳遞訊息。七十多年後，另一名曾擔任英國外交官的作家弗萊契（Tom Fletcher）在他的作品中表達了一樣的看法，他還給人類史上第一位外交官取了個瞎猜的名字：烏格（他在《赤裸的外交官》〔*The Naked Diplomat*〕中杜撰的洞穴人外交官）。

還有一名頗具文采的外交官努莫林（Ragnar Numelin），他是芬蘭於一九四〇年代晚期派駐比利時布魯塞爾的公使。努莫林透過爬梳人類學的資料，證明早在部落時期，許多社會就已經建立起讓部落間的信差能在受保護的環境裡談生意或議和的體系，吃住都由作東的一方提供。歷史紀錄顯示使節的互換可以追溯至西元前三千年的美索不達米亞。至於我們的第一個故事會提到的、西元前十四世紀的阿馬爾奈文書，則展現了當時各強權之間已經發展得相當完善的關係體系，不僅有外交信差負責穿針引線，更以阿卡德語作為外交上的通用語言。

聖經中保存了大量的外交交流紀錄，例如身陷困境的希則克雅（Hezekiah）。希則克雅是勵精圖治且敬拜上帝的猶大王國國王，曾親眼見到建都撒馬利亞的北國以色列（以色列在所羅門王死後分裂成南北兩國，南國就是猶大王國）陷落於亞述人之手，如今亞述人的勢力也開始威脅到猶大國。亞述國王辛那赫里布（Sennacherib）已經拿下了要塞城市拉希什（Lachish），距離耶路撒冷僅僅三十英里。希則克雅為了要保住王位，用盡了一切方法，包括用聖殿內的金銀財寶賄賂辛那赫里布，以及與埃及結盟。辛那赫里布率領使節與軍隊來到耶路撒冷，在城外紮營，並接見了三名由希則克雅派來的使者。有著「拉伯沙基」（在阿卡德語裡的意思是御酒總管）頭銜的亞述使節首領稱埃及是「遍體鱗傷的蘆葦」，勸希則克雅打破與埃及的盟約，改向辛那赫里布稱臣。

希則克雅的使者請拉伯沙基不要說希伯來語，改說當時的外交通用語亞蘭語，這樣耶路撒冷城牆上的百姓就不會知道雙方談話的內容，但拉伯沙基絲毫不理睬這樣的禁令，逕自以希伯來語朝著城內民眾喊話，呼籲他們投降。拉伯沙基對民眾表示與其在圍城中被迫「吃自己的糞，喝自己的尿」，不如選擇流亡，在另一片土地上享有他們自己的無花果樹、葡萄樹與水井。然而猶大子民不為所動，始終忠於希則克雅，耶路撒冷最後也成功守了下來。

古希臘提供外交實務很好的發展空間。尼可森強調從荷馬時代開始，名為凱里克斯的傳令官署就會賦予官員外交特權，方便其傳遞訊息給其他強權，他們也會負責像是侍奉貴族家庭和維持集會秩序等各式各樣的工作。傳令官受到諸神的信差赫米斯的保護。赫米斯不只是一位魅力十足的神祇，也以狡猾和善使詐術聞名。不少人會說這些特質確實很常在現代外交官身上看見。

古典時代的希臘由許多小型城邦組成，由於這些城邦都認為彼此的地位相當，再加上語言可以互通，便成為外交實務理想的發展環境。尼可森點出城邦在決定外交使節的人選時，都是挑選他們最優秀的雄辯家，這些人的任務是要在出使的城邦內對著大眾集會發表氣勢磅　又具有說服力的演講。著名的古希臘政壇要角伯里克利（Pericles）與狄摩西尼（Demosthenes）都曾被指派負責這樣的外交任務。

在歷史學家修昔底德（Thucydides）的描述中，我們可以看到古希臘外交的成熟：斯巴達在西元前四三二年召開了伯羅奔尼撒聯盟會議，聽取科林斯等聯盟成員抱怨雅典違反了其應遵守的條約義務，因此應該遭受戰爭的懲罰。雅典於斯巴達駐有外交使團，所以也被允許參與會中的辯論。想當然耳，雅典代表不贊同聯盟對雅典宣戰，只不過他們那天沒有能舌戰群雄成功，該來的戰爭還是來了。但即便在聯盟宣戰後，雅典代表團仍能夠於不受騷擾的情況下將在斯巴達的任務收尾。

在西元前一千年，中國與印度也出現了複雜的外交交流，發生在規模近似城邦的獨立政治實體之間，同樣以語言與文化的近似性作為交流的基礎，不過當時中印內部的外交體系仍以一個理想的帝國為依歸。西元前四世紀問世於印度的《政事論》（*Arthaśāstra*），相傳作者是孔雀王朝首任皇帝的謀士考底利耶（Kautilya），這本書的行文風格採取堅定的務實主義，提供了許多關於外交行為的建議，並將情報的蒐集置於外交工作的核心。

與古典時代的希臘截然不同，古羅馬的政治環境可說相當不利於外交實務的發展。羅馬帝國是以軍事擴張立國，對這樣一個沒有其他國家可以匹敵的強權來說，不需要培養高超的外交能力。直到帝國開始走下坡，羅馬才開始重視外交之術的養成。

拜占庭帝國是外交操作的高手，因為他們必須用外交手腕來彌補軍事力量的衰落。拜占庭的外交手段包括在典禮上彰顯自身的不凡，還有對他人的吹捧、情報蒐集跟賄賂。這些技巧接著往西傳遞，例如與其過從甚密的威尼斯便學了幾招。藉由奢華儀典的盛大排場震懾外國使節，是拜占庭的外交政策準則：在十世紀，博學的哲學家皇帝君士坦丁七世弗拉維烏斯（Porphyrogenitus）撰寫或至少派人撰寫了一本《典儀論》（*Book of Ceremonies*），作為宮廷儀式裡裡外外的規範，讓後繼者得以遵循。拜占庭帝國著重情報蒐集與廣泛使用假情報的外交特色，使得他們的大使長久以來都有著與間諜無異的名聲。

這種外交操作的模式延續了數百年，背後的大環境可能是在政治或軍事上積弱不振，但還是想維持地位的政治實體；或是由規模大致相同的國家所形成、相互競爭卻又彼此依賴的國際關係網絡。對一個不把其他勢力看在眼裡的絕對強權來說，外交沒什麼重要性可言。中國的歷朝歷代在大多數時候，就是這種狀況。

常駐大使制度的建立

早先的外交都是臨時性或一次性的任務，使節受統治者吩咐前往另一處王國或國家，為了達成某一項特定的目的，可能是要建立雙方的貿易關係，也可能是要進行聯姻或議和的交涉。幾乎不會自這類任務中缺席的重要角色，就是外交禮物，甚至在某種程度上，這項外交任務本身就是一份禮物。使節會四處拜訪，所到之處人們皆以盛大的慶典迎接。外國使團也可能為作東的國家帶來聲望與自傲的情緒，視來訪政體的重要性而定。

文藝復興時期的義大利出現了一項關鍵的發展，徹底改變外交活動與地理位置的關係，也標示著外交工作被視為一門專業的起點，那就是常駐大使制度的建立。這個外交發展上的重大轉折發生在義大利絕非偶然。義大利的政治環境也很適合外交活動的發展：擁有為數眾多的城邦但無一稱霸，每一個城邦都必須透過與其他城邦結盟來確保自身的福祉。這種國際生態意味著每個城邦都需要持續經營他們的外交關係，同時盡可能地掌握盟國的各種優勢和計畫。

誰是人類歷史上第一名常駐大使，學術界過去曾有過許多爭論，實際上也難以回答。一個外交使團要持續駐外多久，才會被認為是常駐呢？像有一位名為柯代盧琵（Bartolino di Codelupi）的大使，代表曼圖亞統治者在一三七五年被派到米蘭的維斯孔蒂家族，張羅兩家成為親家的事宜。他在聯姻完成後沒有離開，而是留在當地推動曼圖亞與米蘭進一步的合作，到了一三七九年還待在那裡。

一四四六年，義大利蓬特雷莫利鎮的鎮民特朗契迪尼（Nicodemo Tranchedini da Pontremoli）被傭兵隊長派去佛羅倫斯，任務是要與斯福爾扎的盟友麥地奇（Cosimo de' Medici）這名銀行家兼佛羅倫斯的實質統治者保持密切接觸，之後那名傭兵隊長也的確在麥地奇的協助下，於一四五〇年躍居米蘭公爵之位。特朗契迪尼後來在佛羅倫斯獲得了固定的職位，而且一待就是十七個年頭。

一四五四年，《洛迪和約》（Peace of Lodi）為米蘭與威尼斯之間的長年衝突劃下了句點，和約內容除了承認米蘭的統治者以外，也將特定的北義疆域還給威尼斯。為了維護《洛迪和約》所帶來的和平，大部分的義大利城邦共同組成了一個名為「義大利迦聯盟」（Lega Italica）的組織。

《洛迪和約》使得義大利各城邦之間處於不穩定平衡的局面，也讓常駐的大使們因此有了大展身手的空間，他們的任務是針對駐在國的動向與意圖蒐集情報，並且能夠在一旦出事時立即干預。互換常駐大使也在約定俗成之下成為歡迎新成員加入聯盟的方式。羅馬於十五世紀末是外交人才的培育重鎮，義大利各城邦都會把他們最有能力的大使派去那裡，教宗也會召集所有大使，對他們發表演說，此即「外交團」（由所有外國使節於駐在國共組的團體）的前身。這個外交習俗接著便從義大利傳到了歐洲各地。

西伐利亞和約

兩百多年後在歐洲的另一份和約，則經常被認為催生出了現代國際秩序的基本指導原則：各國的地位相等，國家對其疆域與內政擁有主權，各國不得干涉他國內政。被奉為圭臬並載入聯合國憲章的這些原則，常在國際關係理論中被稱為「西伐利亞體系」，以紀念一六四八年的那份同名和約。不過尷尬的是，在構成《西伐利亞和約》的個別條約中，我們其實找不太到指涉西伐利亞體系三大概念的具體條文。

統稱《西伐利亞和約》的個別條約結束了三十年戰爭。這場戰爭源自神聖羅馬帝國內部新教與天主教城邦之間的衝突，許多歐洲強權也牽扯其中。戰後沒有出現橫跨歐陸的單一和約，取而代之的是兩份獨立且基本上屬於雙邊性質的條約，簽署於一六四八年十月：分別是神聖羅馬帝國與法國簽訂的《明斯特條約》（Treaty of Münster），和神聖羅馬帝國與瑞典簽訂的《奧斯納貝克條約》（Treaty of Osnabrück）。《西伐利亞和約》無法阻止歐洲的所有戰事，法國與西班牙之間的戰爭就持續到一六五九年；後兩份條約也沒有觸及任何跟主權或權力平衡有關的概念，它們規範的都是比較實務面的問題。

然而，《西伐利亞和約》確實反映了一項在以國家主權為基礎的國際秩序發展中，發揮莫大作用的重要改變。在此之前，國際秩序是由擁有至高權威的教宗，或是作為神意代言人的神聖羅馬帝國所決定。從這個角度去看，我們就不難理解為什麼教宗依諾增爵十世（Innocent X）會在《我為你的殿心裡焦急，如同火燒》（*Zelo Domus Dei*，典出《約翰福音》第二章第十七節）這篇訓諭中譴責《西伐利亞和約》，而神聖羅馬帝國皇帝在接受和約時，也是心不甘情不願，覺得自己屈就於比較弱小的國家。但教宗與神聖羅馬帝國並不是因為《西伐利亞和約》才喪失大半權力，兩者已經走了好幾世紀的下坡；事情也沒有在一六四八年就塵埃落定，神聖羅馬帝國還是撐到了一八〇六年。

許多人認為領土主權原則源自《西伐利亞和約》，因為該和約認可了「教隨國立」的原則，即統治者有權力決定臣民的宗教信仰。但這項原則的出處可以回溯至一五五五年的《奧格斯堡和約》（Peace of Augsburg），而且《西伐利亞和約》還在很多重要的面向上緩和了教隨國立的力道，包括賦予全體公民移居外邦的權利，以及保障他們的信仰自由。也就是說，《西伐利亞和約》實際上是限縮而非強化國家在宗教信仰方面的主權。

我們現今所知的「西伐利亞體系」原則，其實是慢慢演化出來的結果，也不是在一六四八年就大功告成，和議的意義在於以國家主權為基礎的特殊主義，取代了基督教大一統的普世原則。這兩種不同原則之間的緊張關係，某種程度上造成歐洲各國為地位高低排序爭執不休，自然也影響到當時的外交運作。教宗儒略二世在一五〇四年列出了一張僅在教宗國（教宗直接統治的國家，如今日的梵諦岡）有約束力的地位表，並將法國排在西班牙之上。這種尊卑的排序，讓法國與西班牙使節在歐洲各地針鋒相對。一六六一年，在歡迎新任瑞典大使抵達倫敦的外交馬車遊行中，法國與西班牙車輛的相互卡位造成好幾個人死亡的慘劇，還差一點引發戰爭。

外交工作的專業化

慢慢地，外交工作成為了一門由貴族從事的職業，工作內容包括進行祕密談判，以及策劃和參與精心設計的典禮。有些手冊可以充當大使們的工作指引，例如祖尼加（Don Juan Antonio de Vera y Zúñiga）寫於一六二〇年的《大使》（*El embajador*），法文版譯成《完美的大使》（*Le parfait ambassadeur*）。歐洲貴族彼此之間千絲萬縷的關係，讓外交這一行帶有某種「稱兄道弟」的色彩。不過整體而言，外交工作邁向專業化的過程仍十分緩慢：一直要到一七八二年，英國才設立了專門負責外交事務的內閣大臣職位。

英文裡的「外交」（diplomacy）一詞源自古希臘語的動詞 diploun，意思是把東西折成兩半，與其相關的名詞 diploma，指的則是被摺疊起來並賦予持有者某些特權的官方文件（譬如文憑）。

十八世紀初還有人使用一個詞 diplomatica，意思是研究賦予某些權利的文書來證明它們的合法性，而 Corps diplomatique 原本指的就是這類文獻的資料庫，後來逐漸變成特定朝廷上所有外國大使的總稱。在法國大革命爆發、國民制憲議會成立了外交委員會（comité diplomatique）後，diplomatica 的字義和該委員會的職權都不再只跟條約文獻的研究有關，而是擴大到處理外國事務的層次。現代意義上的外交事務「diplomatic」就此誕生。

不過這個單字一開始的含意偏負面，反映的是在外界觀感中，外交工作牽涉到特權、貴族身分和鬼鬼祟祟的部分。對革命時期的法國來說，外交是「舊政權」（Old Regime）從事的勾當，法國需要「新外交」，一種更專注於貿易事務，也更加開放透明的外交模式。但這種「新外交」的到來需要時間醞釀。

一八一四到一八一五年的維也納會議是為了替後拿破崙時代的歐洲和平奠定基礎而召開，這場會議也在某些意義上，見證了舊外交的巔峰，毫無共和與革命勢力插手的餘地。維也納會議與一八一八年召開的亞琛會議，為了處理棘手的排序問題而替各國使團團長設立了四個階級，每一個階級內部的排序不是根據國家或其元首的重要性，而是取決於大使呈交到任國書的日期。維也納會議樹立的框架使歐洲度過了相對和平的一個世紀，但隨著承平的局面在第一次世界大戰中土崩瓦解，西方世界再度掀起了「新外交」的聲浪，認為應以公開談判取代祕密協議。「公開達成共識，公開簽訂和約」就是在這樣的脈絡下，成為一九一八年一月，美國總統威爾遜所提的十四點和平原則的第一點。

新外交

這種對公開透明的強調是有意識地在回應外交的祕密特質，而最能體現此種祕密特徵的就是拜占庭帝國與文藝復興時期的歐洲：祕密外交也在該時期之後成為常態。常駐的大使一直都會使用密碼傳遞真實的情報，換句話說外交活動的祕密性質至今依然存在，但現代的外交會更專注在公開的層面，外交官的工作之一便是形塑公開辯論的走向。這種突破皇家宮廷與外交部門的限制，開始注重與外界有所連結的做法，反映的是民主時代的來臨、大眾傳播的發展，以及政府內外可以影響外交政策的人們數量的激增。不過綜觀歷史，所謂的新外交其實沒有人們經常描繪的那麼新：在一定程度上，新外交呼應了古典希臘時代的外交傳播，當時的外交工作也具有公眾的性質，使節會在公共集會的場合宣揚政治理念。

我們之後會看到，外交工作的擴張，包括推動者的增加和開放公共辯論等，對外交送禮一事產生了很大的影響：大眾開始更嚴格地檢視送出的禮物，對於要送什麼大禮也有更多的決定權。

與外交有關的改變還不止於此。其中一項改變牽涉到使節享有特權與豁免權的來由。這個長久以來的規定考量的是個人的代表性，外交官代表的是派遣他們出使的國家君主，因此他們要求獲得與君主同等的禮遇。這種特殊待遇為外交官的身分和行為舉止增添了不少色彩，也等於鼓勵他們把心思花在華服、娛樂和禮物上，而不利於情報的搜集，因為外交使節愈來愈不想在地位顯赫的皇室圈子外被看見，認為這樣會讓自家君主的面子掛不住。隨著絕對王權的衰落與民主制度的崛起，外交特權與豁免的理由又回到史前時代的初衷，也就是基於功能上的需求。特權與豁免之所以必要，是因為少了這兩樣東西，外交官便無法執行他們的工作。基於這項原則，一九六一年的《維也納外交關係公約》應運而生。

我們在這本書裡所探討的外交送禮行為也有了相應的改變。外交禮物由君主個人送出的東西，慢慢演變成國家之間互贈的禮品；為了避免貪汙的指控，監管禮物的規則也變得愈來愈嚴格。

科技一直是外交實務變革的重要催化劑。外交的本質就是政體之間的交流與溝通，因此交通與通訊科技的創新自然會改變外交的進行方式。在十九世紀初，美國總統傑佛遜（Thomas Jefferson）據說曾對他的國務卿抱怨過：「我們已經三年沒有駐西班牙大使的消息了。今年要是再沒有，我們就給他捎封信過去吧。」十九世紀的科技進展，從鐵路、蒸汽船到電報，都將改變這樣的窘況。中央政府得以更順利地指揮外館大使的活動，大大減少了使團主管因為來不及請示上級，只好自己做出重大決策的情形。因為這個緣故，據說英國外交大臣帕默斯頓爵士（Lord Palmerston）在一八四〇年代於桌前收到第一則電報時有感而發說「外交工作的末日來了」。另一方面，頻繁的溝通也使得駐外大使更能夠參與國內政策的辯論。

交通與通訊科技更進一步的發展，從飛機、電話到推特，促進了政治領袖彼此直接溝通的機會，不再需要外交大使代為傳話。統治者之間的直接會談其實已經有數百年的歷史，尤其是在重大談判作結之際。例如西元九二一年，東法蘭克王國的捕鳥者亨利一世（Henry the Fowler）與西法蘭克王國的糊塗王查理三世（Charles the Simple，糊塗王為後世訛傳，原意為誠實率直），在停於萊茵河中央的船上簽署了象徵友誼與相互承認的《波昂條約》（Treaty of Bonn）。萊茵河就此標誌著兩國的邊界，並被視為中立地帶。但長久以來，這樣的會面都是例外而非常態，安排起來十分困難且充滿危險，是科技的進步才使得元首級的會議變成家常便飯。隨著外交峰會在二次大戰之後的發展，具有影響力的國家元首得以經常聚在一起討論世界面臨的重大挑戰；政治領袖間也可以直接互贈外交禮物，不用再透過大使的中介。

全球性的外交

傳統的論述認為在歐洲宮廷中琢磨出來的外交體系與實務，是透過歐洲的帝國主義逐漸散播到世界各地。二戰後的去殖民化浪潮導致新的主權國家紛紛出現，而這些國家都相當支持這套體系，因為它們認為海外的外交代表可以宣揚得來不易的獨立。也就是說聯合國作為二戰後世界秩序的一環，其外交運作是奠基於這些歐洲國家過去幾百年時間得出的原則與慣例。外交的核心原則就是以擁有領土的國家主權為主體，但這項原則在今日全球化的世界中，不斷遭受數量快速增加之非國家主體的挑戰，如公民社會組織和跨國企業，以及歐盟等層級超越國家的組織之考驗。很長一段時間，美國都對歐洲主導的外交體系懷有戒心，不肯貿然參與。接下來的問題很適合當作酒吧競猜的考題：你知道第一個在任時正式出訪海外的美國總統是誰嗎？答案是一九〇六年的老羅斯福，而他此行的目的是去視察巴拿馬運河的工地。不過當美國決定全心投入外交，它也徹底接納了這個體系。

從大約十一世紀開始，拉丁語基督教世界的各疆域開始以一種具有排他性的觀點看待外交，視彼此為同一個俱樂部的成員，而非基督教的政體都無法加入。當歐洲探險家抵達美洲時，他們接觸到一群不是基督教的原住民，但不像歐洲人很常打交道的伊斯蘭社會，這些人連基督教是什麼都沒概念。於是在排他的外交模式下，歐洲政體壓根不把美洲的印第安社會當成適合進行外交互動的主體。

不過歐洲社會在世界各地接觸到的政體，也有其獨特的外交體系與實踐。這些實務形塑現代外交秩序的程度，其實遠比傳統論述所認為的還要大。例如鄂圖曼帝國的外交實踐參考伊斯蘭教的原則，區分出「伊斯蘭世界」（Dâr al-Islam）與「異教徒世界」（Dâr al-Harb）。當非穆斯林勢力前來進貢時，因其屬於後者，便必須透過「條約世界」（Dâr al-Sulh）與鄂圖曼帝國發展外交關係。

本書中也有好幾個故事的贈禮發生在分屬不同外交體系與實踐的政體之間。這麼做的風險，如我們將在西方強權與中國於十八世紀末的互動中看見的，就是雙方互不承認，各自不把對方當成對等的實體。經濟發展程度、政治形態與外交習俗大不相同的兩個國家進行外交贈禮，風險可說是最大的，因為有太多可能產生誤會的空間。但是風險愈高，報酬也愈大，這種情況將使禮物收受國的科技與觀念得到最大程度的拓展。簡單來說，這樣的外交贈禮有可能改變世界。

1
埃及法老的鍍金木雕

西元前 1353 年

代號 EA161 的阿馬爾奈文書。

一八八七年，一名當地女子在埃及埃爾提爾村附近的一處遺址中挖掘，她的目標是富含磷元素的賽巴赫（阿拉伯語「肥料」之意），這種泥磚分解後會得到的物質在考古現場十分常見。除了想要得到肥料以外，她也在尋找古物，最後還真的挖到了一個東西。那是一大群小型陶板的其中一塊。她把它拿去賣，換得了幾皮亞斯特（埃及貨幣名）。

於是，至少根據外界對這個故事的二手轉述，一組西元前十四世紀的外交書信就此出土，後世稱為阿馬爾奈文書。最終出土的陶板大約有三百八十二塊。這些陶板出土的地方，是一座現在叫做埃爾阿馬爾奈（el-Amarna）的城市，古稱阿克塔頓（Akhetaten），是法老阿肯那頓（Akhenaten）特意打造的首都。出土前的陶板被存放在一棟考古學家認為是「法老通訊室」的地方，相當於那個時代的外交部。這些陶板橫跨了三十年的時間範圍，最古老的可追溯至阿肯那頓的父親阿蒙諾菲斯三世（Amenophis III），因此它們一定是從前首都的某個檔案室被搬到了阿克塔頓，推測是裡頭有著需要被檢查或可以拿來參考的資訊。這些文書結束在阿肯那頓之子圖坦卡門（Tutankhamun）放棄阿克塔頓，將首都遷回底比斯之時。

有幾塊陶板看起來像是練習楔形文字的殘片，內容則是神話文本的節錄。不過大多數的陶板都可以粗分成兩大類。第一類，也是數量最多的一類，是藩屬的上書。這類書信來自埃及控制之下的黎凡特地區，寫信的人是當地城市的統治者，他們同時也是法老的封臣。口氣畢恭畢敬的這些書信所涵蓋的主題包括：供品的繳納與勞動力的供應、在埃及軍隊行經領地時必須增援並給予協助的義務，他們也經常提及與地方上的敵對勢力之間的詳細恩怨。大約有六十封信出自比布魯斯（Byblos，今朱拜勒）國王里卜阿達（Rib-Adda）之手，書信的內容主要是苦苦哀求法老助他一臂之力，幫助他對付在鄰近阿穆魯（Amurru）地區跟他有過節的統治者們。法老似乎無動於衷，反而在回信裡訓斥里卜阿達信來得太過頻繁。

我們在此會把重點放在第二類文書，即法老與強大獨立國家之間的書信往來。這類文書總共涉及當時的五大強權：安納托利亞（小亞細亞）的西臺帝國；夾在西臺帝國與古埃及的黎凡特疆域之間的米坦尼王國（Mitanni）；分別位於米坦尼王國南邊與東邊的亞述與巴比倫，還有埃及自己。多虧圖特摩斯三世（Thutmose III）在上個世紀的南征北討，當時的埃及帝國依舊強盛，然而新任法老阿肯那頓大刀闊斧推行的宗教改革，頓時使埃及的未來充滿了不確定性。他捨棄多神信仰，只崇信形象是日輪的太陽神阿頓，並為了讓新的宗教擺脫昔日舊神的影響而遷都到阿克塔頓。雖然在藝術表達上更趨向自然風格這一點，使得阿肯那頓的政權或許更接近現代西方的品味，但他的改革破壞了當時卓有成效的行政結構，也讓政權逐漸陷入宗教與經濟的衝突中。在古埃及人眼裡，阿肯那頓的統治絕對稱得上離經叛道：他的兒子圖坦卡門隨後就撤回了阿頓神的地位，恢復多神信仰，並再次進行遷都。阿克塔頓，以及作為其建都根基的哲學，全都被拋在腦後。

這類「一國之君」間的通信突顯出一個發展得相當成熟的國際關係體系。此類型的陶板大多不用埃及的象形文字，而是使用阿卡德語的楔形文字寫成，後者正是古代美索不達米亞的書寫系統。傳遞這些陶板的信差除了是重要的外交代表，不少人似乎也跟王宮內部關係匪淺。這讓他們被奉為上賓，米坦尼的國王圖什拉塔回覆法老阿蒙諾菲斯三世的信件內容就說自己給了他的信差和通譯

「很多禮物，並讓他們執行任務的過程充滿樂趣而非常開心」。不過外交信差的工作也不是沒有挑戰，好幾名國王都向法老抱怨他們派出的使者被扣留在埃及的時間太長，甚至有人被迫待了六年。其他國家的君主會反過來扣押埃及使者作為談判的籌碼，像阿拉夕亞（Alashiya，今賽普勒斯）的國王就扣住了一些埃及信差達三年之久。

外交禮物是阿馬爾奈文書所揭露之國際關係體系的核心。當時各國的君主都不吝於明確講出他們想要什麼，有時候甚至連想要的量都說得一清二楚。從書信往來的內容可以確定，互惠是他們對於彼此的期待。例如巴比倫的加喜特王朝國王布爾納布里亞什二世（Burna-Buriaš II）就在給阿肯那頓的信中抱怨埃及信差已經三次沒在到訪時帶上漂亮的見面禮，所以他也沒有向法老奉上精美的禮物。阿爾馬奈文書中提及了各式各樣的禮品，如象牙雕像、家具、戰車、珠寶、油、馬和牛等。後來大家終於知道布爾納布里亞什二世垂涎的是當時的埃及名產——栩栩如生的動物標本，他更進一步指明他不在乎是陸上還是海裡的動物，只要是標本都行。

然而在所有禮物當中，其他國王最想從埃及法老身上得到的，便是黃金。很多很多的黃金。他們對貴重金屬的渴望，充斥著文書的字裡行間。這些國王認為他們手裡的黃金有多稀缺，埃及的黃金就有多豐富，圖什拉塔在一封給法老的抱怨公文中甚至以「多如糞土」稱之。有個名叫齊塔（Zita）的人，一般被認為是西臺國王蘇庇路里烏瑪一世（Suppiluliuma I）的兄弟，他在送出的陶板中尊稱法老是「父親」，因此我們可以確定他不是一位國王。齊塔在陶板上留下的紀錄寫著他要送給法老「十六個人當作見面禮」，而他想要黃金作為回禮。他懇求法老送些黃金來給他，並請法老告訴他想要什麼樣的回禮。

當各國國王收到來自埃及的黃金後，他們很常抱怨的是這些禮物的大小和品質。布爾納布里亞什就發牢騷說其中一份黃金連原先講好的四分之一都不到。不過說起最強烈也最鍥而不捨的抱怨，就不能不提到米坦尼國王圖什拉塔的那兩尊黃金人像。

後世是從一系列的書信中得知這個有些可憐的故事，因為圖什拉塔時常為了一件顯然傷他很深的事情去信各處。圖什塔拉看起來從阿蒙諾非斯三世那兒要到了兩尊金像，一尊將打造成圖什塔拉自身的模樣，另一尊則是他女兒塔杜赫帕（Tadu-Hepe）的形象。阿蒙諾菲斯會做出這樣的承諾，似乎是因為圖什塔拉答應要將女兒許配給法老，儘管阿蒙諾菲斯還沒來得及履約就去世了，圖什塔拉仍期望繼任的法老阿肯那頓可以信守先王的約定。最終兩尊人像還是送到了米坦尼，但圖什塔拉卻大失所望，原因是他發現人像不是說好的純金，而是鍍上一層金的木頭，阿肯那頓送來的其他禮物品質也沒達到當初承諾的水準。

圖什拉塔宣稱他確定阿蒙諾菲斯三世已經準備好約定的純金雕像，因為他的信差已經在埃及看到了雕像的成品，這一點似乎也證實了蒐集情報是國王信差的重要職務之一。圖什拉塔確信阿肯那頓把人像掉包成比較便宜的貨色，他甚至嘗試尋求阿肯那頓的母親泰伊（Tiye）對這件事的支持，致函請她向阿肯那頓說明阿蒙諾菲斯三世曾經答應要給米坦尼王國哪些禮物。種種圍繞著人像的怨言，或許真正反映的是圖什拉塔內心深處對自家王國的擔憂。他之所以把女兒許配給阿蒙諾菲斯三世，為的就是要在腹背受敵之際跟埃及結盟，對抗西邊的西臺人和東邊的亞述人。阿肯那頓擺明用便宜貨來打發他的做法讓圖什塔拉這麼在意，不僅是因為他沒有拿到說好的金像，更因為這暗示著埃及已經不把米坦尼王國當成值得敬重的強權。圖什拉塔和米坦尼王國後來的確都沒好下場，前者被他的一個兒子暗殺，後者則先是變成西臺帝國的魁儡政權，接著又被亞述帝國併吞。

那麼塔杜赫帕呢？她似乎在阿蒙諾菲斯三世死後成為阿肯那頓的小妾。幾乎可以肯定的是，她在婚後換上了埃及的姓名，所以很難得知她後來的命運。其中一種可能是她就是那位名為齊雅（Kiya）的妃子，曾經受寵過一段時間。齊雅的名字後來被從碑塔上抹去，史料裡也找不到她的紀錄，這表示她可能是埃及與米坦尼王國交惡的受害者。沒有任何證據證明圖什拉塔最終拿到了他朝思暮想的黃金人像。

2
特洛伊木馬

西元前 1250 年

特洛伊木馬在特洛伊考古遺址的想像重現物。

外交禮物的核心規則之一，就是它們的存在是為了服務贈予者的利益，而從古至今最有名的一份外交禮物——特洛伊木馬，正是這種特性的極端展現。無可否認地，人們通常會利用這些表面上的利益拍受贈者的馬屁，以換取未來在商業或政治上的好處，但很少有人送禮是為了要立刻攻下對方的首都。古羅馬詩人維吉爾曾描述了特洛伊祭司勞孔被眾人忽視的警告：「我懼怕希臘人，即便他們手上拿著禮物」，這也提供我們在面對一般的外交禮物時，可以採取的謹慎明智的態度。

特洛伊木馬已經成為人類流行文化的一部分，用來描述某樣居心不良的禮物。一九七八年，荷蘭女子團體 Luv' 一首銷售破紀錄的單曲名稱就叫作《特洛伊木馬》，歌詞講述一個渣男想用詭計滲透女主角的心靈，但他所鎖定的目標尚未打開她的心房，因此我們只能自行想像故事的結局。英國搖滾樂團曼弗雷德曼（Manfred Mann）以更貼近原始典故的方式創作了他們一九六四年的歌曲《五四三二一》，只不過歌詞裡從木馬跳出來的不是希臘士兵而是樂團團員。在電腦領域中，特洛伊木馬指的是隱藏真實目的、欺騙使用者的惡意軟體。這匹木馬已經融入了我們日常的詞彙中。英國外相貝文（Ernest Bevin）曾在一九四九年被問到超國家歐洲組織的前景，據說他的回答是：「一旦你打開潘朵拉的盒子，誰也說不準有什麼特洛伊木馬會出現。」

特洛伊戰爭的故事在古希臘文學中居於核心的位置，自古以來許多藝術家、作家和音樂家都從荷馬史詩《伊利亞德》與《奧德賽》中擷取靈感，但特洛伊木馬很意外地在這些描寫特洛伊戰爭的史詩中沒有多少篇幅。《伊利亞德》的時空設定在特洛伊圍城戰第十年當中的幾個禮拜，卻完全沒有提及木馬一事，只在三處隱諱地暗示即將到來的詭計。其中一個段落是特洛伊國王普里阿摩斯在準備火葬兒子海克特的演說中，敦促特洛伊人把大型木材搬進城內，無須害怕狡猾的希臘人會藉機發動奇襲。《伊利亞德》接近結尾處也提到海克特是「馬匹的破壞者」。這暗示著史詩的觀眾已經相當熟悉特洛伊木馬的故事，所以可以很自然地將這些間接的指涉視為血腥殺戮的預兆。

《奧德賽》中則明確出現了木馬的身影。這個故事講述特洛伊戰爭裡的關鍵人物奧德修斯在戰事結束之後，所踏上的十年返家長路，而木馬的存在正突顯了奧德修斯身為攻城計畫幕後推手的狡猾。關於木馬屠城記更詳細的描述，出現在古羅馬作家維吉爾的《伊尼亞德》裡，這部作品講的是特洛伊英雄伊尼亞斯成為羅馬人祖先的故事。對維吉爾而言，表露出希臘人狡詐一面的木馬很適合特洛伊視角的敘事，所以他拿它大做文章完全是意料之內。

令人特別驚訝的是荷馬和維吉爾的作品距離他們所描述事件的時間跨度，尤其是維吉爾。我們對荷馬所知甚少，連荷馬是否真有其人，或者是不是一種詩歌傳統的統稱都無法確定。《伊利亞德》與《奧德賽》可能完成於西元前八百到六百年，大約是它們所記敘事件的數世紀之後；維吉爾的《伊尼亞德》則寫於西元前二十九到十九年間，距離特洛伊陷落超過一千年。特洛伊的故事會傳到荷馬時代應該是靠口耳相傳，而荷馬身為一名詩人，會從口述歷史中挑選適合入詩的素材。在《奧德賽》中，他寫的是奧德修斯的故事。在對特洛伊木馬故事的其他重述中、在其他作家的作品中，或是在花瓶等藝術品留下的形象中，奧德修斯經常是一個很小，甚至完全不存在的角色，取而代之的主角成了木馬的建造者埃沛歐斯與女神雅典娜。

如今為我們所知的特洛伊木馬，很大部分是結合了荷馬與維吉爾版本的複合體，故事大致的情節如下：在那場觸發特洛伊戰爭的遊戲裡，任性的諸神要特洛伊城國王普里阿摩斯的兒子帕里斯判定三名女神中誰最美麗，結果他選了阿芙蘿黛蒂。為了回報帕里斯，阿芙蘿黛蒂讓斯巴達國王墨涅拉俄斯的妻子海倫愛上了帕里斯。帕里斯才剛把容貌傾國傾城的海倫帶回特洛伊，希臘聯軍就率領了一千艘船的艦隊兵臨城下。在接下來的十年苦戰中，如阿基里斯等偉大的戰士成就了許多英雄事蹟，也做出了很多殘酷暴行，但交戰雙方仍舊無法分出勝負。

戰爭還是結束了，不是憑藉戰場上的軍事實力，而是透過狡詐的騙術。奧德修斯想出了一個計畫，指示埃沛歐斯打造一匹木馬，且內部要大到足以容納一隊希臘精銳，埃沛歐斯隨後在女神雅典娜的協助下完成了任務。接著希臘人開始假意退兵，一名叫做西農的希臘士兵則自願跟木馬一同留下，某份古典文獻甚至提到木馬上有一副銘牌寫著：「為了回程一路順風，希臘人獻上這尊謝禮給雅典娜。」這畫龍點睛的心意就像現代的感謝卡一樣，是古往今來所有外交禮物上都看得到的設計。

西農向特洛伊人宣稱木馬是個獻禮，是要為他們之前偷走守護特洛伊城的雅典娜木像賠罪，同時確保自己可以順利返回希臘，相信了這套說詞的特洛伊人便把木馬拖進城中。祭司勞孔猜到了希臘人居心何在，但在他的警告被注意到之前，勞孔和他的兒子們很快就被跟雅典娜一樣站在希臘人這邊的波賽頓派去的海蛇給殺死。另一個起了疑心的特洛伊人是普里阿摩斯國王的女兒卡珊德拉，但她所受的詛咒是能夠預言正確卻永遠不會有人相信，所以也沒人理會她的提醒，特洛伊人只顧著慶祝希臘人撤兵。到了晚上，木馬肚子裡的希臘精兵跑了出來，替外頭的希臘大軍打開城門，特洛伊於是遭到殘忍的屠城。

雖然此役以希臘的勝利作結，但眾神對於這場仗贏得如此野蠻感到十分憤怒，例如祂們就看不慣希臘人洗劫特洛伊的廟宇，因此為了懲罰他們，眾神讓返航的希臘艦隊遭遇暴風雨的襲擊。一些船隻沉入海底，奧德修斯則在經歷波瀾壯闊的十年冒險之後，才終於回到故鄉。把木馬當成禮物固然是讓希臘人得以拿下特洛伊城的妙計，但這樣的卑鄙手段以及他們為達勝利所做出的殘暴行徑，使得這場戰爭到頭來其實沒有贏家。

這些事件真的發生過嗎？到了近代早期，許多人就開始質疑世上是否真的曾經存在一座叫作特洛伊的城市，而考古學可以提供我們答案。在十九世紀，有一名叫做卡爾沃特（Frank Calvert）的英國人，他的家族在安納托利亞擁有靠近達達尼爾海峽的希薩里克（Hisarlik）小丘的部分土地，卡爾沃特認定那裡就是曾經的特洛伊古城。他說服了一名富裕的考古學家施里曼（Heinrich Schliemann），讓這位一心一意想找到荷馬筆下城市之考古學證據的德國人到當地指揮挖掘工作。最後施里曼真的找到了特洛伊，只不過是錯的特洛伊。他的想法是荷馬所描述的城市位於偏低的考古層中，於是他在遺址中挖了一條很深的壕溝，但事實是他挖出的東西屬於青銅時代早期，比特洛伊戰爭早了一千年。希薩里克是個很複雜的遺址，具有九個主要的文化層和各式各樣的次級分層。後續對遺址的研究顯示，毀於希臘人之手的特洛伊古城有兩大可能的地點，分別是代號為「特洛伊VIh」與「特洛伊VIIa」的聚落，然而施里曼草率的挖掘方式，讓解謎變得更加困難。

所幸史學證據補強了考古紀錄。瑞士學者佛瑞（Emil Forrer）主張西臺文獻中提到的一個地名「塔魯依撒」（Taruisa）所對應的，就是希臘文中的「特洛伊亞」（Troia），同時西臺文本中的「維魯薩」（Wilusa）指的就是特洛伊亞的別稱「伊利歐斯」（Ilios），而《伊利亞德》與《奧德賽》裡都有音律證據可以證明伊利歐斯原名「維利歐斯」（Wilios）。如果西臺文獻中的「阿希亞瓦」（Ahhiyawa）真的如學者普遍認為的是在指涉希臘人，或者就是荷馬經常用以稱呼希臘人的「亞該亞人」（Achaeans），那麼我們就可以從這些文本中拼湊出一個不盡完整的故事：維魯薩，也就是特洛伊，是西臺帝國的屬國，而希臘人對他們來說是一大麻煩，因為希臘人會幫助西臺帝國內攻擊維魯薩的地方叛亂勢力皮亞馬拉杜（Piyamaradu）。文獻中確實有一處提到西臺帝國與阿希亞瓦的國王為了維魯薩的問題開戰。

在特洛伊發現的邁錫尼陶器進一步證實了特洛伊人與希臘人之間的接觸，也讓西臺帝國與邁錫尼的希臘文明兩大帝國之間的矛盾逐漸浮上檯面，此衝突可能就是特洛伊戰爭爆發的背景。雖然考古學的證據還存在許多爭議，但「特洛伊 VI」與「特洛伊 VIIa」這兩個聚落似乎都有一夕告終的跡象，前者遭逢地震，後者則可能毀於火災的摧殘。西臺與邁錫尼帝國都在不久之後走向衰落。

然而即使特洛伊城真的存在，也確實爆發了一場特洛伊戰爭，最終導致該城被希臘人洗劫一空，無論如何木馬屠城記肯定只是虛構的產物吧？士兵躲在木馬裡沒有被察覺，還被特洛伊人拖回城內，感覺實在太天馬行空了。

不過說到士兵在外交禮物的掩護下突破圍城戰的詭計，特洛伊木馬可不是首例。莎草紙的文獻上記載著特洛伊陷落的數百年前，法老圖特摩斯三世手下的一名大將拿下雅法（Joppa）時所使用的伎倆：當時埃及也送了一份大禮，並在籃子裡藏了兩百名士兵。

從外交禮物的角度來看，選擇以馬的形象執行這個詭計有它的道理。馬對特洛伊人而言顯然相當重要：《伊利亞德》裡充滿特洛伊人從事馬匹買賣的橋段；許多特洛伊的名字都有 hippo- 的字首，意思就是「馬」；西臺王宮檔案室裡存放的陶版，也有關於馬匹訓練的內容。種種原因都讓希臘人認為跟馬有關的禮物可以正中特洛伊人的下懷。把馬匹造型的禮物說成是要送給雅典娜的獻禮也頗具說服力，因為雅典娜確實是一名與馬的馴化有關係的女神。

古典時代和現代的作者都想過要合理化木馬屠城記的故事，他們嘗試以現實的角度解讀這個神話事蹟，其中最主要的猜測是木馬其實是衝撞城門的破城槌。二世紀的希臘地理學家保薩尼亞斯（Pausanias）將埃沛歐斯的這項造物描述成一種設計來突破特洛伊城牆的裝置，浮雕也顯示亞述的攻城武器看起來很像馬匹，特別是披上潮濕動物皮預防火攻的時候。

還是說，特洛伊木馬其實是一艘船？這類詮釋涉及一種以馬頭作為裝飾並被希臘人稱為 hippos 的腓尼基船隻，甚至荷馬也曾在提及船時以「海馬」稱之。有人因此認為特洛伊木馬可能是被當成貢品的這種船隻，而希臘士兵就躲在船身裡。

第三種理論認為特洛伊木馬是地震的隱喻。地震在當地相當普遍，考古學證據也支持「特洛伊VI」聚落毀於一場地震。波賽頓是在戰爭中最堅決支持希臘方的神祇，大家都知道祂是海神，但祂其實也是馬神與地震之神。如果說雅典娜代表的是馬匹的馴服，那麼波賽頓體現的就是牠們的野性。所以一匹被送出的木馬有可能是文學上的修辭，實際指的可能是在波賽頓的主導下，一場讓城牆倒塌，使希臘人得以長驅直入的地震。

然而這些試圖合理化木馬存在的解釋有一個問題：它們無法說明木馬造成的後續效應。特洛伊木馬完美地騙過了敵軍，讓特洛伊人一敗塗地，也為一場漫長的苦戰劃下句點，但這個計畫並不光彩。希臘人為了勝利做出的殘暴行徑引發眾神的反制；在《奧德賽》裡，當詩人德謨多克斯（Demodocus）唱起特洛伊木馬與特洛伊的覆滅時，奧德修斯的反應不是在腦中重溫詭計得逞的心滿意足，而是克制不住的涕淚縱橫。特洛伊木馬始終與一股羞恥的感受有所連結。如果木馬只是衝撞城門的工具，或是一場震倒城市的天災，這樣的羞恥從何而來？我們永遠不會知道特洛伊木馬是否真的存在過，但它確實存在於荷馬與維吉爾的詩作中，因此也將持續啟發後世的讀者。

為免有人以為這種包藏禍心的外交禮物只存在於神話世界或遠古的歷史裡，我們可以一起來看一個真實事件：一九四五年八月，蘇聯的少年先鋒隊將一塊精美的木雕美國國徽送給美國駐莫斯科大使哈里曼（Averell Harriman），作為兩個戰時盟國的友誼象徵，這枚國徽就這樣光明正大地掛在大使書房裡好幾年的時間。

美國人後來發現，這份禮物藏著竊聽器。在沒有電池和電子迴路的情況下，該裝置被證實是一種接收式的空腔共振器，被外部的無線電訊號觸發後，大使書房內的對話聲波會以音訊的形式傳入竊聽者耳裡。這件事會東窗事發，是因為一九五一年一名英國技師意外在蘇聯廣播頻道上聽見美國人交談的聲音。這個竊聽裝置的設計者是李昂．特雷門（Leon Theremin），他更有名的事蹟是發明了最早期的電子樂器「特雷門」。日後被美國人蔑稱為「那東西」的竊聽器，可說是特洛伊木馬在二十世紀的化身。

3
給亞歷山大大帝的禮物

西元前 332 年

龐貝城的農牧神之家裡的亞歷山大馬賽克鑲嵌畫，描繪波斯國王大流士三世
與亞歷山大大帝之間的伊蘇斯戰役。

這是個想用禮物嘲諷人卻大失敗的故事。這份禮物其來有自，而一千七百多年後的另一份禮物重複了同樣的模式：一位具有一定地位的強國君主感受到來自鄰近土地上年輕又充滿野心的統治者的軍事威脅，便送了一份禮物給年輕的統治者，想要嘲諷他的稚嫩與經驗不足，同時建議他打消向外征伐的念頭。但年輕的統治者卻將這份禮物重新解讀成自己可以擊敗對方的吉兆，最終獲得了勝利。

這故事出現在一部描寫亞歷山大大帝生平事蹟的虛構作品裡，書名叫《亞歷山大傳奇》（*Alexander Romance*）。該書的作者有時會被誤植為卡利斯提尼（Callisthenes），這名古希臘歷史學家也是亞歷山大的夥伴，但其實卡利斯提尼比亞歷山大早去世。此書可能成於西元三世紀，而且雖然這麼說有點不妥當，但這位不知名的作者普遍被稱為「偽卡利斯提尼」。儘管這本書的希臘語原版已經佚失，但亞歷山大的英勇作為仍是引發中世紀人們無限聯想的靈感泉源，五花八門的傳記如雨後春筍般冒出來。到了十七世紀，這本書已經有大約八十個版本，分屬二十四種語言。《亞歷山大傳奇》呈現出幻想故事的新高度，且每被轉述一次就更偏離史實一點。

這份由波斯阿契美尼德帝國統治者大流士三世送給亞歷山大大帝的禮物，在不同版本的《亞歷山大傳奇》裡有著不同的描寫，而五世紀的亞美尼亞譯本被認為是最接近原作的描述。這份禮物的故事是這樣的：亞歷山大在與大流士三世治下幅員廣闊卻不甚穩定的帝國長期作戰時，劫掠了一座名為泰爾的城市（Tyre，發生於西元前三三二年，史稱泰爾圍城戰）。接著，亞歷山大招待了一群代表大流士三世前來送禮的使者，禮物包括一條鞭子、一顆球和一箱黃金，並附上大流士寫的一封信，信裡頭對亞歷山大百般羞辱，例如建議他撤兵回到母親懷裡，畢竟他在大流士眼裡還是要媽媽餵奶的年紀，真夠嗆的。鞭子的意思是亞歷山大欠教訓，球是讓他去找同齡的小朋友玩耍，金子則是讓他有錢打發他的賊手下，讓他們趕緊回家去。要是亞歷山大不把這些禮物所傳達的訊息當真，大流士就要把他抓起來釘上十字架。

亞歷山大朗讀信的內容給他的軍隊聽，眾人都因為大流士放的狠話心頭一驚，亞歷山大卻認為波斯國王的心戰喊話是在虛張聲勢：大流士會用文字來嚇唬人，正是因為他只剩下一張嘴。接著他提筆回信，對大流士的禮物提出了自己的詮釋：亞歷山大認為鞭子的意思是讓他可以鞭笞大流士的兵馬，將他們變成奴隸；球是地球，象徵著他將征服全世界；黃金代表大流士已經臣服於他，所以才奉上黃金作為貢品。兩人一來一往的言詞交鋒，已然預示著大流士即將被亞歷山大率領的大軍所擊潰。

大流士送的這三項禮物有個耐人尋味的地方，就是三者的屬性並不一致。鞭子和球都是一種比喻，意在諷刺亞歷山大是個乳臭未乾的小伙子；相較之下，黃金完全是實用性質的禮物，真的可以用作亞歷山大率軍離開大流士地盤、返回馬其頓時的旅費。

在《亞歷山大傳奇》歷來的各種版本中，大流士送出的禮物並不完全一樣。敘利亞語的版本在鞭子、球與黃金外又加了第四樣禮物：十份芝麻種子。大流士在信中寫道亞歷山大要是能數清種子的數量，就會知道他擁有多少兵力。被激到的亞歷山大拿起一把種子往嘴裡送，意有所指地說這些芝麻多是多，但一點味道也沒有。這則故事還說，亞歷山大後來回敬了大流士一些芥末籽，在嘗過芥末籽後，憂心忡忡的波斯國王發現這些芥末籽少歸少，味道卻非常刺激鮮明。種子也出現在其他版本的故事中，只不過植物的種類不盡相同。日耳曼語版裡的大流士送的是罌粟籽，收到的是胡椒籽。

史料中似乎找不到大流士送過這種禮物的證據，也沒有任何其他資料顯示《亞歷山大傳奇》的故事屬實。因此，我們可以大致認定這個故事並不是由亞歷山大大帝的生平事蹟衍生而來，而是跟《亞歷山大傳奇》裡大部分的內容一樣，出自於作者的憑空想像。

但這故事有個前身，作者是希羅多德（Herodotus）。事關近兩百年前，由斯泰基人送給揮兵入侵的大流士一世的禮物。當時斯泰基酋長沒有多做解釋地送了大流士一世一隻鳥、一隻老鼠、一隻青蛙，還有五枝箭（聽起來有點像貓咪會送的禮物）。大流士對這些禮物的解讀是斯泰基要臣服於他的力量，但一名叫作戈布里亞斯（Gobryas）的波斯貴族提出了不同的見解：他認為這是一種威脅，波斯人必須要把自己變成鳥、老鼠或青蛙來躲避斯泰基的弓箭。由於與斯泰基作戰整體而言讓大流士十分挫敗，因為他找不太到這群游牧民族的弱點，所以戈布里亞斯的解釋或許比較準確。

就結構而言，這個較早的故事比大流士三世送禮給亞歷山大的經過簡單，沒有太多唇槍舌戰，但同樣示範了如何用外交贈禮來傳達寓意。還有另一個時間晚很多且來自世界另一個角落的版本，在結構上就幾乎跟大流士三世的故事一樣。這個故事出自莎士比亞的劇本《亨利五世》的第一幕。

百年戰爭期間，法國王太子在某次戰事稍歇的空檔派了一些使者去見英格蘭的亨利國王。第一個大使傳達了法國王太子的一則訊息，內容就跟大流士三世給亞歷山大的信一樣嗆，也同樣把重點放在亨利國王的年輕與青澀。使者告知亨利國王法國王太子說：

你太看得起自己的年輕了，
並要你聽他一句勸，那就是法國沒有任何事物
可以跳著輕快的加拉德舞曲贏到。

大使解釋法國王太子還託他帶來適合國王個性的禮物，也藉此勸他不要再妄想法國的領土。這份禮物就是網球，意思是亨利更適合年輕人的消遣活動，而不是跟法國開戰。

如同大流士三世惹毛亞歷山大的禮物，這些網球也激怒了亨利國王，讓他想用顛覆性的解讀來反將對方一軍。於是網球被置換成砲彈：

還請告訴親愛的王太子說他的這種嘲諷
已經將他的網球變成了砲彈；而他的靈魂
將痛悔不已自己做出這種無謂的洩恨
因為一旦這些砲彈飛起，將有一千名寡婦
由於他的嘲諷，失去他們親愛的丈夫
母親失去他們的兒子，城堡亦在嘲諷中倒塌。

我們忍不住會想莎士比亞是不是透過借用《亞歷山大傳奇》裡大流士禮物的典故，將亨利五世比作像亞歷山大大帝一樣年輕有衝勁且連戰皆捷的統治者。然而不同於大流士的禮物，送給亨利五世的網球確實見諸於歷史文獻中。這個故事曾出現在霍林斯赫德（Raphael Holinshed）的《英格蘭、蘇格蘭與愛爾蘭編年史》（*Chronicles of England, Scotland and Ireland*），該書在一五八七年出的第二版是莎劇的重要資料來源。霍林斯赫德的書似乎參考了更早的資料，特別是奧特伯恩的湯瑪斯（Thomas of Otterbourne）與艾爾姆漢姆（Thomas Elmham）分別寫下的《編年史》，兩本書都寫到這件事發生在凱尼爾沃斯（Kenilworth）這座亨利五世十分喜愛的城堡。

但這則故事不可能是真的吧？這種用禮物嘲諷人的做法是很棒的故事手法，卻是糟糕到不行的外交操作。法國王太子的禮物大大激怒了亨利五世，使他攻打法國的決心更加堅定，進而採取一連串的行動，最終導致阿金科特戰役。*這個《亨利五世》當中的段落固然突顯了法國王太子的不適任，但無論一個人再怎麼不懂外交，也不會覺得用禮物挑釁對方可以有助於自身想說服英王撤軍的目標，對吧？

一段更詳細的記述顯示這個故事的歷史源頭可能來自另一名當時的編年史作家斯特雷奇（John Strecche），他是凱尼爾沃斯修道院的一位法政牧師（一種天主教與英國聖公宗都有的教會榮譽職），其描寫的重點在於亨利每次走訪凱尼爾沃斯城堡的過程。斯特雷奇寫道亨利派大使到法國拜訪王太子，以交涉與法國凱瑟琳公主的婚姻，但談判過程一波三折，難以取得共識。斯特雷奇的描述是備感挫折的法國人怒嗆英國使者，並抓著亨利很年輕這一點表示他們會送些「小球」給他當玩具，外加一些軟枕頭給他睡覺用。回到英格蘭之後，使節向英王如實稟報了法方的回應，亨利在盛怒之下便威脅要在法國街頭用「砲彈」玩遊戲；至於軟枕頭，他說法國人用不到，因為他會在天亮前就對法國房舍發動重砲轟擊。談判的艱鉅與挫折導致談出火氣是外交場域常有的事，因此這個版本的故事起源感覺比真的送出實體網球的說法更具可信度。但我們永遠無法確知歷史的真相，而法國的編年史裡也從未有過相關的記載。

不是每個統治者都想在外交上面面俱到，歷史上也確實有禮物被用來挑釁或羞辱對方的案例。像是在一四三〇年代，土庫曼白羊王朝的部落聯盟領袖貝格（Uthman Beg）就把一面鏡子、羊群和一件象徵榮譽的袍子當成禮物送給馬穆魯克人的統治者巴爾斯拜（Sultan Barsbay），弄得收禮方很不高興。因為鏡子令人聯想到女性特質，羊代表乖巧順從，袍子則是上對下的賜予，我們也會在之後的故事中再度看到。不過巴爾斯拜似乎沒有回嗆就是了。

＊ 譯註：Battle of Agincourt。阿金科特戰役發生於一四一五年十月二十五日，是英法百年戰爭中一場以寡擊眾的戰事。在亨利五世的率領下，以步兵弓箭手為主力的英格蘭軍隊擊敗了由大批貴族精銳騎士組成的法軍，為一四一九年收復諾曼第奠定勝基。此役堪稱英國在中世紀最漂亮的一場勝仗，也是戰爭史上的重要戰役。

4

東方三王送給耶穌的禮物

西元前 4 年

位於義大利拉溫納的新聖亞坡理納聖殿的馬賽克畫，描繪三名帶來禮物的賢者。

東方賢者送給嬰兒耶穌的黃金、乳香與沒藥，或許是人類歷史上最有名的禮物。這不僅是無數耶穌降生劇本的靈感來源，更是聖誕節送禮習俗的由來。但這究竟算不算是一份外交禮物，得視兩個問題的答案而定：這些賢者是誰？他們眼中的嬰兒耶穌又是誰？

儘管「東方三王」（譯按：東方賢者的別稱很多，包括三國王、三博士和三智者等）在耶穌降生的故事裡赫赫有名，聖經福音書對這段情節的描述卻意外地少。《路加福音》記載著耶穌誕生的故事，裡頭寫到約瑟夫與妻子馬利亞為了配合羅馬皇帝奧古斯都的人口普查被迫返回戶籍地伯利恆，晚上要在旅店過夜時已經沒有空房，所以才會在馬槽中生下耶穌，附近看顧羊隻的牧羊人們則被上帝的天使告知這個喜訊。但在這個版本的故事裡，來自東方的賢者完全沒有戲份，他們唯一一次登場是在《馬太福音》。他們來到伯利恆的時間，跟基督降生似乎對不起來：當時祂已經被形容成「年輕的孩子」。也就是說大家習以為常、耶穌降生伴隨著賢者到訪的情節，並不是出自聖經。

《馬太福音》的描述是「來自東方的賢者」抵達耶路撒冷，並問起了「生來就是猶太人之王的那個人」在哪裡，他們在東方看見祂的星，於是前來敬拜祂。這項請求讓當地的統治者希律王感到很不安，因為希律王認為「猶太人之王」的頭銜屬於他自己。在請教過地方上的祭司和文士以後，希律王得知先知們曾預言未來的統治者會出生於伯利恆，而賢者會受到祂的指引來到鎮上。接著伯利恆之星果然再度現身，引導賢者們去到年輕孩子的面前。賢者們屈身向祂敬拜，並獻上黃金、乳香和沒藥作為禮物。

希律王嘗試利用賢者來進行他惡毒的計畫。他請賢者在找到孩子後通知他一聲，號稱自己也想去敬拜祂，但希律王這麼說當然別有用心，因為他隨後便下令殺光伯利恆所有兩歲以下的孩子。所幸上帝有先託夢警告賢者不要依約回去見希律王，所以他們在敬拜過耶穌之後就直接踏上歸途，並在回程時避開了耶路撒冷，從此消失在聖經的描述中。三賢者當時是在尋找生來就是「猶太人之王」的人，也就是說他們的目標是一個三人一致相信注定會成為政治領袖的孩子，當然這不是耶穌基督後來的命運，祂從來沒有對任何人行使過政治權力。不過我們可以從這個說法看到三賢者將此行視作是對某位貴族領袖的致敬之旅，因此他們送的東西確實帶有外交禮物的屬性。

這三位「來自東方的賢者」究竟是誰？馬太對今日賢者形象的兩大特點隻字未提：他從頭到尾沒有說過他們是國王，也從沒說過來者共有三個人。但《馬太福音》中用來形容這些訪客的一個希臘字詞「mágoi」，提供了關於他們身分的重要線索。這個字的確切意義無法完整翻譯成英文：mágoi 其實不等於英文常見的 wise men，所以也不是賢者或智者的意思。

希羅多德指出 mágoi（或這個字更為人所知的拉丁文複數形 magi），是位於今日伊朗西北部的六個米底亞人部落的其中一個。這個部落學識豐富，並為其他米底亞部落和波斯人提供祭司。magi 後來也可以用來指涉祆教與其他伊朗宗教的祭司。希臘羅馬作家將這些祭司跟魔法和占卜劃上等號，認為他們會解夢與占星，英文裡的 magic（魔法、魔術）一字也的確來自希臘文的 mágos。

雖然占星術因為帶有宿命論的色彩，一直以來在基督教裡的形象都不是很好，但 magi 在《馬太福音》中的用法並不算太負面。福音中提到他們是根據「東方升起了祂的明星」，才前來敬拜未來的猶太人之王，突顯出他們的占星師身分。三賢者的情節和舊約《民數記》裡巴蘭的故事可說有異曲同工之妙：跟三賢者一樣，巴蘭也是從「東方山區」進入到聖經敘述中的外國人；兩者都是某個反派想要操弄的對象，試圖利用賢者的是希律王，想利用巴蘭的則是摩押（Moab）國王巴拉克（Balak）。兩個故事裡的反派詭計最終都沒有得逞。被慫恿詛咒以色列的巴蘭只做出了正向的預言，包括「有一顆星要出於雅各」，* 似乎預告著三賢者的伯利恆之行。

早期的基督教作者除了認為巴蘭預言的雅各之星和賢者口中的伯利恆之星有關，也認定巴蘭與賢者有直接的關聯。三世紀學者亞歷山大港的俄利根（Origen of Alexandria）認為，巴蘭的後裔裡有一支「魔法師種族活躍在東方各處」，所以在耶穌降生時，賢者們才能夠認出那顆意義重大的星星，而以色列人就沒有辦法。《馬太福音》裡的賢者故事說明了基督訊息的普世性，否則非猶太人不會從異地前來敬拜還是嬰孩的耶穌；這段情節也顯示賢者們把聖嬰當成未來的猶太國王而非上帝的兒子敬拜——既然是未來的國王，自然有資格收受外交上的厚禮。如果用這種方式詮釋聖經，那麼賢者們認為那顆星傳遞了重要的訊息並沒有錯，他們只是錯誤解讀了訊息。

賢者與祆教的連繫來自一本叫做《阿拉伯嬰孩福音》（*Arabic Infancy Gospel*）的杜撰文本，這部作品應該是由一敘利亞的原版衍生而來，可能的成書時間是西元五或六世紀。此文件的情節大致上跟《馬太福音》中的賢者故事差不多，但在兩個地方做出了重大的增添和渲染：它描述賢者們在前往耶路撒冷的旅途中，遵循的是「瑣拉達希特的預言」（瑣拉達希特就是創立祆教的波斯先知瑣羅亞斯德）；且他們在送出禮物後有收到回禮，賢者們從馬利亞手中得到了耶穌的嬰兒包巾。回去之後他們把這條巾帶投入聖火中，它卻絲毫無損，於是他們就把這布料跟其他寶物放在一起敬仰。

在一個較長的修訂版中，瑣羅亞斯特就是巴蘭本人。

賢者的故事在早期的基督教作品中經歷了各式各樣的演變與加油添醋，故事也出現了各種不同的走向。其中最複雜的一個版本是一份名為《賢者啟示錄》（*Revelation of the Magi*）的文件，出自八世紀時的敘利亞手稿《祖琴編年史》（*Chronicle of Zuqnin*），祖琴為出版這本書的土耳其修道院的名字。這個故事是用賢者本身的視角寫成，他們總共有十二個人。這些賢者住在一個叫作席爾（Shir）的地方，似乎大致位於今日的中國境內。他們既是智者也是國王，因為有沉默祈禱的習慣而被稱為magi，也就是祭司。他們的先祖是亞當的兒子塞特，塞特將他父親透露的祕辛寫在世界上最早的書裡，賢者們再把這些書存放在位於「勝利之巔」的「隱藏之謎的寶穴」中，此地也是賢者每個月進行禱告儀式的場所。他們世世代代都在等待一顆星星出現在勝利之巔上空，因為那將會是神以肉身降世的預兆。

偉大的日子終於到來，一顆星落到勝利之巔上並化為人形。祂請賢者將他們特地為了這天而存放在洞穴中的禮物帶到祂降生為人之處，但沒有明說要帶什麼禮物。接著祂把自己變回星體，並奇蹟似地在當地居民都看不見祂的情況下指引賢者來到耶路撒冷。在這個版本的故事裡，是星星自己請賢者不要遵照希律王的要求把彌賽亞的所在地說出來。賢者們在伯利恆的一個洞穴中找到了嬰孩，將他們頭上的王冠摘下放在祂的腳邊，然後向祂獻上他們帶來的寶物。大功告成之後，星星引

＊　譯註：雅各是亞伯拉罕的孫子，以撒的兒子。雅各後來改名叫以色列，他的後裔便是以色列族。

領賢者們回到故鄉，十二使徒之一的多馬隨後抵達替賢者們受洗，賢者們此後便在世界各地傳起了福音。

然而不同於這個故事，賢者逐漸被廣泛描繪成三個國王的形象。他們的國王身分可以滿足舊約與彌賽亞有關的各種預言，例如詩篇第七十二章就提到「諸王都要叩拜他」。認為賢者是三個人的觀點還有一項證據，那就是他們帶來了三樣禮物，正好一位國王帶一樣。

這三名國王如今有一組最廣為人知的名字，而這些名字第一個確定的出處，是一本已失傳希臘編年史的拉丁文譯本《蠻族的拉丁文摘錄》（*Excerpta Latina Barbari*）。這本書出自六或七世紀墨洛溫王朝時期的高盧，希臘文的原文則應該來自五世紀時的亞歷山卓，而執筆的是某個希臘文跟拉丁文都不太靈光的譯者，因此書中出現了許多「破拉丁文」。該譯本稱呼三位賢者為希薩里亞、梅里吉奧與加塔斯帕，如今更常見的名稱是巴爾塔薩、梅吉奧和卡斯帕。八世紀一份訛傳出自聖比德（Venerable Bede，英國歷史之父）之手的文本《文集與花朵》（*Collectanea et flores*），進一步賦予了三名賢者不同年齡的形象：梅吉奧是白鬚的長者，巴爾塔薩是黑鬚的中年人，而卡斯帕是鬍子刮得很乾淨的年輕人。

三賢者不只年齡各異，他們也出身自不同地區，巴爾塔薩在文藝復興的畫作中就經常被描繪成黑人。三賢者的形象在最早的基督教畫作裡都大同小異，皆戴著代表他們來自波斯的佛里幾亞無邊便帽，因此他們後續的分化有助於突顯基督教訊息的普世吸引力。

十三世紀下半葉，沿絲路壯遊的馬可波羅曾在他的遊記中煞有介事地描述他在波斯城市沙巴

（Saba）看到「壯觀而美麗的紀念碑」，即三賢者的墓碑。他說他看到了這三名被叫作巴爾塔扎、梅吉奧與賈斯帕的賢者遺體，且他們的頭髮和鬍子都還保留得好好的。

他沒能在沙巴找到更多關於這些人的資訊，但在踏上旅途三天之後，他在一處叫作卡拉阿塔佩里斯坦（意思是拜火者的城堡）的村落裡得知該地區的三位國王曾經遠行去朝拜一個新生的先知，並帶上黃金、乳香與沒藥作為禮物。那嬰孩給了他們一小盒東西當回禮，然後他們就離開了。回程時，他們打開了盒子，發現裡面只有一塊石頭。這份禮物代表著信心，先知相信國王們心中逐漸茁壯的信仰最終將變得和石頭一樣堅固，但沒能體會禮物真義的國王們在失望之餘，便將石頭隨手扔進了最近的井裡。一瞬之間，一道天火落在井裡。有著祭司身分的國王們馬上意識到自己的錯誤以及禮物的神力，於是他們取了一些天火，小心翼翼地把它帶回家鄉，供奉在美麗的教堂裡。從那天起，他們就保持著火焰不滅，當地的人也就成了拜火者。

一九九〇年代，作家羅伯茲（Paul William Roberts）造訪伊朗城市薩韋（Saveh）時發現一座同時有著基督教與祆教早期特徵的老清真寺，因此他認為那裡或許就是馬可波羅見過的陵墓所在地。令人困惑的是，建築物裡只有兩具而非三具石棺。接著在薩韋當地一名牙醫兼新進歷史學者的協助下，他追查到附近有一座已荒廢的城堡，並認定自己已然找到了卡拉阿塔佩里斯坦村。

不過東方三王最著名的傳言葬身處既不在伊朗，也不在伯利恆以東的任何地方，而是在科隆主教座堂。三王聖龕是一副閃閃發光的三重石棺，十二世紀時由名匠凡爾登的尼古拉斯（Nikolaus von Verdun）和他的助手們齊力打造完工。現在的科隆主教座堂作為歐洲北部最大的哥德式教堂，當年就是為了存放三王聖龕而興建的。據說三王的遺骨最初是被聖赫勒拿（Saint Helena）發現並帶到君士坦丁堡，到了西元三四四年，遺骨在皇帝的託付之下交給了要回去米蘭的聖歐斯托焦一世（Eustorgio I），他原先前來君士坦丁堡是為了確認自己獲選為米蘭主教的結果。傳說聖歐斯托焦一世用一具大理石棺裝著三王的遺骨，再由牛隻載回米蘭。抵達米蘭之後，有的故事說拉棺的牛隻突然倒下，有的說牛車突然陷入泥濘無法動彈，總之他解讀成這是要在該地點蓋一座存放遺骨教堂的徵兆。遺骨接下來一直保存在那裡，直到神聖羅馬帝國皇帝腓特烈一世巴巴羅薩（Friedrich I Barbarossa）在一一六二年襲擊米蘭，搶走三王遺骨並將它送給科隆主教。今日的科隆主教座堂是德國最受歡迎的地標，證明了賢者們歷久不衰的吸引力。

那麼賢者們獻上的禮物又如何呢？它們似乎完全是符合當下時空背景的外交禮物：三樣東西皆為前現代時期送給達官顯貴的典型禮品，受人喜愛且價值不斐。舊約的《以賽亞書》對耶路撒冷光輝未來的描摹，就使人感受到黃金與乳香的美好。這三樣禮物經常被賦予象徵性的意義，例如《文集與花朵》認為梅吉奧獻上的黃金象徵著基督的王者身分，卡斯帕獻上的乳香代表祂的神性，巴爾塔薩獻上的沒藥則象徵祂終將一死，因為沒藥經常被希伯來人用作遺體的防腐劑。同樣的象徵也出現在一八五七年由作曲家霍普金斯（John Henry Hopkins Jr.）譜成的知名聖誕聖歌《東方三博士》（*We Three Kings of Orient Are*）中。馬可波羅聽聞的故事講到賢者送上這些不同的禮物，是要弄清楚這嬰孩的身分究竟是地上的國王、天上的神，還是一位醫生。如果嬰孩拿了黃金，他就是國王；如果拿了乳香，他就是神；如果拿了沒藥，他就是醫生。而因為他三樣東西都收下了，所以賢者們最後認定嬰孩三者皆是，集國王、神明與醫者的身分於一身。

《馬太福音》中的賢者形象就這樣在基督教的書寫與呈現中，從祆教祭司演變成三個國王，且各有不同的年齡和出生地。馬太認為賢者們眼中的聖嬰是未來的猶太國王，所以將他們的禮物視為外交贈禮似乎十分合理。然而如此的詮釋方式也就意味著賢者是以國王對國王的態度對待耶穌，而不是把耶穌當成神的兒子敬拜。這段遭遇就如同許許多多的禮物外交，贈禮者與收禮者對送禮代表的意義有著全然不同的解讀。

5
法蘭克國王的管風琴

西元 757 年

羅馬二世紀馬賽克貼磚畫上的水利管風琴，位於現代利比亞的茲利坦。

外交禮物經常帶有炫耀的成分。送出一份收禮國所欠缺的禮物，對送禮的國家有兩個好處：首先，這類禮物通常會受到歡迎，畢竟是全新的事物；其次，又能夠讓對方明確知道誰的科技占上風。這種禮物可以讓對方嘆為觀止，也可以為先進的產品打開新市場，只不過並不是在所有情境下，送禮國都會想得這麼正向。在某些情況下，送禮國會擔心送出禮物反而會讓自己的科技被研究與模仿，進而失去原有的優勢。研究與模仿外交禮物的過程，就是不同文化之間進行觀念和科技交流的管道。

一些歷史學家就認為西元七五七年由拜占庭皇帝送給法蘭克國王丕平三世的管風琴，是一份十分具有開創性的贈禮，這件事讓管風琴重新被引入西歐，後來也才會與教會音樂產生緊密連繫。甚至有一說是拜占庭皇帝的這份禮物是雙重管風琴，演奏時會有兩名琴師同時上陣，所以可以演奏出兩個聲部，而這便是西方多聲部音樂傳統的源頭，這種形式後來再從管風琴轉移到人聲上。

然而這些論點實在把太多歷史重量，放到一樣我們實際上所知甚少的禮物身上。法蘭克國王們的功績都會被記錄在一本《法蘭克王家年代記》（*Royal Frankish Annals*，後皆簡稱《年代記》）中，該書固然是歌功頌德的作品，但也確實是後世理解當時政治的重要資料來源。從君士坦丁五世這名拜占庭皇帝手中收到管風琴，顯然是件值得一提再提的大事件，因為這台管風琴在該書總共出現了二十次，然而可以從中獲取的資訊其實很少：時間是西元七五七年，管風琴是一份與其他贈禮一道送來的禮物，法蘭克國王丕平三世當時人在現今法國的貢比涅（Compiègne）。在那之前，法蘭克王國內沒有人知道管風琴是什麼東西。拜占庭皇帝為了與法蘭克人打好關係、和睦相處做了許多努力，這份贈禮便是其中之一。紀錄中並未提及管風琴的類型，或是丕平送了什麼回禮。還有一個可能是關於這台管風琴被送出過程的紀錄，出自一名工程師穆里斯托斯（Muristos）在十二世紀時以阿拉伯語寫成的著作，當中提到有台水力驅動的汽笛管風琴被製作出來，要送給一位不知名的法蘭克國王。如果這指的就是要送給丕平三世的那台管風琴，那麼該禮物與其說是樂器，可能更接近一台十分吵鬧的噪音製造機。

在討論拜占庭皇帝的禮物是否真是將管風琴帶回西歐的功臣前，我們得先處理另一個問題：拜占庭皇帝為什麼要替法蘭克國王準備這份精美禮物？丕平三世，外號「矮子丕平」，是法蘭克王國宮相查理・馬特（Charles Martel）的兒子與查理曼的父親。也就是說，在族譜上他很不幸地被夾在兩位歷史名人之間，成就看起來沒那麼突出。事實上他為君的表現可圈可點，他是第一位成為法蘭克國王的卡洛林家族成員，此前他們都是以宮相的名義插手朝政。丕平三世於西元七五一年在教宗的支持之下，罷黜了墨洛溫王朝的魁儡統治者希爾德里克三世（Childeric III），並把他送到修道院出家。

要是你覺得矮子丕平這個綽號有點惡毒，那就表示你沒有聽過人們是怎麼稱呼拜占庭皇帝君士坦丁五世的。君士坦丁五世，人稱君士坦丁・科普羅尼莫斯（Constantine Copronymus），直譯就是君士坦丁・糞名，這麼不雅的名號源自一個傳聞：據說他還是個嬰兒的時候，在神父唸出他的名字時失禁於領洗池中。但他會被罵得這麼難聽，追根究柢還是因為很多人反對他主導的「聖像破壞運動」，這是一場譴責崇拜聖像、禮敬聖物的運動。但君士坦丁五世其實是一名具有行政長才的軍事領袖，他不僅鞏固了拜占庭帝國的東境，也加強了對巴爾幹半島的控制。

在君士坦丁五世專注應付拜占庭帝國的陸上鄰國之際，其隔海位於義大利的疆域則相對遭到忽略。該區域的拉文納總督區先是落到屬日耳曼人一支的倫巴底人手中，然後倫巴底人又敗在獲教宗協助的丕平三世手下。後來丕平也將征服的土地獻給了教宗，促成教宗國的建立。教宗勢力與卡洛林王朝聯盟，教宗雷歐三世（Pope Leo III）更在西元八百年的聖誕節替查理曼加冕為「羅馬人的皇帝」。這些發展使當時的東歐與西歐漸行漸遠，變成兩個世界：東方是拜占庭帝國，信仰基督教，說的是希臘語；西方是羅馬教廷與法蘭克王國加洛林王朝的同盟，同樣信奉基督教，但說的是拉丁語。

這兩個基督教世界的隔閡不該被刻意誇大。他們之間依舊有廣泛的貿易和外交交流。君士坦丁五世意圖收復他在義大利中部的領土，希望透過拉攏法蘭克國王來破壞其與教宗的結盟關係。在這樣的脈絡下，君士坦丁選擇將一台精美的管風琴送給丕平三世。《年代記》裡多次出現這份禮物，代表它真的有送進丕平的心坎裡，不過透過禮物宣揚自己所收到的國際認可，也符合丕平的統治利益，畢竟他驅逐墨洛溫家族篡位才過沒多久，世人們對這件事仍然記憶猶新。

君士坦丁五世對法蘭克國王的巴結可不是只靠一台管風琴，他還曾試圖撮合自己兒子、未來的利奧四世（Leo IV）與丕平的千金吉賽拉（Gisela）聯姻，只不過沒有成功。有證據顯示這些示好之舉確實產生了效果，法蘭克王國對教宗的支持在丕平執政晚期明顯降低，然而拜占庭與法蘭克王國的眉來眼去在丕平於西元七六八年去世之後，便難以為繼了。

丕平死後，拜占庭皇帝的籠絡對象就變成他的兒子查理曼。拜占庭攝政伊琳娜女皇（Empressregent Irene）展開了談判，希望讓她的兒子君士坦丁六世與查理曼的女兒蘿楚德（Rotrude）締結良緣，可惜仍舊功虧一簣。蘿楚德後來成為一名修女，跟著她的姑姑進了徹里斯修道院（Chelles Abbey）。君士坦丁六世的下場更慘：他被母親伊琳娜的支持者弄瞎，成為她稱帝的犧牲品。

到了西元七八〇年代末，查理曼與伊琳娜在義大利南部勢如水火，所有人都覺得雙方的關係到此為止。但在查理曼統治末期的西元八一二年，管風琴外交再次出現：據說拜占庭皇帝米海爾一世（Michael I Rangabe）的特使帶著一台管風琴來到查理曼位於亞琛的宮廷。我們不清楚這台管風琴是不是國禮。有一說是這台琴被查理曼的工匠們偷偷地研究了一番，如果是這樣，就代表特使們在出使任務告一段落後把管風琴帶走了。有些歷史學家則懷疑這台管風琴是否真的存在過，因為它的紀錄並未出現在同時代的史料，而是來自九世紀末，本篤會修士「口吃者」巴爾布盧斯（此時顯然十分流行貶義綽號）的著作，所以有可能是作者把它跟不平收到的管風琴或別的禮物搞混了。

所以送給不平三世的管風琴，是否真促成了這種樂器被重新引入西歐，並且被用於教會音樂呢？西元前三世紀住在亞歷山大港的希臘發明家克特西比烏斯（Ctesibius），通常被認為是做出史上第一台水力管風琴的人，亞歷山大港當時是科學發展的重鎮。水力管風琴的使用在整個羅馬帝國中逐漸傳播，其中一台在一九三一年被挖掘出土，地點位於今日布達佩斯的古羅馬城市阿坤庫姆（Aquincum）遺址。我們可以從一段銘文得知該琴是一名行政官致贈給某商會的禮物，而他本人就是這個商會的會長。包含尼祿在內，有好幾位羅馬皇帝都很喜歡水力管風琴，婚禮、角鬥士對戰和馬戲團表演都可以看到它的身影，但此時它與早期的基督教會沒有連繫。

羅馬皇帝狄奧多西一世（Theodosius I）於西元四世紀重新豎立在君士坦丁堡的方尖塔，這座尖塔原本屬於埃及法老圖特摩斯三世，其三角楣飾上的浮雕也描繪著位於競技場裡的兩台管風琴。拜占庭帝國中，管風琴依舊與宗教活動無緣，但似乎延續著和大型公眾場合等俗世生活的連繫，使用風箱的氣動管風琴技術也被開發出來。然而在西歐，管風琴的製造技術卻似乎因為民族大遷徙而失傳。於是到了八世紀，拜占庭便掌握一項在法蘭克王國中已經失傳的技術。

然而單憑薄弱的歷史紀錄，我們實在無法確切知道丕平三世所收到的這份禮物是否真有助於管風琴與西歐教會產生連繫。君士坦丁五世送的管風琴顯然別具意義，但並沒有太多線索告訴我們它是哪一種管風琴，而且如前所述，至少有一條線索暗示它可能更接近汽笛而非樂器。透過古代文本尋找管風琴在西歐傳播的證據十分不容易，原因之一就是拉丁文裡的 organum 一字存在歧義：它既有可能指管風琴這種樂器，也可能泛指「組織性的音樂」。

西元八二六年，查理曼的兒子「虔誠者」路易一世（Louis I, "the Pious"）將一位名為格奧爾基烏斯（Georgius）的威尼斯教會牧師帶到亞琛，他在那裡以拜占庭風格製作出一台水力管風琴。九世紀的《烏德勒支詩篇》（*Utrecht Psalter*）內含一幅雙重水力管風琴的圖片，描繪兩名樂師各自督促著他們的水泵助手加把勁。早期的管風琴似乎流行做得越大越好：十世紀時建於溫徹斯特座堂（Winchester Cathedral）中的管風琴有四百根風管，使用時需要兩名演奏者和七十名工作人員。

雖然我們沒辦法肯定地說丕平三世收到的禮物在管風琴回歸西歐的發展中扮演了什麼角色，但可以確定對丕平三世而言，這是一份值得珍惜的隆重禮物。兩個世代以後，管風琴作為一種樂器受歡迎的程度，足以讓丕平三世的孫子從威尼斯帶來一名工藝專家自己製作一台，同時昭告大眾：拜占庭的科技已經在法蘭克王國中開花結果。

6
查理曼的大象

西元 802 年

描繪一頭大象背著一座城堡的十二世紀壁畫，該壁畫位於貝爾蘭加的聖保德里奧教堂。

本書的故事充滿各式各樣的野獸，包含大有來頭的兩隻大象。珍禽異獸是保證能帶給人深刻印象的禮物。在古代，陌生的動物會讓人感覺有種魔力。當時大眾媒體尚未出現，人們若是第一次看到犀牛或長頸鹿，驚奇之情可想而知。把力大無窮且外型讓人大開眼界的大象等巨獸當成禮物，可以彰顯送禮方的力量；而對收禮方來說，擁有這樣的奇獸不僅讓自己顯得與眾不同，還可以把牠帶去遊行展示，擄獲子民驚嘆的目光。

在世界各地的紀錄裡，賞玩異國風情的生物都是專屬於統治菁英的消遣，而這些獸類往往集中養在皇宮的動物園裡。把野獸當禮物送在實務上的難度，使牠們必然僅限於極少數人才能擁有——這也是牠們的魅力所在。運輸這樣的禮物經常是浩大的工程，有時甚至相當危險：異國動物又很容易死於水土不服或東西吃不慣。照顧牠們往往所費不貲，英文裡會用「白象」形容大而無當的物品或計畫，就是源自東南亞的君王所送出的聖獸。收到巨獸固然讓人受寵若驚，但對國家財政也是很沉重的負擔。把這些動物轉贈出去的君主不在少數，或許就是因為新鮮感過了再加上花費撐不住。

九世紀初被當成禮物送人的大象叫做阿布阿巴斯（Abu'l Abbas），涉及的強大統治者分別是哈倫（Harun al-Rashid）與查理曼。哈倫是阿拔斯帝國的第五任哈里發，他統治時正值帝國的黃金年代。當時的巴格達是世界級的繁華城市。西元八百年時，查理曼在聖伯多祿大殿接受教宗加冕，成為「羅馬人的皇帝」，自此他不再只是法蘭克國王，同時也是自西羅馬帝國滅亡以後，西歐的第一個皇帝。

雖然哈倫的帝都巴格達距離查理曼的首都亞琛非常遙遠，但這兩位國君會想攜手合作可說相當合理。他們都擔心著兩個強大的宿敵，東方的拜占庭帝國及西班牙的伍麥亞人。伍麥亞人曾於上世紀入侵高盧，讓當時的法蘭克人備感威脅，直到七三二年的圖爾之役（Battle of Tours）被查理曼的祖父查理．馬特擊敗。伍麥亞帝國的東部版圖於七五〇年被阿拔斯人吞併，但他們在拉赫曼一世（Abd al-Rahman I）的領導下仍堅守西班牙南部，成為令法蘭克人和阿拔斯人都寢食難安的肉中刺。

跟哈倫打好關係，對查理曼具有宗教與地緣政治上的重要性。耶路撒冷位於阿拔斯帝國的疆域中，而查理曼心繫巴勒斯坦的基督徒福祉，尤其在耶路撒冷牧首的外交活動過後，關懷的情緒更加強烈。七九九年，牧首派了一名修士來到查理曼位於亞琛的朝廷，身上帶了聖物與牧首的祝福作為禮物。牧首這麼做應該不是基於什麼野心勃勃的政治盤算，畢竟他也不敢僭越哈倫身為哈里發的地位。他派出使者，更可能是想試著從支持自己教會的查理曼手中撈到一點好處。

如果牧首真的是要查理曼給的好處，那他顯然成功了。查理曼派出扎卡里亞（Zachariah）神父作為特使，陪著修士回到聖地耶路撒冷，還帶了許多禮物。到了西元八百年十二月，查理曼在羅馬接受加冕時，扎卡里亞回到亞琛，身邊多了兩位牧首派來的修士，以及聖墓教堂與髑髏地*的鑰匙，還有一面旗幟作為外交禮物。後來人稱「智者伯納」（Bernard the Wise）的布列塔尼僧侶在西

* 譯註：Holy Sepulchre and Calvary。聖墓教堂位於耶路撒冷舊城基督教區，建於西元三三五年，由東羅馬帝國首位基督教皇帝君士坦丁大帝下令興建，其所處地點各各他相傳是耶穌被釘死在十字架、埋葬與復活的地方，而各各他意譯就是髑髏地。

元八六〇年代走訪了巴勒斯坦，他的描述讓我們得以一窺查理曼對耶路撒冷有多大方：他曾出錢為西方的朝聖者蓋旅店，還捐了座圖書館給聖母堂，伯納也暗示教堂本身等相關資產，可能都是受惠於查理曼的慷慨解囊。

法蘭克人與阿拔斯人在此之前就已經打過交道。查理曼的父親丕平三世曾於七六五年派出一支外交使團，拜訪當時的阿拔斯哈里發阿爾曼蘇爾（Al-Mansur）。使團這一趟去了三年，陪他們一起回來的是哈里發的使者與對方送上的國禮。哈里發的使者離去時，丕平親自送別，一路送到馬賽才回返。

七九七年，查理曼派了一支使團去見哈倫。根據《年代記》的記載，該使團由三名特使組成，分別是蘭特弗里德（Lantfrid）、希吉蒙德（Sigimund）和一位叫做「猶太人艾薩克」（Issac the Jew）的商人。八〇一年，兩名使者抵達義大利，求見那時正在當地旅行的查理曼，其中一人是哈倫所派，另一人則可能是奉北非總督易卜拉欣（Ibrahim ibn al-Aghlab）之命。兩人帶來了一個噩耗：蘭特弗里德與希吉蒙德在出使過程中不幸去世。但好消息是艾薩克正在從巴格達回國的路上，還帶上了許多哈里發送的禮物，包括一頭大象。

查理曼指派他手下的公證人*爾坎博德（Ercanbald）去安排船舶，把艾薩克、大象及其他禮物從北非載回來，他們也順利地在八〇一年秋天抵達義大利的利古里亞（Liguria）。由於冬季將至，他們暫緩了陸路行程，直到隔年才開始翻越阿爾卑斯山。艾薩克最後在八〇二年夏季抵達亞琛，成功地將大象交給朝廷。我們從《年代記》中得知，這隻大象的名字叫做阿布阿巴斯。

由於西歐已經好幾代人沒見過大象長什麼模樣，因此阿布阿巴斯理論上應該引發了一陣驚嘆，但《年代記》卻令人大失所望地對此事隻字未提。這頭巨獸接下來只有再被提到過一次：西元八一〇年，查理曼得知丹麥國王古德弗雷德（Gudfred）入侵。他在前去迎敵的路上，停在一個叫做「利珀漢姆」（Lippeham）的地方，可能位於現今利珀河（Lippe）與萊茵河的匯流處，而據說大象就在這裡死去。史書在查理曼正準備打一場仗的情境下提到大象的死訊，可能暗示這名皇帝把牠當成一頭戰象使用，但《年代記》沒有提供進一步的線索。

根據艾因哈德（Einhard）這名忠心耿耿的查理曼朝臣兼其主上傳記《查理大帝傳》（*Vita Karoli Magni*）的執筆者所言，查理曼曾明確向哈倫要求一頭大象。雖然這種說法可能代表這頭大象是索求而來的外交禮物，也意味著七九七年的查理曼使團多少是為了拿到大象才成行，但艾因哈德可不是什麼可靠的史料來源，他的寫作原則只有一條：讓查里曼看起來有面子。艾因哈德甚至宣稱哈倫就只有這麼一頭大象。艾因哈德試圖透過這項說法改變禮物的意義：這頭大象原本是哈倫用來宣揚國威的工具，但經過艾因哈德的加工，重點已不再是哈倫的君威，而是查理曼的強大。查理曼的權勢強到他一開口，阿拔斯的哈里發就得乖乖獻上他僅有的大象。

亞琛與巴格達此後仍然維持外交來往。查理曼於八〇二年派出了第二支使團，並在大約四年後

* 譯註：拉丁公證制度底下的公證人即為律師或法官等法律專業人士，而在八〇三年的一道敕令中，查理曼大帝指派貴族特使（missi dominici）在法蘭克王國境內廣設公證人，行使公證的職權。

回返，其中一名特使羅德勃圖斯（Rodbertus）於歸國路上或返鄉不久後殞命，延續了查理曼使者出使阿拔斯朝廷的超低存活率。艾因哈德認為這支代表團首先走訪了耶路撒冷，並帶上了要給聖墓教堂的禮物，然後第二站去了巴格達。按艾因哈德所說，哈里發在那兒奉上了耶路撒冷的各聖址管轄權給查理曼，讓查理曼享有「那神聖且有益身心的場域」。八〇七年，一名叫做阿布杜拉（Abdulla）的哈倫使者抵達亞琛，兩位耶路撒冷新任牧首的代表、名為喬治與菲利克斯的兩名修士也在現場，但我們無法從《年代記》中的敘述清楚判斷這是不是一個哈里發與牧首的雙重使團。雖然阿布杜拉帶來了更多奢侈的禮物，但這次沒有大象，《年代記》的史官也只對一口獨特的水鐘感興趣。這玩意充滿機關，報時的時候會有一顆顆黃銅做的球落到鈸上。

此後帶著善意的外交使團不斷來訪，某些禮物也相當可觀。但這些使團和禮物達成了什麼呢？關於艾因哈德宣稱哈倫把耶路撒冷聖址的管轄權讓給查理曼一事，爭議從來沒有少過。在較艾因哈德嚴謹可靠的《年代記》裡，一次也沒有提到過聖址管轄權的轉移。可能的實情是艾因哈德在扭曲事實、往查理曼臉上貼金的過程中，把一件雞毛蒜皮的小事渲染成驚天動地的主權割讓：耶路撒冷牧首致贈聖墓教堂與髑髏地的鑰匙，可能純粹是一種象徵性的舉措。也有學者指出哈倫或許在耶路撒冷做出了一些小規模的割讓，比方說把聖母堂讓給查理曼，畢竟聖母堂裡的圖書館本來就是他捐的。

如果艾因哈德是無中生有或嚴重誇大了查理曼在耶路撒冷受贈的程度，那麼「口吃者」諾特克於九世紀末的作品可以說把加油添醋帶到了全新的境界。在諾特克的著作裡，哈倫將整片聖地都交給了查理曼，只不過查里曼的疆域是如此遙遠，於是哈倫主動說要替他代管。隨著時間過去，查理曼的生平愈來愈像是傳奇，關於他的故事也變得愈來愈不可思議：十世紀一名叫班乃迪克（Benedict）的僧侶甚至寫道查理曼親自去了一趟耶路撒冷，而他在東方的英勇事蹟讓當地的統治者們不戰而降。這些作品以愈發具有想像力的文筆，嘗試展現查理曼在已知世界中無遠弗屆的霸業，為的就是要證明他是古羅馬皇帝的真正傳人。但就在西歐把查理曼對巴格達的外交成就說得天花亂墜的同時，阿拔斯帝國這邊的紀錄卻都查無此事。

事實上，亞琛與巴格達進行這些交流的成果，似乎相當有限。但關於大象阿布阿巴斯的記憶卻留了下來。二〇一八年，印第安納州諾特丹大學一名從事中世紀研究的學生尼斯（Karen Neis）出版了一本兒童繪本，描繪一頭大象從巴格達前往亞琛的旅程。這本書透過強調一名基督徒、一名穆斯林和一名猶太人如何齊心協力把大象運過數千英里的距離，向必須搬家的孩子們保證一切沒什麼好擔心的。這樣看來，大象似乎具有令人難忘的魅力。

7

絲綢斗篷與金幣

西元950年

拜占庭皇帝尼基弗魯斯二世（Nikephoros II Phokas）被利烏特普蘭德描述為「怪物一樣的男人，侏儒、肥頭，加上鼴鼠一樣的小眼睛」。

在歷史上的許多時期，都可以看到政權與其代表性外交禮物之間的對應，比如古埃及的黃金和現代古巴的雪茄。這類代表性禮物往往是人們很想要的東西，出了贈禮國便難以取得——或者就算可以拿到手，品質上也比不過該國產品。這種禮物與贈禮國有著千絲萬縷的關係，往往見禮物如見該國。

外交史上最引人注目的一項代表性禮物，就是拜占庭帝國在數百年間所送出的絲綢。西元四世紀到十二世紀間，絲綢都是拜占庭宮廷儀式上不可或缺的物品，因為絲綢是宮廷簾幕與蓋布的重要材料，而且極其講究的絲綢服飾穿在皇帝身上，會讓他在臣民間散發出一股令人敬畏的氣息。不同的服飾對應不同身分的朝臣，則使得官位的高低一目了然。

絲綢很昂貴，造價不斐的原因來自生產技術的複雜，以及原物料的高單價。織造繁複的圖案需要專門的機器、嫻熟的匠人，還有漫長的工時。若想製作最高等級的絲綢，光是調製出染料的成本就已經驚為天人，尤其如果要做的是最令人垂涎的顏色——帝國紫，其染料擷取自骨螺屬海蝸牛的腺體。絲綢的昂貴價格和稀有性也是拜占庭帝國政策刻意推波助瀾的結果，拜占庭帝國透過獨占骨螺紫絲綢和嚴格限制絲綢交易，管制這種珍品的生產。

直到十世紀之前，信仰基督教的西歐都無法自行生產絲綢（除了從八世紀開始加入生產行列的西班牙），只能仰賴東邊的拜占庭和伊斯蘭勢力的供給。絲綢在西歐宮廷是熱門商品，就跟在拜占庭與東方的伊斯蘭一樣，被用作儀典服飾、簾幕和壁飾的材料。絲綢對西方宮廷的吸引力，多少也來自其想要複製拜占庭帝國恢弘儀式的心態。在信仰基督教的西歐，絲綢還有另外兩個功能是在同樣信奉基督教的東方比較少見的，這兩個功能都跟宗教有關：它會被用作死去統治者的裹屍布或聖者的遺物，以及被用來保護宗教書籍的內頁。

因此絲綢對西歐的君主來說，並不是容易取得的東西，而是他們很想擁有的物品。絲綢展現出拜占庭帝國的權威與富饒，可以說是拜占庭的標誌，再加上它價格昂貴卻不太占空間，運送起來相對容易。一言以蔽之，絲綢簡直是完美的外交禮物。

如同我們在外交贈禮中常看到的，絲綢作為外交禮物對贈送者和收受者來說往往具有不同的意義。對拜占庭而言，皇帝是神在地表上的代理人，因此他們可以自我安慰地認為拜占庭國界以外的基督教王國都是帝國的朝臣，並透過特定象徵手段來宣揚這些王國皆臣屬於拜占庭的事實。來自拜占庭皇帝的絲綢就有這層涵義，目的就是讓收禮者處於象徵性的臣服地位。拜占庭會根據對方的份量，對國外統治者做出尊卑先後的排序。西歐流傳下來的絲綢中，那些有著拜占庭皇帝肖像或獅、鷹等象徵拜占庭帝國的圖案的，幾乎都是在中世紀法蘭西王國與神聖羅馬帝國的疆域中被人發現，這似乎反映了在拜占庭皇帝眼中，只有這兩個王國的統治者有資格被視為國王；其他西歐統治者則被賦予較低的地位，拿到的絲綢品質也比較差一點。

西歐基督教統治者將絲綢同時用在聖禮與世俗的情境，有可能就是要試圖改變禮物原本的意涵，沖淡自己臣服於拜占庭皇帝的色彩。其中一個例子，就是一匹應該是送給神聖羅馬帝國皇帝亨利二世的布料。布料上頭的刺繡皆描繪著一名王座上的皇帝，該肖像上看得到一個名字，似乎寫的是「亨利」，於是有人便認為那些肖像畫的是亨利二世本人，但以風格而言，這些肖像所描繪的應該是一名拜占庭的皇帝。美國學者伍德芬（Warren Woodfin）主張那確實就是拜占庭皇帝，並認為肖像旁的「亨利」字樣巧妙地化解了禮物本身的尷尬情境：象徵拜占庭皇帝的形象與神聖羅馬帝國對拜占庭的臣服。因為有亨利的名字，肖像便彷彿成了亨利二世本人。亨利死後，那匹絲綢被放在他的陵墓上。該物後來經歷了進一步的轉化，從帷幕變成一件跟亨利二世皇后庫妮根德（Cunegunda）有關的宗教禮服，契機可能是她在十三世紀獲教宗依諾增爵三世封聖。

想知道拜占庭絲綢作為外交禮物的魅力所在，義大利史學家「克雷莫納的利烏特普蘭德」（Liudprand of Cremona）歡樂的文字描繪是一個絕佳的途徑。作為十世紀時的謀士、神父與外交官，他記下了兩支截然不同的使團分別代表兩名統治者，出使拜占庭帝國首都君士坦丁堡的過程。

利烏特普蘭德出生於北義大利帕維亞一個富裕的家庭，時間是西元九二〇年前後。他父親曾於九二七年代表義大利國王率領一支外交使團出使君士坦丁堡。在這次拜訪中，外交禮物既是阻力也是助力。義大利國王送給拜占庭皇帝的其中一份禮物是兩隻狗，而牠們差一點就往新主人身上咬下去。所幸利烏特普蘭德的父親自己加碼了一份很有價值的禮物：兩位斯拉夫部落的酋長。他們原本打算反叛拜占庭皇帝，卻在正要出手襲擊前往君士坦丁堡的使團時被逮個正著。利烏特普萊德的父親在出使回來以後不久鬱鬱而終，他的母親後來再婚。接著，彷彿歷史重演一般，他的繼父也在九四二年代表義大利率團前往君士坦丁堡。利烏特普蘭德亦於此時踏入宮廷，一開始的工作是負責歌唱的侍從。

九四八年，這位義大利國王駕崩，實權旁落到邊境伯爵貝倫加爾（Berengar）手中，儘管正式的國王頭銜擁有者還是前任國王的兒子羅斯艾爾（Lothair），直到他於九五〇年去世（很可能是被貝倫加爾毒死）。利烏特普蘭德後來成為貝倫加爾的私人祕書，而貝倫加爾在收到拜占庭皇帝君士坦丁七世的邀請後，便決定於九四九年派遣一支使團前往君士坦丁堡。從利烏特普蘭德筆下的描述，可以看出他對自己的君主恨得咬牙切齒，他寫道貝倫加爾選擇特使人選的主要考量，就是想找個可以便宜打發的人，於是便慫恿利烏特普蘭德的繼父出錢派他的繼子擔任特使，理由是年輕人可以藉這個機會學好希臘語。

利烏特普蘭德在與拜占庭皇帝的第一場會面中，就受到了震撼教育：他寫到彷彿會怒吼的銅獅，以及被墊高到直逼天花板的皇帝。找話聊已經夠困難了，吝嗇的貝倫加爾又沒有幫他準備什麼像樣的外交禮物，讓利烏特普蘭德顯得十分窘迫。他從貝倫加爾那兒拿到的只有區區一封信，只好把他自掏腰包購買、準備以私人名義贈送的禮物，說成是他君主準備的禮物。包含五花八門的武器，還有一項格外受到皇帝看重的禮物：四名年輕的太監。當時歐洲的閹人貿易主要掌握在凡爾登（Verdun）的貿易商手裡。

那四名太監似乎成功取悅了拜占庭皇帝，因為利烏特普蘭德三天後收到了皇帝的晚宴邀約。他到場時再一次開了眼界，一個個裝著水果的金碗重到必須從天花板吊掛繩子才有辦法上桌。利烏特普蘭德在晚宴最後收到了「一份大禮」，但他沒有透露具體是什麼東西。

利烏特普蘭德似乎停留在君士坦丁堡很長一段時間，一路待到舉行「棕枝主日」（Feast of Palms）的時候，看著皇帝在冗長的典禮中頒發禮物給宮廷的官員。這些禮物都經過仔細評估，金幣和絲綢斗篷的份量對應著收禮者的階級。第一個被叫去領禮物的人是皇宮元帥，而他扛出來的是一袋顯然份量不輕的金幣，外加四件斗篷。皇帝派大臣詢問利烏特普蘭德，典禮參加得開不開心。當時還拼命想替自己撈點好處的利烏特普蘭德回覆說「要我開心的話……可能需要給我點好處」。雖然這不是太委婉的說法，但效果確實不錯，利烏特普蘭德最後得到一件大斗篷，外加一磅金幣，他的說法是「這份禮物皇帝送了開心，我更收得歡喜」。

利烏特普蘭德對貝倫加爾愈來愈幻滅，於是便前往德國加入鄂圖大帝（Otto the Great）*的宮廷，從此飛黃騰達，數度代表鄂圖大帝率團出訪，並協助鄂圖大帝完成對義大利的野心，為自己拿下了克雷莫納主教的頭銜。九六八年，利烏特普蘭德再次率團前往君士坦丁堡，此行的經歷被他寫成《君士坦丁堡公使團報告》（*Relatio de legatione Constantinopolitana*）。他這次的感想跟九四九年的經驗可說天差地遠，因為實在沒有外交天分的利烏特普蘭德從頭到尾看什麼都不順眼。

利烏特普蘭德一行人的任務，是要敲定主子的兒子，也就是未來的鄂圖二世，跟前拜占庭皇帝的女兒之間的婚事。這件事幾乎從一開始就注定失敗，原因是身為軍事謀略家的現任拜占庭皇帝尼基弗魯斯二世對鄂圖大帝在義大利的擴張心存疑慮，且當利烏特普蘭德人就在君士坦丁堡的同時，一支由教宗若望十三世派來的代表團也抵達了帝國首都：正是他們讓這個計畫徹底失敗。教宗試著促成這場聯姻，但他寫給拜占庭皇帝的信反而激怒了拜占庭人，因為教宗似乎把尼基弗魯斯二世視為「希臘人的皇帝」，鄂圖大帝則是「羅馬人的皇帝」，結果害他的特使被拜占庭關進大牢。

利烏特普蘭德對他在君士坦丁堡受到的各種待遇，無一不能抱怨，從住宿的品質，到官方晚宴的座位安排。他形容拜占庭皇帝尼基弗魯斯二世是個「怪物一樣的男人，侏儒、肥頭，加上鼴鼠一樣的小眼睛」，而這些辱罵還只是冰山一角。根據利烏特普蘭德的敘述，他作為特使與皇帝之間大部分的交流都不過是相互羞辱和貶低而已。讓利烏特普蘭德感到愈來愈煩躁的是，隨著好幾個月的時間過去，婚約顯然不會有結果，但皇帝還是不放他離開君士坦丁堡。

利烏特普蘭德終於獲准離開後，他與拜占庭東道主的最後一場爭執正是關於絲綢，這件事也讓我們清楚看到絲綢對西歐有多大的魅力。拜占庭指控利烏特普蘭德意圖在行囊中挾帶走私絲綢，要求他交出這段期間搜刮的所有絲綢，只容許他保留品質較差的部分，名貴的紫色絲綢則要通通沒收。利烏特普蘭德忿忿不平地對鄂圖大帝和他的兒子抱怨：「這些軟趴趴的娘兒們，又是長袖，又是兜帽，又是綁帶女帽。這群遊手好閒又不男不女的騙子，竟然能一身紫衣到處晃來晃去，反倒是像您這樣的大英雄，大勇者，這樣一個驍勇善戰、滿懷信仰與愛、順從上帝又美德滿盈的人，卻沒有這個福份！」拜占庭對利烏特普蘭德的回應則可以總結成：拜占庭帝國的財富與智慧都高人一等，服裝特出也是很自然的事。

利烏特普蘭德持續抱怨著絲綢被充公一事，並宣稱在他的家鄉是妓女和江湖郎中才會穿拜占庭的絲綢，而且可以在威尼斯與阿瑪菲的商人那兒買到。拜占庭皇帝氣炸了，發誓有朝一日一定要好好教訓這些走私者，「把他們剃成平頭」。利烏特普蘭德的最後一招是指出他先前拜訪君士坦丁七

＊ 譯註：即鄂圖一世，東法蘭克王國國王亨利一世之子，神聖羅馬帝國建立者。

世時，購入的絲綢量要大得多，也沒有在離開時被找麻煩。東道主拜占庭方則表示，之所以會找利烏特普蘭德的麻煩，是因為鄂圖一世不值得尼基弗魯斯二世的尊重。一陣羞辱的結果，就是利烏特普蘭德離開時無法帶上紫色絲綢。他臨走前在極其厭惡的住宿處牆上留下了一首詩作為餞別禮，你可以把它想成是中世紀版的貓途鷹（Tripadvisor）一星差評。

至少，透過管制最高級絲綢的流通，拜占庭皇帝確保其掌握的絲綢始終是最搶手的外交禮物。

8
真十字架殘片

西元 1028 年

手持荊棘王冠的路易九世。

宗教聖物是一種十分特別的外交禮物，如此獨特的原因有二：首先，它們在收到的教徒心中宛若至寶，但若收到的人不是教徒，該物品就什麼也不是。再者，它們的價值不同於黃金，並不容易量化，也就讓收禮者面臨不知該如何回禮的處境。我們之後會提到這種本質上的不平衡所導致的後果。

對聖物的尊崇是某些宗教的特色，但並不是所有宗教都是如此。比方說在基督教信仰中，很早就有利用聖物來崇敬聖人與殉教者的傳統。由於人們相信聖人會保佑虔信者，因此他們的遺骨或遺物也隨之受到尊崇。這些聖物被認為有療癒的功效，還能保佑打勝仗並改變人生。聖人的陵墓成了朝聖景點。對信仰基督教的統治者而言，持有聖物是自身權威的證明與權力的象徵。七八七年第二次尼西亞公會議（Second Council of Nicaea，公會議即天主教世界主教大會）的第七條教律推翻了拜占庭皇帝在八世紀早期推行的聖像破壞運動，規定未持有聖物的教會就不能被敬拜。此令一出，聖物的需求一夕爆衝。

基督教世界長年以來追求聖物的結果，被馬克吐溫寫進了《老憨出洋記》（*The Innocents Abroad*）。這本書講的是他於一八六七年和美國旅行團暢遊歐洲與聖地的見聞。其中在義大利熱那亞的聖勞倫斯主教座堂（Cathedral of San Lorenzo），當他被帶去參觀裝有施洗約翰（St John the Baptist）骨灰的盒子，他便忍不住抱怨起怎麼每間歐陸的教堂都有聖物，「如果是聖德尼的遺骨，我覺得我們已經看得夠多，要自己做出複製品應該也不難。」

至少從七世紀開始，一直到君士坦丁堡於一四五三年被鄂圖曼人攻陷為止，拜占庭帝國都守護著基督教世界最珍貴的幾個聖物。君士坦丁堡所收集聖物的廣度與重要性，使這座城市成為基督教徒的朝聖地。一二〇〇年，未來的俄羅斯諾夫哥羅德大主教伊亞德雷科維奇（Dobrinia Iadreikovich）以朝聖者的身分去到當地，並盡責地記錄下他走訪城內七十六座聖殿和郊外二十一座聖殿的經過，而光是聖索菲亞大教堂內的聖物數量就高達四十六個。裡面地位最崇高者都牽涉耶穌的受難，包括釘死耶穌的真十字架、耶穌受難時配戴的荊棘王冠和聖槍（朗基努斯之槍，羅馬士兵用來測試耶穌是否已死的武器），以及耶穌穿過的涼鞋。擁有這些聖物賦予了拜占庭皇帝信仰與政治上的權威。

對信仰基督教的西歐來說，拜占庭帝國也是重要的聖物來源。隨著帝國國運的跌宕起伏，信奉基督教的西方統治者取得聖物的方式也不斷改變：從國禮交流變成掠奪，然後再變成賤價求售。

在拜占庭帝國如日中天之時，他們把聖物當成極具價值的外交禮物。我們已經看過拜占庭是如何透過作為禮物送出的刺繡絲綢，反映出皇帝的財富與優勢。聖物也是類似的概念，可以彰顯精神面的財富和優勢。聖物之所以格外適合突顯己方的權威，關鍵在於它們很難找到相應的回禮。無論拿出再怎麼耀眼的回禮，都很難與聖物的力量和其精神面的份量相匹敵，拜占庭皇帝便可藉此展現他至高無上的地位。

在拜占庭皇帝送出去的真十字架殘片當中，其中一塊是於六世紀末由查士丁二世（Justin II）送給了法蘭克國王克洛泰爾一世（Chlothar）的遺孀。現在被尊為聖拉德貢德（St. Radegund）的這名國王遺孀指示義大利貴族、詩人與未來的普瓦捷主教福圖內特斯（Venantius Fortunatus）創作作品，以慶祝與恭迎運載聖物的隊伍，聖物接著被迎入她建立在普瓦捷附近的宅邸內，為供奉這項禮物而改名為聖十字修道院的院區。福圖內特斯的成品是一首讚美詩，《君王旗幟前行》（*Vexilla regis prodeunt*，君王指的是基督，君王的旗幟就是十字架），直到今天都還很受歡迎。

我們的故事要從一〇二七年說起。當時康拉德二世（Conrad II）在羅馬被加冕為神聖羅馬帝國皇帝，並很快就派出使團拜訪拜占庭宮廷，一方面是要跟拜占庭建立關係，但更重要的是要為他兒子（未來的亨利三世）說媒，在拜占庭皇室中找到新娘子。使團團長是史特拉斯堡主教維爾納一世（Werner I），從他的來頭之大，就可以知道康拉德是多麼看重這次出使。維爾納是康拉德的心腹，曾陪他完成他的第一次義大利遠征。使團中非神職的大老則是來自施瓦本的多瑙韋爾特伯爵曼葛德。他們在一〇二七年啟程前往君士坦丁堡，但他們前往拜占庭首都的行程遇到了一點波折：由於匈牙利國王史蒂芬一世（Stephen I）不樂見兩名皇帝交好，因此拒絕讓使團過境，逼著他們不得不鋌而走險地改走海路。

我們並不清楚亨利新娘的潛在人選。拜占庭皇帝君士坦丁八世有三個女兒，但全都已屆中年，與亨利並不登對，畢竟亨利當時年僅十歲。後來又出現了兩個大問題：維爾納主教在一〇二八年辭世，君士坦丁八世在兩週後也隨他而去。君士坦丁在嚥氣之前，勉強指定了他女兒佐伊（Zoë）要立即與表親羅曼努斯三世（Romanos III Argyros）成婚，才能讓羅曼努斯繼位。君士坦丁八世威脅如果羅曼努斯不同意休了元配娶他女兒，就要把他的元配弄瞎，羅曼努斯只得接受。僅存的特使曼葛德最後只得在還沒替亨利談好新娘人選的狀況下回到了家鄉。

然而這趟任務並沒有失敗。羅曼努斯承認了康拉德二世的帝國地位，並派出使團攜帶明確聲明的信件，外加好幾個作為禮物的聖物，包含一塊真十字架殘片。這趟出使對曼葛德個人而言也是成功的，原因之一就是他本人在君士坦丁堡也收到了另外一塊真十字架殘片。回到多瑙韋爾特之後，曼葛德創立了聖十字修道院和女修道院來守護這項珍貴的聖物，其中女修道院又在十二世紀初被曼葛德三世改建為修道院。

曼葛德取得這塊聖物的故事，出現在十二世紀的一段描述中，來由是當時有一名叫作伯索德（Berthold）的僧侶被多瑙韋爾特的修道院院長派去君士坦丁堡蒐集修道院聖物的詳細資料。不難想像伯索德會寫下許多曼葛德的好話，寫道他與君士坦丁八世建立了友誼，以及某次君士坦丁在一時心軟下，答應讓曼葛德任選一樣禮物。眼看機不可失，曼葛德便要求得到先前一見傾心的真十字架殘片。君士坦丁不願意割愛，因為那是在他的加冕典禮中用過的聖物，然而君無戲言，他也只好硬著頭皮照辦。君士坦丁死後，人們在羅曼努斯準備加冕時發現聖物箱不翼而飛。曼葛德被懷疑手腳不乾淨，住處也遭到搜索，但沒有搜出什麼，因為早有提防的他已經把聖物箱提前送往多瑙韋爾特。宣布任務結束之後，他便回到了老家。

這樣的記載當然不可盡信。一〇四九年，教宗雷歐九世在為多瑙韋爾特聖十字修道院與女修道院祝聖時發布了教宗詔書，上面就確認了聖物的捐贈者是羅曼努斯而不是君士坦丁，所以實情有可能是該物根本就是曼葛德離開君士坦丁堡時，羅曼努斯送給他的餞別禮物。

一二〇四年，第四次十字軍東征的領導人鮑德溫一世乘亂劫掠了君士坦丁堡，甚至試圖在當地成立拉丁帝國，這些事件大大改變了聖物傳入西歐的方式：不再是透過拜占庭皇帝審慎挑選小型聖物來進行彰顯自身地位的外交贈禮，而是變成了各種較不受控制的贈予，例如送給第四次十字軍東征有功者的朋友，或者根本就是明目張膽的搶劫。

拉丁帝國在軍事與經濟上的局面愈來愈危急，於是在一二三七年，拉丁帝國皇帝布列訥的約翰（John of Brienne）死後，聖物就逐漸被視為一種可以拿去換錢變現的物品，畢竟他們需要資金來撐起搖搖欲墜的政權。最有名的一個案例涉及一樣極其珍貴的聖物，那就是耶穌被釘上十字架前放在他頭上的荊棘王冠。拉丁帝國的王儲鮑德溫二世曾於一二三六年率團拜訪教宗及法蘭西國王虔信的路易九世（同時也是他親戚），希望確保基督教西歐支持四面楚歌的拉丁帝國。布列訥的約翰在他出使期間死去，君士坦丁堡的貴族們便乘機與在拉丁帝國替威尼斯掌管財產的執政官，還有其他的威尼斯和熱那亞商人談成一筆貸款，並以荊棘王冠作為抵押品。到了一二三八年，貸款已經花完，威尼斯金主便同意繼續用荊棘王冠當抵押，辦理一個條件更嚴苛的二胎貸款。

人在巴黎且急於獲得法蘭西支持的鮑德溫二世，決定拿荊棘王冠當誘餌，希望聖物收藏家路易九世可以上鉤。究其本質，這是一筆商業交易，但打著外交禮物的名號才不會顯得太過俗氣。路易九世派了兩名道明會僧侶前往君士坦丁堡完成這筆交易，但他們抵達時才發現王冠已經遭到典當，而且馬上就要被船運到威尼斯。兩名僧侶獲准隨行，其中一人留在威尼斯監視被放在聖馬爾谷聖殿宗主教座堂（St Mark's Basilica）寶庫的王冠，另一人則返回法蘭西。在得知聖物下落後，路易九世立刻派出大使前往威尼斯付清貸款，取得了王冠。路易九世在巴黎興建了聖徒禮拜堂（Sainte

Chapelle）以安放這寶貴的聖物，該物此後便象徵著他為了使巴黎成為中世紀基督教信仰中心所付出的心血。窮困潦倒的鮑德溫二世則被迫採取更極端的手段籌錢，例如把他的兒子兼繼承人抵押給威尼斯的商人。

在拜占庭於一二六一年光復君士坦丁堡之後，窘迫的經濟狀況使他們經常要打著「捐贈」或外交禮物的名號來出售聖物，這一點在君士坦丁堡一四五三年落入鄂圖曼帝國之手前的最後一百年裡特別明顯。拜占庭帝國在這段時期的光景跟全盛時期的送禮場面相比，可說是天差地遠。禮物不再是拜占庭用來彰顯其地位的工具，而成了溺水時的浮木。在君士坦丁堡遭到鄂圖曼土耳其人圍困時，拜占庭皇帝曼努埃爾二世（Emperor Manuel II）派人長途跋涉前往西歐，向各地的宮廷爭取援助，而這些大使往往都帶著要當禮物送出的聖物。他就這樣給了亞拉岡王國一小片耶穌曾用來治癒流血女性的袍子，以及一小塊在耶穌受難時有人浸醋給他喝的海綿，給了納瓦拉王國一塊真十字架殘片與另一片耶穌的袍子。

雖然這類聖物作為禮物始終深受尊崇，但時空環境的改變還是讓它們失去了些許光環。隨著拜占庭帝國的實力大不如前，許多寶物也四處散佚，聖物原有的神祕色彩也被打了折扣。對拜占庭而言，在帝國餘暉中把珍貴的聖物變現以求國祚延續，代價就是其身為宗教遺產神聖守護者的威望一去不復返。

9

拜占庭的刺繡絲綢

西元 1261 年

聖勞倫斯的披帶。

我們先前探討過絲綢數百年來都是拜占庭帝國最受歡迎的外交禮物，具有特殊的地位，而且基督教西歐所保存的拜占庭絲綢，使用的情境往往都跟教會有關，例如作為聖徒遺體的壽衣，因此這些西歐的絲綢與外交禮物有所連結的情況並不多見，也難以追溯它們當初來到西歐的過程。

但有一個很重要的例外：來自北義大利熱那亞城是一塊名為「聖勞倫斯的披帶」的大絲綢。這匹絲綢長一點二八寬三點七六公尺，上頭有著美麗的刺繡，使用的也是非常搶手的紫色染料。它的圖樣描繪的是未來的拜占庭皇帝米海爾八世（Michael VIII）在天使聖彌哈伊爾的陪同下被聖勞倫斯領進熱那亞主教座堂，並以一系列的場景呈現聖勞倫斯的生平與殉教事蹟，也描繪了聖思道（St Sixtus）與聖依玻里多（St Hippolytus）這兩名相關的殉教者。在雄辯家霍洛博洛斯（Manuel Holobolos）對米海爾八世發表的一段頌詞中提到，這塊絲綢是米海爾送給熱那亞的外交禮物，與簽署於一二六一年的《尼姆法伊翁和約》（Treaty of Nymphaion）有關。整起事件流傳下來的實質證據，也就是這份外交禮物本身，讓我們得以一窺當年的時空背景。

十三世紀對拜占庭而言是一段艱困時期。一二〇四年，君士坦丁堡先是遭到第四次十字軍東征洗劫，後來又被拉丁帝國統治。來自君士坦丁堡的拜占庭難民後續組成了三個彼此競爭的流亡政權：小亞細亞西岸的尼西亞帝國，希臘的伊庇魯斯國，還有黑海的特拉比松帝國。它們都宣稱自己在帝國與教派上是繼承拜占庭的正統，而收復君士坦丁堡就是證明誰的主張最站得住腳的一大指標。身為尼西亞帝國的統治者，米海爾還有一個欲證明自己正當性的私人理由：他之所以能有今天的地位，是與年輕的拉斯卡里斯（John IV Doukas Laskaris）一起發動政變，推翻拉斯卡里斯原先監護人的結果，而他們事後也共享了皇帝的身分。

熱那亞此時的日子也不好過。控制君士坦丁堡的拉丁帝國偏愛的是熱那亞的宿敵威尼斯，這兩個海洋共和國間的緊張關係曾導致一二五八年的阿卡海戰（Battle of Acre），結果威尼斯獲得全面勝利，熱那亞只好想辦法重拾自身在地中海東部的地位。

尼西亞與熱那亞這對難兄難弟決定結盟。尼西亞想要軍事方面的支持以收復君士坦丁堡，熱那亞需要商業上的優勢好重返地中海東岸。在向熱那亞這個義大利國家尋求軍事協助時，米海爾遵循的是先前已然確立的拜占庭模式。一一五五年，當時的拜占庭皇帝康尼努斯（Manuel I Komnenos）與熱那亞成為同盟，熱那亞承諾協防君士坦丁堡，以換取貿易特權、每年收取金幣與兩匹絲綢，以及熱那亞主教每年能領取黃金和一匹絲綢等利益。這個同盟最終只是有名無實，但其架構在一百多年後成為米海爾與熱那亞聯盟的基礎。

《尼姆法伊翁和約》在一二六一年三月簽署，地點在尼西亞兩位皇帝最愛的冬宮，也就是今日土耳其伊茲密爾省的凱末爾帕夏（Kemalpaşa）。從極度有利於熱那亞的和約內文，就可以知道米海爾是多麼急著想得到熱那亞的軍事支持來收復君士坦丁堡。熱那亞承諾提供五十艘船，費用由米海爾負擔，有些條款提到熱那亞的武器與馬匹會出口到尼西亞，熱那亞的公民也將進入尼西亞的軍隊服役。作為交換，熱那亞會得到包括君士坦丁堡與其他大城裡的商人區在內，許多地方的貿易特許權。呼應一一五五年的先例，這份條約也規定尼西亞每年要繳交黃金與兩匹絲綢給熱那亞，大主教則會拿到黃金和一匹絲綢。其實對熱那亞來說，與尼西亞結盟還是有些壞處，特別是會跟拉丁帝國交惡並因此被教宗逐出教會，但條約給的眾多好處實在太有吸引力了。

有些諷刺的是，這項條約上的墨水還沒乾，米海爾就已靠自身實力收復了君士坦丁堡。他麾下的大將斯特拉特戈普洛斯（Alexios Strategopoulos，該姓氏有「戰略家」之意，對軍人而言再適合不過）在得知守軍與威尼斯艦隊因故出擊而不在城內以後，便率領人數不多的精銳部隊直取帝都。拉丁帝國的鮑德溫二世棄城逃亡，米海爾於是在一二六一年八月十五日以勝利者之姿進城稱帝。

雄辯家霍洛博洛斯發表在一二六五年聖誕節的頌詞中，描述了《尼姆法伊翁和約》簽署的情景，不過當然他的立場完全站在米海爾這邊。霍洛博洛斯提到熱那亞特使與自家皇帝之間的會議，席間米海爾對特使的談吐博學又優雅，特使們也畢恭畢敬地稱呼他為尊父。他們傳達熱那亞向拜占庭稱臣並由米海爾統治的意願，並請求受贈一匹上頭有著皇帝形象的華麗絲綢，讓他們的城邦可以引以為傲。根據霍洛博洛斯的紀錄，皇帝於是送給特使們兩匹精緻的絲綢，而他對第二匹布，也就是他明顯認為比較重要的絲綢之描述，與在熱那亞流傳下來的絲綢特徵十分接近，例如他便提到上面有聖勞倫斯與其夥伴的生平與殉難場景。

在將精美的刺繡絲綢送給熱那亞的過程中，米海爾遵循的都是拜占庭長期以來的外交傳統，但這份禮物顯然重要性非比尋常。這匹絲綢是為了這個場合特製的，上頭的文字是收禮者熟悉的拉丁文，而不是以拜占庭刺繡慣用的語言寫成。絲綢描繪著米海爾進入熱那亞聖勞倫斯主教座堂的場面，象徵兩國之間的結盟，而選擇聖勞倫斯的生平與殉教作為聖徒傳記部分的圖樣，也是在向熱那亞致意。

雖然絲綢具體指涉的是尼西亞與熱那亞之間的結盟，但這刺繡的圖案也有推崇米海爾的意思。米海爾以皇帝的身分由聖勞倫斯領進主教座堂的畫面，被安排在這名聖徒生平與殉教故事的框架下。這個由刺繡絲綢所講述的聖徒故事，強調的是勞倫斯販售教會的器皿並將收益施予窮困者，把故事重點放在施予跟慷慨大方的同時，這塊絲綢也有意突出米海爾自身的大氣。但這在日後會顯得有些諷刺，因為拜占庭後世對米海爾的評價是他用太大的手筆去跟熱那亞交易，害拜占庭在商業上受到不小的打擊。

米海爾後來為了紀念一起特別的事件，再度使用這種主打高貴絲綢的送禮策略。一二七四年，他把一匹刺繡絲綢當成禮物送給了教宗額我略十世（Pope Gregory X），以記念第二次里昂大公會議，以及米海爾對於東西方教會統一的認可。雖說這匹絲綢沒能傳世，但一二九五年的梵諦岡庫存記錄對此有所描述，裡面提到這匹布與熱那亞的絲綢在結構上有許多相似之處。根據這項紀錄的說法，這匹絲綢的刺繡是紫色的，上頭有希臘文與拉丁文的雙語題字，還有額我略十世把米海爾介紹給聖彼得的圖案，以及基督使徒們的生活場景。

不過，米海爾的絲綢禮物並不是每次都能成功。同時代的拜占庭歷史學者帕奇梅雷斯（George Pachymeres）就提到蒙古統治者那海汗（Nogai Khan）對送來的絲綢嗤之以鼻，因為這東西不實用，沒辦法禦寒保暖。然而絲綢作為拜占庭長久以來最受歡迎的外交禮物，仍是米海爾禮物攻勢中的要角。米海爾先是立志要收復拜占庭首都君士坦丁堡，後來又以重建與復興該城為己任，同時想鞏固自身的統治地位，希望自己從來自尼西亞的篡位者變成大家都承認的拜占庭皇帝，因此他會渴望恢復絲綢外交的往日榮光實在也不足為奇。只不過伴隨米海爾的去世，拜占庭絲綢作為高貴外交禮物的地位也很快就一去不回。隨著尼西亞這個絲綢生產中心落入鄂圖曼土耳其人之手，以及西歐絲綢生產能力的進步，這兩件事都對絲綢的供應與需求造成打擊。拜占庭帝國末年最具代表性的外交贈禮，因此就變成了聖像與我們之前介紹過的聖物。

在熱那亞，我們從庫存明細中得知米海爾的刺繡絲綢存在於一三八六年的主教座堂寶庫中，然後似乎在十七世紀被從座堂移走。一六六三年的一塊石牌載明它從該市的教會大本營被移至世俗統治者手中的理由，是為了讓它享有更高的尊榮。這絲綢是熱那亞輝煌歷史的見證者，也是全市的驕傲。當了數百年的外交禮物頭牌，拜占庭絲綢的成就不凡。

10
馬穆魯克的六十名奴隸

西元 1353 年

十六世紀初的蝕刻版畫《馬穆魯克》，作者是霍普佛（Daniel Hopfer）。

馬穆魯克的字面意思是「被擁有者」，這些人是奴隸士兵，也是敘利亞與埃及從九世紀開始的軍事力量主幹，尤其在十二與十三世紀的埃宥比王朝中戰功彪炳。一二四九年，埃宥比蘇丹為驅逐來犯的法蘭克十字軍而戰死在埃及港都達米埃塔（Damietta），繼承人也為馬穆魯克人殺害。馬穆魯克控制了埃及，建立了一個延續到一五一七年才被鄂圖曼人推翻的蘇丹國。這個國家以開羅為中心，在大部分時期的疆域包含埃及和敘利亞，最遠甚至去到安納托利亞、美索不達米亞與阿拉伯半島西部的漢志地區。

馬穆魯克人趕走在黎凡特地區的十字軍，又打敗在巴格達的蒙古人，這樣的戰功換得了伊斯蘭世界的感激。由於對耶路撒冷、麥地那與麥加等基督教與伊斯蘭聖地的控制，馬穆魯克人的蘇丹國成為各地人們心目中重要的朝聖地。在馬穆魯克人統治下的埃及化身為從印度到地中海的香料商業道路中心，他們在首都開羅設立了一個非官方的埃宥比哈里發國，開羅也因此成為伊斯蘭世界的大城。十四世紀末生活在那裡的歷史學者赫勒敦（Ibn Khaldun）寫道，馬穆魯克人統治下的開羅「超越人的一切想像」。

馬穆魯克人在其控制的土地上，算是外地人。他們的主要人口是來自中亞草原的突厥民族，一三八二年之後則以高加索地區的切爾克西亞人（Circassian，高加索人與突厥民族的混血）為大宗。頭銜跟財產都不是繼承而來的（至少理論上如此），且馬穆魯克兵團會不斷地抓新兵以補充兵源。權力的轉移往往伴隨著血腥暴力，少有蘇丹可以壽終正寢，但蘇丹國本身在香料貿易的利益滋潤下富強起來，成為延續數世紀的強權，並以華麗的建築、金屬器皿與玻璃製品的品質為人所知。

倫敦大學亞非學院的榮譽教授桃莉絲（Doris Behrens-Abouseif）是伊斯蘭藝術與建築的專家，她在研究馬穆魯克蘇丹國送出與收到的禮物之後，提出了一份探討中世紀伊斯蘭世界面對外交禮物態度的寶貴分析。外交儀典是馬穆魯克人與外國勢力進行接觸的重要環節，來訪的特使會受到款待，為的是讓他們在返國之後為馬穆魯克的富庶豐饒大肆宣傳，而外交接觸的核心就是禮物的交換。禮物的呈現作為外交出使會進行的儀式之一，通常會把它們擺出來給蘇丹及官員們觀賞。送給馬穆魯克人的外交禮物並不等於給蘇丹個人的禮物，而是會成為國庫的財產，一般會由蘇丹與他的埃米爾（即封建諸侯）們分享，而埃米爾也會將其視為他們效力主上的一種回饋。

馬穆魯克人青睞的外交禮物相當龐雜，包含紡織品、馬匹與其他動物、奴隸、香料、黃金和珠寶。然而，桃莉絲注意到馬穆魯克人自身鮮少選擇蘇丹國最招牌的外銷商品當作外交禮物，比方說地毯、琺瑯玻璃或嵌銀的金屬製品。相較於這些廣為人知的特產，馬穆魯克人在挑選禮物時的考量似乎是東西能不能讓人「驚嘆」，也就是鄂圖曼土耳其語裡一種叫做「土哈夫」（即珍寶）的概念，他們希望收禮之人能油然而生驚奇與興奮之情。

從遠方進口來的物品，包括被轉送的東西，都不會被馬穆魯克人嫌棄，他們反而很喜歡這種禮物，因為遠道而來的東西會帶有異國風情，而異國風情往往會讓他們覺得非常新奇。把舶來品當成禮物來送，一個額外好處是能夠凸顯送禮方的國際連結與世界主義：馬穆魯克人的蘇丹把中國的瓷器跟香料當禮物送，突顯出他們控制著前往東方的商路。異國的珍禽異獸也是很典型能觸發「土哈夫」的進口禮品，例如我們之後會介紹到的長頸鹿，就是由卡伊特拜蘇丹在一四八七年送給佛羅倫斯當家梅迪奇的禮物。

馬穆魯克人這麼在意禮物能不能帶給人驚喜，導致二手禮物也頗受歡迎。原因是轉手的過程帶有故事性，而這會讓禮物產生一種「血統」。還記得前面我們提到過社會學家牟斯強調禮物的靈魂嗎？與蘇丹個人有所聯繫的物品，像是蘇丹穿過的衣物，會被視為他格外喜歡的禮物。這就是為什麼後世的歐洲君主會喜歡把自身的肖像當成外交禮物送人，但這件事容我稍後的章節再談（請參見本書第二十三與二十四章）。

馬穆魯克蘇丹也喜歡可以反映其政權身分的禮物，而該政權的核心就是一群軍事菁英，因此武器、盔甲與馬匹都是馬穆魯克外交禮物的大宗。拿來送禮的裝備會被加上華美的裝飾，例如嵌上珠寶的馬鞍。皇室在亞歷山大港生產的儀典用織品也是常見的外交贈禮，以我們之後會詳細介紹到的榮譽禮袍來講，其隱含的是贈予與收受者之間的尊卑關係，所以也經常被授予來訪的特使或附庸國代表。反之，送禮袍給馬穆魯克蘇丹就是對他個人的汙辱：帖木兒帝國的統治者就曾把一件袍子送給馬穆魯克蘇丹，蘇丹一氣之下將倒楣的特使施以水刑。

馬穆魯克禮物交換的內容，也取決於特定的政治情境。像奴隸與武器就是馬穆魯克人經常送給其他穆斯林統治者的禮品，但他們就不會拿這些東西送給基督徒。從他們和一二二九到一四五四年統治葉門的拉蘇里蘇丹國互贈禮物的例子，就可以看到這兩股勢力的關係本質如何形塑出他們交換禮物的模式。

拉蘇里王朝在葉門的崛起，跟馬穆魯克蘇丹國的誕生有一些相似之處。一名土庫曼出身的軍官，加入十二世紀拿下葉門的埃宥比軍隊，而當埃宥比總督在離去前把葉門交給他時，他便順勢控制了當地。在拉蘇里人的統治下，葉門成為了一方之霸，主要靠的是其位於香料商路樞紐的優勢，因為葉門的地理位置剛好是印度洋與紅海的交會處，亞丁港的貨物轉口貿易就是拉蘇里王朝最主要的財源。

馬穆魯克人與拉蘇里人之間的關係相當複雜。兩個蘇丹國在紅海與漢志等伊斯蘭聖地的控制權上是競爭對手，但他們同一時間又必須在有利可圖的香料貿易上相互協助，畢竟拉蘇里人已經站穩了中間商人的角色；而當面對十字軍與蒙古人等外敵，他們也是同為伊斯蘭陣營的盟友。為了維繫兩個蘇丹國在大局上的穩定關係，他們必須於外交場合相互贈送禮物，但因為馬穆魯克顯然是兩國中的大哥，所以這種禮物交換的過程並不平等。馬穆魯克視拉蘇里為附庸，因此拉蘇里的禮物在他們眼裡是一種貢品，是拉蘇里在紅海貿易賺到錢的分紅，也是拉蘇里上繳給馬穆魯克的軍費——畢竟當時馬穆魯克正代表著整個伊斯蘭世界應付外敵。結論就是拉蘇里蘇丹的禮物理應十分豪華，至少開羅當局滿心期待如此。

帶著禮物出使的拉蘇里使團相當大陣仗，而且會在開羅待上一段時間，這也代表馬穆魯克人得付出許多心力招待。拉蘇里特使來到開羅，肯定不會只有送禮這個任務要達成，他們還得替自家蘇丹進行採買，並以優渥的待遇招募工匠與士兵回葉門效力。拉蘇里的蘇丹對要準備厚禮的重擔早有不滿，時不時就會扣住禮物不給，但馬穆魯克蘇丹的威脅與訓斥往往會逼著拉蘇里在鬧完脾氣後乖乖聽話。

一三五三年，由葉門拉蘇里蘇丹送給埃及馬穆魯克蘇丹的禮物，讓我們得以一窺葉門的大禮包中有哪些內容。根據馬穆魯克時代史家馬克里齊（Al-Maqrizi）的描述，那些禮物包括但不限於六十名奴隸、四千只瓷器、一百五十袋麝香、儲存於牛角中的麝香貓油*、衣物、胡椒、薑、香料與一頭大象。這些禮物在許多層面上反映了馬穆魯克的國禮偏好，比如大象和來自遙遠地區的瓷器能夠讓人耳目一新。像這些充滿異國風的禮物就常被馬穆魯克送給外邦的宮廷。

馬克里齊特別指出奴隸作為禮物的一部分，原本有三百人，但活著抵達埃及的只剩六十人。這是一個很殘酷的數據，但送禮方顯然早就預料會有奴隸死在半途，因為那只會讓活下來的人顯得更珍貴。馬穆魯克蘇丹在四個月後讓拉蘇里使團帶回葉門的回禮中也有人類，包括算是埃及特產的魔術師和雜技演員。在某些狀況下，把人類當作外交禮物有一個特殊的好處，特別是當他們有機會在國外揚眉吐氣或獲得信任的時候，便等同於從事國民外交的民間大使，為送禮的母國增光，而這是沒有生命的禮物所做不到的。比方說在馬穆魯克與外國交換禮物時，他們送出的那些馬穆魯克士兵就有這個特點。這些被召募來當兵的年輕人有很高的機率會在他鄉出人頭地，取得位高權重或甚至統治者的地位；另外技術嫻熟的工匠、藝人、太監與可能進入後宮的女奴，也有可能走上這樣的道路。

這兩大勢力彼此關係的不平等，也反映在拉蘇里蘇丹特別要求的回禮。像在一二六七與一二八一年，拉蘇里蘇丹都向馬穆魯克蘇丹要了一件他穿過的上衫來作為「阿曼」（與基督教的「阿門」同源，本意是信任與堅定），也就是和平與保護的象徵。其中在一二六七年，馬穆魯克蘇丹拜巴爾（al-Zahir Baybars）除了上衫之外，還加贈他的一套盔甲，藉此提醒對方別忘了他的軍事實力。從送禮與回禮的組成，我們可以解讀出兩名君主之間權力關係的許多幽微之處。

* 譯註：麝香貓膏放在牛角中是為了方便運輸到市場或國外。

11
阻止戰爭的七隻河狸

西元 1489 年

十二世紀《亞伯丁動物寓言集》裡的河狸。

十三世紀初，基督教世界征服生活於今日愛沙尼亞與拉脫維亞的異教徒，使其改信基督教，史稱「立窩尼亞十字軍入侵」（Livonian Crusade）。教宗依諾增爵三世接著宣告該地區是「聖母之地」。立窩尼亞的疆域在十字軍獲勝後被分給了各路人馬：天主教的各主教、丹麥人，以及立窩尼亞兄弟寶劍騎士團這支後來會成為條頓騎士團立窩尼亞分支的日耳曼軍事修會。在十四世紀中期的一場起義後，丹麥人把他們在愛沙尼亞的殖民地賣給了條頓騎士團，而條頓騎士團又把此處轉讓給立窩尼亞分支。一四一九年，立窩尼亞成立議會，調停立窩尼亞騎士團與各個主教教區之間的矛盾。當時騎士團與這些教區愈來愈擔心俄羅斯擴張可能造成的威脅，因此組成了鬆散的天主教日耳曼國邦聯。

漢薩同盟是該區域的另一政治經濟要角，它是一個波羅的海周遭的市集城鎮所組成的日耳曼貿易與防衛聯盟。其中相當於今日愛沙尼亞首都塔林的日瓦爾鎮，在丹麥統治時期通過了以《呂貝克法》（Lübeck Law）*為基礎的市政自治憲章，靠著這樣的法源，他們擁有了自治鎮議會，並從優秀商人中選出議會代表。日瓦爾鎮的地理位置瀕臨愛沙尼亞北岸的芬蘭灣，社會結構則是由日耳曼的統治階層與愛沙尼亞的小農階級組成。

日瓦爾逐漸成為一個繁榮的港口，原因是它作為轉口樞紐，可以到達漢薩同盟中的各個俄羅斯市集城鎮，尤其是諾夫哥羅德。然而到了十五世紀尾聲，漢薩同盟開始面對傳統領土型國家愈來愈大的野心、力量與壓力。

一四八一年，丹麥國王克里斯蒂安一世（Christian I）過世，由其子約翰王繼承王位。為了與當地的日耳曼國邦聯和漢薩同盟勢力抗衡，約翰想要恢復卡爾馬聯盟（Kalmar Union）這個聯合丹麥、挪威與瑞典王國且由單一共主領導的組織。約翰在一四八三年確定成為挪威國王，但瑞典的王權始終掌握在分離主義派的攝政者手裡，約翰掌權時實際統治瑞典的時間只有四年。

約翰想要挫挫漢薩同盟的銳氣，因此鼓勵英格蘭和荷蘭貿易商與它競爭，透過與俄羅斯談判來削弱漢薩同盟的影響力，並堅持每年重審漢薩同盟的特殊待遇。就在一次年度審查期間，日爾瓦鎮議會在一四八九年八月敲定了要送給約翰的禮物，希望藉此拉攏這位丹麥國王。而他們選擇的是七隻河狸。

我們已經談過集新奇與稀有於一身的珍禽異獸，被當成外交禮物時所扮演的重要角色，不過送給約翰國王的河狸讓陛下感到驚嘆的時刻，恐怕只有呈上去的那一刻。河狸作為一種外交禮物，重點並不在其本身的魅力，而在於這種動物實際上的用處，尤其河狸在丹麥已經絕跡長達五世紀，更加深了牠的吸引力。這也代表從收禮者的角度來看，河狸是一種物以稀為貴的存在。

在十五世紀的歐洲，河狸因為是皮毛與肉類的來源而備受重視，且河狸肉的尾巴很奇妙地不受基督教的大齋期禁食肉類的規定所限。†從這角度來看，當時河狸就跟鯨豚和鼠海豚等海洋哺乳類一樣被視為魚類。在大齋期可以吃的葷食還有兩種：一種是藤壺鵝（又稱白頰黑雁），因為人們相

---

* 譯註：漢薩同盟的立盟基礎，特色在於擺脫王權並實現自治

† 譯註：大齋期（Lent），又稱四旬期或預苦期，指復活節前的四十天。

信牠們是在藤壺中被孵育出來的。另一種則是海鸚鵡（或許也被視為魚類），可惜味道據說不怎麼樣。河狸尾巴之所以不受齋期所限，似乎是因為它有著類似於魚類的鱗狀外觀，再加上有些地方的人相信河狸的尾巴永遠不會離開水面。日瓦爾鎮為了在一五二五年大齋期期間歡迎立窩尼亞騎士團長來訪，就曾把三條河狸尾巴當作宴會亮點。寥寥三條的數量間接表明了這是一道非常奢華的料理。

河狸尾的最大賣點，並不是可以在大齋期入菜這一。送給丹麥國王的那七隻河狸，就是在大齋期以外的一四八九年八月。事實上，河狸還代表另外一種非常珍貴的資源：河狸香。河狸的陰部與肛門之間有所謂的河狸香囊，那裡會生成河狸香這種油質分泌物，具有讓皮毛防水與標註地盤的功能。因為據說有種香草的芳香，河狸香在今日都還是香水產業與食品製造業會使用的原料。當然，今日的人類已經不用為了河狸香而殺死河狸。替代方案是把河狸麻醉，然後像是擠奶一樣地擠河狸香囊。光是這樣，就已經麻煩到人們愈來愈懶得繼續大規模採集這種資源。但河狸香倒還有在瑞典的一種產品中露臉，那是一種名為 BVR HJT 的杜松子酒，意思是「河狸的吼叫聲」。

在中世紀歐洲，河狸香的價值在於它的藥效，而這樣的效果似乎是源自於其富含水楊酸這種阿斯匹靈的重要成分。十二世紀的本篤會女修院院長賓根（Hildegard von Bingen），也曾寫到河狸睪丸可以搭配溫酒飲用來解熱。她會誤認為河狸香的來源是睪丸，是受到自古以來的迷思影響：古代人以為連接在河狸香囊外的突起就是睪丸。

以這種誤解為核心，就發展出了河狸被獵捕的故事，而且這則故事的作者就是古希臘著名的奴隸兼寓言作家伊索。故事描述在遭到獵捕之際，河狸會很敏銳地察覺到獵人貪圖自己的哪裡，然後牠就會自宮求生，把啃下的蛋蛋朝獵人扔過去，獵人拿到珍貴的香囊就會放棄追殺。若是再被盯上，海狸就會用後腳站立，像個暴露狂一樣地讓獵人知道自己已經被閹割而放棄追殺。這則故事現在已經很少被收錄在坊間的伊索寓言裡，這點或許也不怎麼令人驚訝，畢竟它所搭配的插畫肯定會嚇壞小讀者。但如果我們把時間拉回十二世紀，當時的幾本動物寓言裡都有這個故事撐場，包括十二世紀一本名為《亞伯丁動物寓言集》的附圖手抄本。這本書裡的河狸故事多了一層基督教的寓意：誰想要聽從上帝的話語，誰想要活出貞潔，誰就該拋棄他們的罪孽，並將之往惡魔的臉上丟去。只要這麼做，惡魔就會鳴金收兵，因為祂們看到人類身上已經沒有屬於祂們的東西。

這則廣為流傳的故事，有助於我們明白為何在十五世紀晚期，河狸會被當成一種適合的外交禮物送給基督教歐洲。故事中的河狸在面對惡魔時的貞潔與勇敢，讓這種動物成為了模範基督徒的象徵。如我們先前所見，外交禮物常被選來突顯送禮國的文化。河狸在中世紀的立窩尼亞仍舊相當常見，但在丹麥則已絕跡。然而紀錄顯示在送給約翰王的河狸當中，有三隻根本不是來自日瓦爾，而是購自呂貝克，但理由不明。或許有三隻河狸在沿波羅的海的航程中死去，所以他們得花錢買別的地方的河狸，也可能送禮方突然怕禮物太寒酸，所以臨時添購了三隻。每隻河狸的身價都與駿馬無異，顯示鎮議會想要令約翰王印象深刻的滿滿誠意。

河狸被當成外交禮物還有一個比較晚近的案例，發生在大西洋彼岸的北美。歐亞河狸因為其毛皮與香囊而被狩獵到幾近滅絕，當歐洲的供給開始短缺，新世界便成為新的貨源。到了十七世紀，河狸基本上已經是北美而不是歐洲的動物。河狸帽作為一項新興的時尚單品，得靠北美供貨。

一六七〇年，英國國王查理二世批准了一張皇家特許狀給「進入哈德遜灣貿易的殖民地總督暨英格蘭探險者公司」，讓萊茵河的魯珀特親王（Prince Rupert of the Rhine）和他的同事可以在匯流入哈德遜灣的所有河川流域中享有獨占貿易，範圍相當於現代加拿大的四成面積。由此應運而生的就是哈德遜灣公司，這間公司從設陷阱抓河狸起家，逐漸多元發展，最終成為今天我們知道的大型零售集團。

然而，一六七〇年的那紙皇家特許狀是有附帶條件的，那就是未來一旦有英國君主踏上由特許狀所涵蓋的土地，也就是所謂「魯珀特的土地」，哈德遜灣公司就得繳納兩隻黑河狸和兩頭駝鹿作為地租。這對公司來講當然非常划算，因為這樣的地租他們總共也才付過四次。第一次是在一九二七年，由後來的愛德華八世代表他父王喬治五世接受了兩顆駝鹿頭標本跟兩張黑河狸毛皮。第四次也是最後一次的繳租典禮辦在一九七〇年，特別之處在於這回上繳的並非河狸毛皮，而是活生生的河狸。這場典禮辦在英國皇室前往加拿大訪問期間，也是慶祝公司成立三百年的活動之一。哈德遜灣公司在同一年轉籍成加拿大公司，並把總部從倫敦遷到了多倫多，也就不必再負擔付地租的義務。那些河狸被放在水缸中獻給英國女王伊莉莎白二世，據報導牠們在整場典禮中都不是很聽話。

12
珍貴的起司

西元 1512 年

1511 年受到接待的威尼斯代表團，出自貝里尼（Giovanni Bellini）的交遊圈之手。

食物與飲品在外交禮物的故事裡有其獨特的地位，畢竟它們在外交實務上是不可或缺的存在，來訪的特使不能被餓著或渴到。比起在大廳裡或隔著談判桌，用餐與接待的場合可以讓雙方在比較輕鬆的氣氛中交換意見，因為共享食物就是一種強調友誼很自然的方式。擔任東道主的政體往往得提供如同禮物的飲食，可以是一場盛宴，也可以只是讓遠道而來的使團獲得補給。

飲食除了作為這種具有義務性質的外交禮物外，也有著不同於其他外交禮物的特定優勢。奢侈少見的飲料和食品可以歸類成「土哈夫」，也就是前面提到過馬穆魯克蘇丹心目中能讓人驚嘆不已的「珍寶」。飲食可以激發驚奇的感受，也提供東道國絕佳的機會展示自身的餐飲文化與農產品。這在今天也是許多國家從事美食外交的著眼點，因為美食就是這些國家的軟實力所在。由於吃喝是人的基本需求，而餐點又會讓人聯想到家庭、友誼與和樂的氛圍，因此飲食作為禮物與外交的結合，往往可以為國際關係帶來溫暖的氣息。

當然，這件事也存在挑戰：作為一種被吃下肚的東西，必須對送禮方有一定的信任才有辦法接受這份禮物，而這種風險不是每個人都會買單。公告美國總統收到哪些外交禮物的《聯邦公報》上，就寫著飲食類的贈品會「根據美國特勤局的政策處理」，也就是美國總統沒有這個口福的意思。

我們可以從威尼斯共和國在十六世紀的送禮策略中，看出飲食被當成外交禮物的兩種情況：一是作為來訪外交使團的簡單招待，二是提供給外國統治者的奢侈享受。我們接著就以起司為例來進行分析。

如同當時的強權，十六世紀的威尼斯政府認為他們有責任對來訪的外交使團善盡地主之誼，這往往包含提供住宿與讓人吃飽喝足，而後者如果是透過舉辦盛宴來完成，他們就可以順勢用講究的豐盛菜色與精美的布置，讓客人見識到他們的財富與國力。宴會的場地選擇也能發揮類似的效果。一五八二年夏天，一支莫斯科大公國的使團在前往羅馬的半途訪問威尼斯長達二十三天，當時威尼斯設宴歡迎使團的地方就選在儲存武器和打造船艦的兵工廠，因為那裡象徵著他們最強大的海上力量。

食物和飲料也會以「禮包」（refrescamenti）的形式呈給剛抵達的特使，禮包就是所謂的點心，由包含威尼斯特產在內的各種奢侈品所組成。常見的內容物是糖、各式堅果、香草與香料、新鮮水果、高品質的魚或肉類，還有一整桶蜜思嘉（麝香葡萄的品種）甜白酒；這些禮包中也能看到五花八門的蜜餞，譬如名為「彩色紙片」，包著糖衣的堅果或水果。對於一五八二年的莫斯科大公國使團而言，威尼斯人提供了他們停留期間的一切吃喝，還讓威尼斯總督自身的廚師去替他們服務。這可不是件簡單的工作：總共有三十人的使團在逗留期間吃掉了不下五百顆甜瓜，威尼斯方面的紀錄則顯示提供給莫斯科大公國使團的起司共有四種：莫札瑞拉、馬佐利諾（春天製成的羊奶起司）、軟質的吉恩卡塔（giuncata，一種義大利黴菌起司）還有皮亞森提諾（piacentino）。

威尼斯共和國所提供的起司禮物可不光是用來讓來訪特使吃飽或印象深刻，這些起司還是給外國統治者的貴重贈禮，它們在促成香料貿易的過程中扮演了重要的角色。威尼斯與馬穆魯克蘇丹國長期以來都因為香料貿易而彼此依賴，但雙方的關係也是充滿各種風風雨雨，比方說馬穆魯克官員會勒索或騷擾從事貿易的威尼斯商人。巴爾斯拜蘇丹於一四二〇年代開始實施一項政策，該政策規定威尼斯商人對於作為香料貿易重點項目的胡椒，必須以人為哄抬的價格購入蘇丹庫房的存貨。然而即使有這些強人所難的要求，雙方的貿易關係還是延續了數百年，畢竟獲利實在太豐厚了。

但隨著時序進入十六世紀，這宗貿易開始面對前所未有的壓力。在葡萄牙探險家達伽馬於一四九八年登陸印度後，香料貿易便發生了不可逆的變化，因為葡萄牙現在可以把香料等東方商品循海路帶回里斯本。除此之外，馬穆魯克和威尼斯也有其他問題要解決，如兩國必須面對來自鄂圖曼土耳其的威脅，而威尼斯與鄂圖曼甚至在世紀之交時就處於交戰狀態。這些外在的壓力挑戰著威尼斯與馬穆魯克之間的關係。為了因應香料貿易帶來的收入衰退，馬穆魯克蘇丹提高了威尼斯商人必須購自其庫房的胡椒價格與數量，並於一五〇五年下令將威尼斯商人在亞歷山大港的財產充公，以懲罰他們在這段期間未經蘇丹許可就擅自中止與該港口的貿易。

這兩大強權派出的外交使團，見證雙方面對各種外來威脅下，試圖形成統一陣線與化解歧見所付出的努力。一五〇二年，威尼斯派出一支由前大馬士革領事薩努多（Benedetto Sanudo）率領的使團前往晉見埃及蘇丹，好讓蘇丹意識到葡萄牙威脅的嚴重性。薩努多想要說服蘇丹為威尼斯調降從印度進口的香料等貨物的關稅，好讓其產品售價比葡萄牙對手更具競爭力，並暗示蘇丹應該用更直接的手段對付葡萄牙——當然，威尼斯是以相當隱晦的方式表達，免得被認為是在勾結伊斯蘭勢力對付其他天主教國家。

前往開羅的旅程並非一帆風順，畢竟威尼斯與鄂圖曼還在交惡，於是在被迫逗留於科孚島（Corfu）之後，薩努多一行人在一五〇三年春天才抵達開羅。他獻給蘇丹的禮物包括織物、毛皮和起司，此前也在半路上送了精美的布匹與起司給亞歷山大港的埃米爾。他回程時帶上了蘇丹要送給威尼斯總督的回禮，包含瓷器、薰香、麝貓香和糖。馬穆魯克蘇丹後來集結了一支艦隊，準備對付葡萄牙人，但卻在一五〇九年的第烏之戰（Battle of Diu）中慘敗，葡萄牙對印度洋的控制權也就此確立。

在這情況不斷惡化的當口，又一支威尼斯使團在特雷維贊（Domenico Trevisan）率領之下，於一五一二年抵達了開羅。特雷維贊不只要化解雙方當前對於胡椒價格的爭端，還要把因為疑似接觸波斯薩法維王朝，而被羈押在開羅的威尼斯駐大馬士革領事皮埃特羅（Pietro Zen）給救出來，同時也得解決前往聖地的交通放行問題。這趟任務最後圓滿落幕：特雷維贊談成了威尼斯與馬穆魯克人之間最終版的商業條約，而領事不僅被釋放，離開時還獲得蘇丹送的榮譽禮袍。

這趟出使的主客雙方都急於表現自己。特雷維贊在使團中帶上一群樂師，他們來自亞歷山大港的威尼斯殖民地，在前往開羅的河道上每到一個村落就用當地的陌生樂器吹出響亮的樂音。蘇丹則提供威尼斯使團舒適的住宿環境，並在他們一進城時就送上禮品：二十隻鵝、四十四條糖棒與五甕印度蜂蜜。

至於特雷維贊帶來給蘇丹的禮物則是一百五十件不同樣式的禮服、一些天鵝絨、一些絲緞（部分鑲上金絲），還有大量的皮毛，包含黑貂和白鼬皮與四千五百條以上的松鼠皮。除此之外，特雷維贊還帶了五十塊起司。這些都是很棒的禮物，但馬穆魯克蘇丹國只剩五年的國祚可以好好享用。他們將於一五一七年被鄂圖曼人消滅。

時間回到十六世紀初，起司當時是威尼斯送給馬穆魯克蘇丹的重要大禮，但究竟是何種了不起的起司能夠擔此重任呢？美國歷史學者海賽爾（Jesse Hysell）指出，薩努多獻上的是皮亞森提努（piacentinu）這種產自西西里島，名字的意思是「討人喜歡」的起司。對於身分高貴的收禮者而言，這種大手筆用番紅花調味的起司絕對不會失禮；而加進起司的整顆胡椒粒，也彷彿是威尼斯在暗示胡椒貿易之於兩國關係的重要性。然而，或許這種備受討論的起司不是皮亞森提努，而是產自義大利皮亞琴察地區的起司皮亞森提諾（piacentino），因為歷史學者賽頓（Kenneth Meyer Setton）確認了九年之後特雷維贊送出的產品是「來自皮亞琴察的起司」，我們先前也在一五八二年送給莫斯科大公國的起司裡看到了皮亞森提諾。而且產自皮亞琴察的起司也是威尼斯很愛送給鄂圖曼宮廷的禮物，這讓人不禁猜想威尼斯作為禮物送出的可能就是一種又硬又脆，類似帕瑪森起司的食品，類似於現代的帕達諾起司（Grana Padano）。

支持這項推論的另外一項歷史證據，是帕瑪森系的各種起司顯然是各個義大利宮廷都愛用的外交禮物。教宗儒略二世（Pope Julius II）曾送給年輕的英王亨利八世許多禮物，以感謝他支持教宗的反法「神聖聯盟」，這些禮物中除了傳統上頒授給友好君主的「金玫瑰」這個頗具威望的教廷圖騰外，還包括一百條帕瑪森起司。帕瑪森起司在英格蘭是如此地被看重，以至於一六六六年，當日記作家皮普斯（Samuel Pepys）發現他的住處遭受倫敦大火的威脅，家裡的辦公資料和葡萄酒等財產都有可能不保時，他選擇放進鄰近花園土坑裡保存的卻是他的帕瑪森起司。

這則故事告訴我們，起司既可以作為一種地主之誼當作給外交使團填飽肚子的日常美食，也可以是獻給一國之君的奢華禮物。

13
葡萄牙送給教宗的大象

西元 1514 年

羅曼諾（Giulio Romano）的四幅大象習作，這頭大象是雷歐十世收到的禮物。

本書中第二頭被當作禮物的大象讓收禮者心花怒放，讓送禮者得償所願，也讓藝術家與作家們得到啟發。但這份禮物也讓想突顯教廷有多鋪張浪費的一群人抓到把柄，間接為宗教改革鋪路。

一五一三年，教廷選出麥地奇（Giovanni de' Medici）擔任新教宗。喬凡尼身為家中的次子，父親是「偉大的羅倫佐」這名佛羅倫斯共和國的實質統治者兼義大利文藝復興運動的重要贊助人。身為教宗，喬凡尼選擇的稱號是雷歐十世。他追隨父親支持藝術發展，提供了豐厚的贊助給各個門派的藝術家，其中包括拉斐爾與米開朗基羅；他博學多聞，喜歡跟作家和詩人打成一片；他也很年輕，成為教宗那年不過三十七歲。但他沒有青春的外貌，而是肥胖到據說得由兩名僕人攙扶下床；他渾身都是病，包括很痛苦的肛門瘻管（肛門腺體與肛門旁皮膚有不正常的相通）；他也很愛抱怨自己身為凡人的生命有限。或許因為各種病痛纏身，他很熱衷於狂歡和觀賞滑稽的表演。據說喬凡尼曾這麼說：「神既然給了我們教廷，那就讓我們好好享用吧！」

另一方面，曼紐一世（Manuel I）在一四九五年繼任為葡萄牙國王，葡萄牙在他的任內迎來了海權的擴張。如我們在上一個故事裡所見，葡萄牙在其航海家的幫助下，控制了香料貿易，進而重塑了全球的權力平衡。話說歐洲的統治者有一項傳統是會在教宗選舉後派團前往羅馬，名曰「服從使團」，正式承認新教宗是聖彼得的繼任者。*這是一件大事，各國國君會試圖在使團規模與禮物手筆上勝過其他國家，脫穎而出。

對曼紐而言，派出「服從使團」到梵諦岡給了他一個機會，他可以藉機讓新教宗看看葡萄牙開疆闢土的成果，而新的土地就代表有新的人民可以加入基督信仰的大家庭。但除此之外他還有兩個更明確的目標：他希望繳給神職者的什一稅（稅率為一成的宗教捐獻）能獲得部分減免，讓探險的資金更加充裕；他也希望教宗同意香料群島†被劃入葡萄牙而非西班牙的勢力範圍。

教宗雷歐十世在梵諦岡有個眾所周知的動物園，於是曼紐決定以此為突破口，他相信只要從自己的動物園裡挑出一些來自新天地的珍禽異獸，就能讓新科教宗眼前為之一亮，順勢突顯出葡萄牙在印度等地征討的豐功偉業。最後他選出的動物包含兩隻花豹、一隻獵豹、幾隻鸚鵡和一匹波斯馬，而所有動物中的明星，當屬一頭近期才從印度購入的四歲白象。羅馬自帝國時期以來就沒見過大象，因此曼紐確信他的禮物會掀起一番騷動。考慮到該場合的宗教性質，葡萄牙也選了一些跟教會比較相關的物品，以突顯教宗身為羅馬教會領導者的地位，例如黃金聖爵（聖餐杯）、祭壇裝飾和教會聖衣。不過曼紐自己知道，白象才是最重磅的贈禮。

從一五一〇到一五一四年，印度總督阿布奎基（Afonso de Albuquerque）自印度科欽（Cochin）往里斯本送了四頭大象，我們現在無法確知哪一頭被當成禮物送給了教宗，但最有可能的應該是阿布奎基特地幫國王選購的那一頭，因為牠似乎被照顧得特別好。

著名航海家庫尼亞（Tristão da Cunha）被賦予了率團出使的重責大任。前往羅馬的航程充滿挑

---

* 譯註：聖彼得是耶穌的十二門徒之一，也就是新約聖經裡彼得前後書的那位彼得，同時撰寫馬可福音的馬可則是他的門徒。天主教會認為他是建立了羅馬教會的第一位主教，並追認他為天主教會第一任教宗。）

† 譯註：十五世紀前後，歐洲國家對東南亞辛香料產地的泛稱，今摩鹿加群島。

戰：大象必須被銬在甲板上，而且每停靠一處，港邊就會圍滿想一窺究竟的失序群眾，從里斯本到義大利的奧爾貝泰洛都是如此。在從奧爾貝泰洛到羅馬約莫七十英里的陸路上，好奇的大批旁觀者不斷阻礙使團的行進。甚至當使團在羅馬近郊某個紅衣主教的別墅裡休息時，群眾還踏過葡萄園與果園而來，把一行人嚇得躲進教宗的砲彈工廠裡。

教宗選定了一五一四年三月十九日是讓葡萄牙使團進入永恆之城*的日子。使團成員們換下了他們趕路的衣服，穿上了精緻的行頭。大象造就的奇景格外吸引人駐足：一個銀色塔狀的構造被安置在牠的背上，裡面裝著各種宗教禮物。大象的印度訓練師坐在牠的脖子上，前面有名撒拉森（阿拉伯語的東方人之意）管理員領路。當隊伍通過聖天使城堡前時，大象在凝神觀看的教宗面前停下腳步，跪在地上，溫順地低下了頭，發出了像喇叭一樣的叫聲，然後用鼻子從一旁的水槽裡吸滿了水，輕輕柔柔地灑在教宗與陪同人士身上。教宗很是滿意。

使團的行程包括三月二十日在宗座宮（即梵諦岡宮，教宗的正式官邸）有一場公開的樞機主教會議，席間一名葡萄牙大使發表了激昂的「服從演說」。隔天，教宗檢閱了禮物，而他對所有東西都很滿意，尤其是大象。使團在六月離開羅馬。這趟任務取得了滿足葡萄牙大部分要求的教宗詔書與通諭，算是圓滿成功。雷歐十世決定授予曼紐一項很重要的獎賞——當年度的金玫瑰，但由於曼紐早在一五〇六年就曾從教宗儒略二世手中獲得過金玫瑰，因此雷歐十世決定額外授予一項名為「教宗之劍與皇冠」的榮譽，使曼紐成為獲此殊榮的葡萄牙國王第一人。教宗還送給曼紐其他禮物，包括一冊繪本與一座壁爐架，後者的雕刻據說是米開朗基羅親自操刀。

這頭大象馬上就成了教宗的心頭好。雷歐十世被牠屈膝的舉動、宏亮的叫聲和會噴水的象鼻逗得樂不可支；牠也收服了羅馬百姓的心，並被他們喚作安諾內，†這個名字的由來可能是南印度喀拉拉邦的馬拉雅拉姆語（Malayalam），該語言裡的大象就叫安內（aana），而大象的訓練師就是喀拉拉邦出身。安諾內偶爾會被帶去遊街，或牽到廣場上跟羅馬民眾打成一片。但某次的公開行程卻釀成悲劇：當時大象在戴克里先浴場的公開露面吸引到太多人，結果根據那時的資料，最後有十三個人被擠死。

大象最出名的一次公開現身，也伴隨著讓人意想不到的結局。事情發生在教宗十分喜愛的、以聖科斯馬斯和聖達米安為名的饗宴。為了取悅這名熱愛狂歡和搞笑表演的教宗，人們安排讓一名叫巴拉巴洛（Giacomo Baraballo）的弄臣被加冕為「大詩人」。這場典禮的流程如下：巴拉巴洛先是費盡千辛萬苦地騎上大象，接著再端坐在象背的王座上巡視羅馬，結果可憐的大象被吵雜的群眾嚇壞了，直接把也很可憐的巴拉巴洛連人帶座甩到了河岸邊。

到了一五一六年，這名愛好尋歡作樂的教宗開始諸事不順。一名自稱「天使教宗」‡巡迴傳教的博納凡圖拉修士（Fra Bonaventura）於五月抵達羅馬後，便對梵蒂岡的鋪張大加斥責，並預言雷

---

* 譯註：羅馬別稱。
† 譯註：安諾內（Annone）翻譯成英文通常會寫成漢諾（Hanno）。
‡ 譯註：天使教宗（Papa angelicus），或稱天使牧師（pastor angelicus）出現在中世紀的末日文學中，是以完美的聖性開啟新教會與新世界之人，也有黑教宗之稱。

歐十世、五個有名有姓的樞機主教與大象安諾內和其管理員，都會在隔年九月前殞命。對一名已經拖著病體的教宗而言，這話實在很不中聽，於是雷歐十世下令將博納凡圖拉關進了聖天使城堡。

接著大象就病了。教宗請來城內最好的醫師給牠看病，醫師們判斷安諾內是便祕，給牠開了含金量不低的瀉藥，但沒有療效，大象於一五一六年六月死去。這個兆頭感覺很不吉利。更詭異的是被博納文圖拉預言點名的大象管理員，竟然真的死了一個，而且那年夏天又死了兩個樞機主教。

惶惶不安的雷歐十世指派拉斐爾在梵諦岡入口處畫了等身的大象壁畫，很遺憾的是這幅作品現在已經不在了。雷歐十世親自寫下安諾內的墓誌銘，牠的身影也出現在許多藝術家的作品中，我們在今日的羅馬還能見到。比方說描繪詩人巴拉巴洛騎在大象上的一幅木頭馬賽克現今仍在宗座宮中，裝飾著簽字廳與博爾戈火災廳之間的一扇門。* 由畫家兼建築師烏迪內（Giovanni da Udine）為樞機主教儒略（即後來的教宗克萊孟七世）設計了一座噴泉，位於瑪達碼莊園（又稱夫人莊園）的庭院，噴泉裡有用白色大理石做成的象頭，而安諾內的象鼻是噴水口。

一篇名為「安諾內的遺言與證詞」的諷刺文既有紀念性質，又不會過度美化這頭大象。這篇可能是諷刺作家阿雷蒂諾（Pietro Aretino）所寫的文章，不但細數雷歐十世教廷內的腐敗與醜聞，而且還將其共計二十九筆的劣蹟，一一精心對應到被切分成遺產的大象身體，藉此突顯每一名受贈人的缺陷。例如四殉道堂樞機主教所分到的遺產就是大象的顎骨，因為有貪腐傳聞的他需要上下顎來「吞噬整個基督共和國的錢財」。

到了一五一七年，馬丁路德的《九十五條論綱》（*Ninety-Five These*）點燃了宗教改革的火種。

對馬丁路德而言，教宗的大象事件象徵著教廷的奢侈與不負責任。雷歐十世死於一五二一年，留下空虛的教廷庫房，他的後繼者哈德良六世（Adrian VI）對藝術贊助極度抗拒。世局不斷改變，神聖羅馬帝國皇帝查理五世的軍隊也將於一五二七年攻克羅馬城。

一九六二年，梵諦岡圖書館的工作人員發現了一些骨頭碎片，經化驗後證實是來自一頭大象。安諾內的長眠地終於重見天日。

＊　譯註：四間拉斐爾客房（Stanze di Raffaello）是宗座宮內的一組客房，教宗住所的公共部分，以拉斐爾及其工作室創作的壁畫著稱。它們連同西斯汀禮拜堂內的米開朗基羅圓頂畫，共同標誌了文藝復興的偉大壁畫。這四個房間分別是：君士坦丁大廳、伊利奧多羅廳、簽字廳和博爾戈火災廳。

14

轉贈三次的犀牛

西元 1514 年

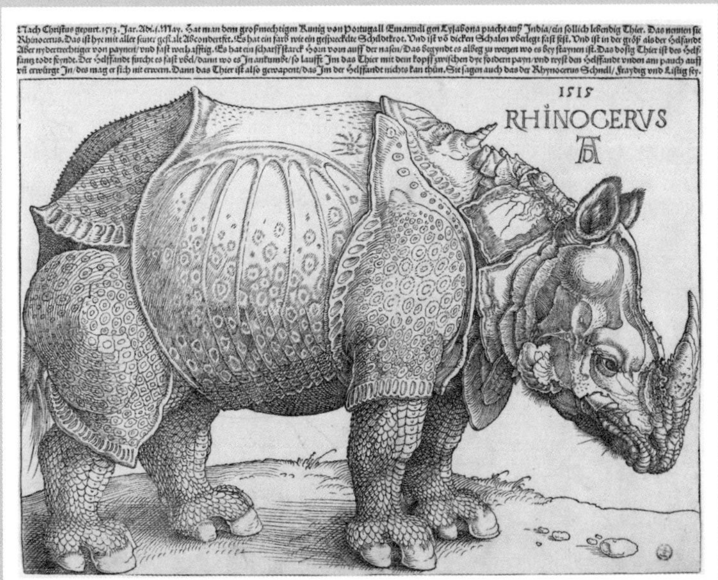

杜勒（Albrecht Dürer）的《犀牛》是一幅木刻版畫，參考自一張素描，而素描的主角是後來被葡萄牙國王曼紐一世送給教宗雷歐十世的那頭犀牛。

接下來的這個故事也牽涉到一五一四年被當成禮物送出的一隻厚皮動物，只不過物種從大象換成了犀牛。這頭犀牛送人之後又被轉送，接著差點再被送給別人，只不過（爆雷警告！）很可憐地在第三次被送出時死在運輸途中，而其填充標本便成了一份聊勝於無的外交禮物。這頭犀牛是藝術史上很有名的一幅動物畫作所描繪的對象，該作品刻畫的犀牛身姿不完全正確，卻影響了歐洲數百年來對這種動物的印象。

故事得從一名偉大的海軍將領阿布奎基開始說起。他是印度果阿的征服者，也是葡萄牙的印度總督。在一段快速擴張期之後，葡萄牙開始專注於固守他們剛建立起的、對香料貿易的掌控權，而阿布奎基認為在古吉拉特南岸外海的第烏島上建立要塞，有助於保護葡萄牙的航線。在葡萄牙國王曼紐一世的批准之下，他組成了一支拜訪古吉拉特蘇丹沙阿二世（Muzaffar Shah II）的使團，欲取得他的同意，因為第烏島屬於他的統治領土。

使團帶著許多精挑細選的禮物，於一五一四年從果阿出發。這些禮物包含一把刀柄鑲有紅寶石的匕首、華麗的絲錦，還有一只小型的吊燈。蘇丹也送了一些很棒的回禮，其中給曼紐一世的是一張飾有象牙的國王椅，給阿布奎基的則是來自蘇丹動物園的、一頭活生生的犀牛。禮物部分都非常合乎禮儀，唯一的問題是談判談不出結果。蘇丹無意讓葡萄牙人在第烏島上建立要塞，他的擔憂也很合理，因為這等於是給了葡萄牙日後可以用來攻擊他的據點。

等使團回到印度果阿後，生氣的阿布奎基動了對蘇丹發兵的念頭，打算強行把第烏搶到手，所幸最終沒有衝動。但還有一個問題是蘇丹的禮物該怎麼辦，阿布奎基可沒有大費周章伺候一頭活犀牛的興致。於是他想出了一個辦法：他可以把犀牛送去里斯本，獻給國王當禮物。我們前面提過曼紐一世有一個御用的動物園，養著各種異國動物，就和其他的歐洲宮廷一樣。

就這樣在一五一五年的一月，犀牛被載到從科欽駛向里斯本的艦隊上。航程大約有一百二十天，期間犀牛沒有什麼異狀，吃著熟米的伙食度日。不過當抵達里斯本要上岸時，犀牛著實引發了一陣騷動，畢竟牠是歐洲自三世紀以來看到的第一頭犀牛，中間相隔了一千多年。一世紀的《博物志》作者老普林尼曾描述過犀牛，羅馬帝國的皇帝也在動物園裡養過，因此這種生物出現在十六世紀的葡萄牙，就像從古代穿越到現代似的。據說這份禮物讓曼紐一世龍心大悅。

有位古典時代的史家在一個關於犀牛的故事裡提到牠們跟大象不合，曼紐一世於是想要實驗看看這個說法，作為一種消遣。他要讓犀牛對決一頭大象。一五一五年六月三日，園內最年輕的一頭大象被選為犀牛的對手，兩頭巨獸被各自帶到特別布置過的賽場中。結果年輕的大象一看到逼近的犀牛就陷入狂亂的恐慌，衝向組成賽場圍牆的柵欄，將它踏平後便逛起了里斯本的大街。犀牛則慢條斯理地在賽場內散步，慶祝牠兵不血刃的勝利。

至於犀牛在藝術史上的名氣，則是源自一封從里斯本寄給紐倫堡某名商界成員的信，信的內容除了對犀牛的描述，還附上了一張素描圖。信與素描輾轉落到了紐倫堡的知名畫家杜勒手中，杜勒根據文字與素描所完成的木刻版畫接著被廣為重製、流傳，成為數百年來歐洲人對犀牛的既定印象。

杜勒最著名的就是他對動植物的直接觀察跟鉅細靡遺的描繪。他著名的水彩畫《野兔》（*Young*

Har）與《草地》（*Great Piece of Turf*）都是讓人感到震撼的傑作，然而他顯然從未親眼見過活著的犀牛。他的犀牛木刻版畫依舊充滿了各種令人驚嘆的細節，但由於他的創作根據的是二手的文字敘述與素描，因此不可避免地包含了一些他的推斷和臆測。他畫裡的犀牛有著盔甲一般的外皮，而且在頭上靠近背部處有個比較小的第二支角，看起來有點像獨角獸。可以說這幅因為杜勒而不朽的犀牛畫像，至少有部分是出自他的想像。

杜勒的犀牛是不朽了，真犀牛的命卻不久了。如我們在前一個故事裡所看到的，曼紐一世對他一五一四年「服從使團」送給教宗雷歐十世的禮物很滿意。葡萄牙想繼續在東方的探索，必須先取得教廷的認可，為此曼紐一世決定再派一支使團去羅馬鞏固跟教廷的情誼。既然上回送大象的效果很好，他這次決定依樣畫葫蘆，由犀牛擔任這次送禮任務的主角，還在牠的脖子上套了一圈有流蘇的綠絲絨來為其增色。搭配的禮物還有為了突顯東方領地之富饒的大量香料，以及來自皇家庫房的精選銀飾。這樣的組合還是有一定水準，但對比前一年的服從使團仍然差了一截。

載著犀牛的船在一五一五年十二月揚帆出航，並在隔月駛抵馬賽。很巧的是，法王法蘭索瓦一世（François I）正好造訪馬賽，得知有葡萄牙船載著犀牛到港，法王便要求一睹其風采。這樁外交上的美事經過安排之後順利實現，而且似乎點燃了法蘭索瓦一世收集異國動物的興致，因為事隔沒多久，他就派遣使團到里斯本買大象回來。

葡萄牙的船接著繼續往前航行，但在義大利拉斯佩齊亞（La Spezia）外海遇到猛烈的風暴，最後船沉了，船上無人倖免，犀牛也跟著陪葬。牠被銬在甲板上，所以連嘗試游到岸邊都沒辦法。也有人推測上銬又受驚的犀牛在船上東拉西扯，可能是造成沉船的原因之一。

犀牛的遺骸被發現在距離自由城（Villefranche）不遠的岸邊。在曼紐一世的指示之下，犀牛被塞入稻草製成標本，再被載到另一艘船上送去給羅馬。教宗對犀牛標本顯然沒有像對活生生的動物那樣興致勃勃，因為這份禮物往後就再也沒有下文。唯一的線索來自一份一八九二年的學術資料，根據它提供的二手情報，有一個十六世紀的犀牛標本是佛羅倫斯皇家脊椎動物博物館的館藏。然而這樣的情報不僅模糊，又令人不勝唏噓，畢竟牠可是給了杜勒靈感，進而形塑出歐洲對這種動物之想像的那頭犀牛啊。

這故事在二十世紀尾聲啟發了英國小說家諾福克（Lawrence Norfolk）創作出《教宗的犀牛》（*The Pope's Rhinoceros*）這部作品。故事中的教宗雷歐十世在有了鍾愛的大象之後又想追加一頭犀牛，而葡萄牙與西班牙因為希望教宗支持他們對海外新天地的領土主張，於是都拚了命地想要滿足教宗的願望：葡萄牙的犀牛來自印度，西班牙則找上非洲。這是一本七百五十頁的巨著，內容觸及各式各樣的曲折情節，例如它寫到烏瑟多姆島（Usedom）上有座逐漸崩塌進波羅的海的修道院，而其修士想要尋求教宗的指引。小說是虛構的，但居於其中心的外交禮物卻是如假包換。

15
亨利八世的駿馬

西元 1520 年

《金帛盛會》是 1545 年的英國學院派作品，畫中呈現法王法蘭索瓦一世與英王亨利八世進行送禮大賽的會場。

在被當成外交禮物送出的動物中，馬在許多歷史時期與地區都有其獨特的重要性。馬幾乎可以為所有人所用，所以是一樣很受歡迎的禮物，而且牠不只是普通的交通工具。馬是騎士精神的象徵，與劍和盔甲作為禮物時的意涵相仿，所以格外適合致贈給君主。馬是貴族生活中必不可少的一環，狩獵、競技與各種盛會都不能沒有馬。馬匹中少見或異國的品種所引發的驚嘆之情，絕對不輸其他奇珍異寶。馬匹被當成禮物送出時可以進行精美的包裝，如放上一具上好的馬鞍或為牠戴上其他裝飾。一流的駿馬絕對是一份大禮。

我們這則關於馬的故事，發生於一五二〇年的夏天，地點是法國北部的加來海峽省，此後這起事件便被賦予一個家喻戶曉的名字：「金帛盛會」。這場活動為期十八天，內容包含競技、盛宴和娛樂活動，兩名年輕的國王在參與盛會的同時，基於英法兩國的世仇，彼此都想讓對方見識一下自己是一位多麼幹練、身手矯健又有文化素養的領袖。

這場聚會想要表達出基督教歐洲各界領袖對和平的呼籲。文藝復興時期的人文主義者伊拉斯謨（Erasmus）與湯瑪斯・摩爾（Thomas More）主張國王們可以透過和平而非戰爭與征伐來追求自己的榮耀。鄂圖曼崛起的威脅讓歐洲有所警覺，而教宗雷歐十世也敦促著歐洲統治者彼此之間能化干戈為玉帛，趕緊團結起來，共同抵禦基督教世界的敵人。

樞機主教沃爾西（Thomas Wolsey）身為亨利八世的大法官（國王的首席幕僚）不僅構思了一套講和機制，讓歐洲的統治者可以槍口一致地對付鄂圖曼人，而且還擬定了一紙富有野心的普世和平條約，一五一八年於倫敦完成簽署。條約要求英國與法國的國王親自會面，以確認他們對和平的承諾。金帛盛會的舞臺已然架起。這次會面並不是為了和平談判，條約之前就已經簽好了。這個場合真正的目的，是透過浩大的場面突顯出兩名統治者的年輕有為與大權在握，讓眾人看到他們明明能率軍出征並指揮若定，卻決定不這麼做，而是優先選擇了和平與友誼。

英國的亨利八世與法國的法蘭索瓦一世是著名的宿敵。亨利八世非常崇拜以寡擊眾打贏阿金庫爾之役（Battle of Agincourt）的先祖亨利五世，登基不久後就跟法國打過一仗，但於此同時這兩個國王也很惺惺相惜。這種又愛又恨的關係，充分展現在歷史學者理查森（Gleenn Richardson）稱之為「男子氣概大展」的、金帛盛會的運動競賽和娛樂活動。

外交禮物在這場盛會中扮演著十分重要的角色，送禮不只可以鞏固英法彼此的結盟關係，也是兩人互別苗頭的手段。雙方皇室於是做出各種互惠的慷慨之舉，例如珠寶與金屬餐具的大手筆互贈，而這也讓兩邊有機會一展手下匠人的卓越金工。在一次水準極高的禮物交換中，亨利八世送出鑲嵌著珠寶的項鍊，法蘭索瓦一世則回贈一只同樣綴有寶石的手鐲。

有些大禮顯然是臨時起意。六月十七日，法蘭索瓦來到亨利位於吉訥（Guînes）的下榻處，大力敲起了國王房間的門，對起床沒多久的亨利宣布自己是英王的囚徒。在某種意義上，他是在把自己當成禮物送出去。他協助亨利穿上衣服，亨利則送出一條珠寶項圈作為回報，也立刻收到了回禮。雖說幫忙英王更衣看似謙遜之舉，但法蘭索瓦的舉止令人感覺充滿自信，向眾人展示他敢於跟亨利八世稱兄道弟而沒有距離。兩位國王在整場金帛盛會中是如此強調互惠原則，使得亨利尷尬歸尷尬，還是逼著自己在兩天後禮尚往來，一早就跑去法蘭索瓦在阿德爾（Andres）的住處。

話說我們的馬兒主角也是一份一時興起的禮物。在金帛盛會剛開始時，兩名國王騎著馬來到競技現場，而亨利立刻就對法王的坐騎讚不絕口。牠是一匹名為「斑點公爵」、出身自曼圖亞公爵費德里科二世・貢扎加（Federico II Gonzaga）之種馬場的駿馬。法蘭索瓦當場就把馬當作禮物送給了亨利，亨利也回贈了法蘭索瓦自己的座騎，一匹拿坡里駿馬。曼圖亞駐法蘭西宮廷大使索爾迪諾（Soardino）表示，亨利的回禮跟斑點公爵相比差了一大截，但由於索爾迪諾的評論是寫在一封回覆曼圖亞宮廷的信件中，而他們正是斑點公爵的提供者，所以很難說這是一個公正中立的判斷。培育於拿坡里王國的駿馬是一種體格強壯且性格勇敢的馬，非常符合競技與騎兵作戰的要求，所以也很搶手。

整場金帛盛會送出了許多匹馬，斑點公爵只是其中一匹。亨利公開稱讚法國貴族座騎的習慣，也讓他得到波旁公爵夏爾和湯瑪斯元帥的馬。法蘭索瓦後來又多送了六匹馬給亨利，其中四匹來自曼圖亞，原因是法王想要彌補稍早的珠寶交換，他擔心自己送給亨利的首飾沒有亨利送他的珠寶項鍊貴重。英國王后亞拉岡的凱瑟琳（Queen Catherine of Aragon，亨利八世的首任王后）則送給法國王后克洛德（Queen Claude of France）一批精選的馴馬，這種馬因為步伐不急不徐，騎起來十分平穩而備受重視；凱瑟琳還送了幾匹哈比馬給克洛德，我們稍後也會介紹到這種馬究竟是何方神聖。克洛德則以金帛、騾子與侍從作為回禮。

斑點公爵這份禮物背後所牽涉的，是曼圖亞的貢扎加家族把馬當成外交禮物，在一收一送間強化自身的馬匹品質，同時確保這種優秀馬種之優勢的經過。貢扎加家族於一三二八年成為北義曼圖亞的統治者，後代侯爵逐漸發展出對馬的熱情，直到弗朗切斯科二世．貢扎加在位期間達到高峰。儘管貢扎加家族在他們的種馬場培育了各式各樣、各有所長的馬種，但他們最重要的目標還是生產出能夠維持跑速不墜的馬匹，這樣他們才能在主保聖人紀念日一類的節慶時，於義大利各城市的賽馬比賽裡大出風頭。這種賽馬有個特別的名字叫做 palio，原先指的是勝利者會獲頒的、價值不斐的華麗錦旗。現今依然存在的「西恩納賽馬節」會繞著貝殼狀的「田野廣場」跑三圈，其延續的正是當年義大利城邦的賽馬傳統。

為了確保馬匹的品質能在賽事中脫穎而出，貢扎加家族從北非與鄂圖曼帝國找來了兼具速度與耐力的品種。他們跟鄂圖曼人和北非伊斯蘭哈夫斯王朝（Hafsid）的貿易不僅需要跨越宗教信仰上的差異，還要面對鄂圖曼與基督教歐洲間長年的戰爭狀態。巴柏馬或柏柏馬（Barb/Berber）是突尼斯的哈夫斯人標準的外交禮物，而貢扎加家族對於取得他們需要的馬匹有種強烈的執念，甚至不惜違反哈夫斯王朝禁止出售母馬的不成文規定。

他們在與鄂圖曼人交涉時也展現出了類似的毅力，只是雙方的來往有弗朗切斯科與鄂圖曼蘇丹巴耶濟德二世（Bayezid II）的誠摯私交作為基礎。兩人的友誼部分源自他們對於養馬的共同愛好，但讓兩人友情生溫的還有弗朗切斯科曾協助一名蘇丹使者的事蹟。這名使者當時身攜贖金要去搭救蘇丹被囚禁的兄弟，沒想到半途在義大利的安科納（Ancona）遇到搶匪。適時伸出援手的弗朗切斯科不但協助可憐的特使完成了任務，還將他平安送回了君士坦丁堡。為了表示謝意，巴耶濟德送上了一整船的土耳其馬，弗朗切斯科的回禮則是曼圖亞的起司，再次呼應了我們前面講過的、食品作為外交禮物在義大利各城邦之間的重要性。與鄂圖曼蘇丹的友誼，讓弗朗切斯科得以突破鄂圖曼對於外銷馬匹的嚴格規定，成功在一四九一年引進了八匹母馬和一匹種馬。

鄂圖曼帝國的馬還曾在另一種截然不同的政治脈絡下被貢扎加家族取得，那就是作為戰利品。在十六世紀初，貢扎加家族以傭兵之姿與反抗鄂圖曼的勢力作戰。弗朗切斯科之子費德里科二世麾下的一名隊長於一五二五年寫信給他的君主，信中提及一匹他從土耳其戰俘那裡得到的駿馬，並打算將牠送給當時還是侯爵的費德里科二世。那名軍官說他去年送過一匹馬，而這次的馬跟之前那匹是兄弟。

曼圖亞種馬場的馬匹品質獲得北非與鄂圖曼帝國駿馬血脈的挹注，使得曼圖亞馬成為歐洲宮廷間的搶手貨。貢扎加家族藉由把這些馬當作外交禮物，在歐洲四處結盟，如法國宮廷對這種交換就很熱衷。曼圖亞駐法國宮廷大使在一五〇四年寫到路易十二世很急著拿到弗朗切斯科承諾的兩匹賽馬；法蘭索瓦一世在金帛盛會的座騎，也證明法國宮廷是真的對曼圖亞馬情有獨鍾。

亨利八世獲得的第一匹曼圖亞馬，並不是斑點公爵。弗朗切斯科原本似乎對送馬給英王有疑慮，他怕的是亨利對養馬的素養不夠，無法體認到這份外交禮物的珍貴之處，但顯然他最終克服了這層心理障礙，在一五一四年給亨利送去了四匹賽馬。英國國王非常高興，直說這是他收過最讓他感到開心的禮物。作為回禮，亨利送給了弗朗切斯科幾隻獵犬與一種叫做哈比馬的愛爾蘭馬。因其十分出眾的衝刺速度，貢扎加家族對這種馬非常感興趣，此前也在一五一一年的一趟採購之旅中買到了八匹。這種如今已經滅絕的馬，也是現代英語中「hobby」（嗜好、消遣）的語源，小孩玩的木馬（hobby-horse），或是過去富家子弟小時候在遊戲室裡騎的玩具木馬，都是相關聯的用法。

亨利始終保持著對曼圖亞賽馬的興趣。他在羅馬的駐教廷大使嘗試從費德里科二世手中取得柏柏馬，經過了好幾年的努力，終於在一五三二年如願以償。這些得來不易的馬兒被安置於亨利八世在格林威治建立的種馬場和馬廄裡，成為亨利八世為提升自家馬匹長跑速度而進行的育種計畫的一分子。貢扎加家族的育種政策與對馬匹的精挑細選，搭配把馬當成外交禮物與歐洲宮廷交好的做法，為英國傲視全球的純種馬培育技術與賽馬制度奠定了一定的基礎。

16

亨利八世的盔甲

西元 1527 年

神聖羅馬帝國皇帝馬克西米連一世（Maximilian I）送給英王亨利八世的羊角頭盔。

在前一章的故事中，我們曾提到馬與騎士精神及驍勇善戰的關聯，使其成為很適合送給王公貴族的禮物。出於類似的理由，盔甲也在中世紀與文藝復興時期成為禮物的大宗，因為盔甲既肯定收禮者具有盔甲所代表的特質，也等於將收禮者與盔甲的原主人相提並論。整套盔甲作為外交禮物還有額外的優點，不僅可以展示送禮國的科技與製造水準，還可以像畫布一樣供人進行精美的藝術創作，成為一件雕刻作品並加上其他裝飾。歐洲各地王公貴族的軍械庫都從單純放置盔甲與武器的儲藏室，演變成君主們訴說自家王朝故事的恢弘建築，而他們說故事的道具，就是其他統治者致贈的武器、盔甲等展品。

在探討八世紀拜占庭皇帝送給法蘭克國王的管風琴的時候，我們曾分析過外交禮物可以是促進科技發展的媒介，而這一章的故事——亨利八世送盔甲給一五二七年造訪倫敦的法國使團團長蒂雷納子爵拉圖爾（François II de la Tour），不僅讓我們看到一份外交禮物如何刺激受贈國生產出水準相當的盔甲，最終這套自製的盔甲也被用來當成優秀的外交禮物，為贈禮國帶來了好的結果。

我們的故事要從神聖羅馬帝國皇帝馬克西米連一世說起。馬克西米連透過戰爭與他跟他兒子的政治聯姻，大幅度拓展了哈布斯堡王朝的疆域。馬克西米連給自己建立了一個軍人皇帝的形象，勇氣與騎士精神是他自認與眾不同的地方，對盔甲的熱愛則被他用來當作宣傳工作的一環。他把位於因斯布魯克（Innsbruck）的軍械庫發展成歐洲的軍械製造重鎮，並以自己的名字命名一種特色是精巧皺褶的盔甲風格。馬克西米連自己很喜歡這份送給年輕的亨利八世的禮物，而亨利八世也有雄心壯志要成為一名世人眼中的偉大軍事領袖。對法國野心的共同擔憂讓兩人決定合作，組成對抗法國的「神聖同盟」。

一套由馬克西米連送給亨利八世當作外交禮物的盔甲，有可能是里茲皇家軍械處博物館裡最怪的展品，同時也是該博物館館徽的靈感來源。那盔甲是一頂雙層護面盔，一種能包覆住整個頭部的頭盔，但那可不是普通的雙層護面盔，其上蝕刻著栩栩如生但一點也不討喜的臉部樣貌，包含鬍渣和下彎的鼻梁，還有一副眼鏡。喔對了，那頭盔還有一對用鐵片做的山羊角。這頭盔由索森霍佛（Konrad Seusenhofer）這名馬克西米連底下最頂尖的軍械師傅製作，於一五一四年送出，原是整套盔甲的一部分，但其餘部位現已佚失。這麼獨特的面容暗示著這是一張弄臣的臉，應該是給宮廷的慶典活動之用，亨利也有可能為了開玩笑而戴上它過。然而這頂奇特的頭盔長久以來都讓學者們議論紛紛，因為它被拿來送給國王其實並不是很得體，尤其是那對羊角，在當時普遍有著被戴綠帽的意涵。這尊頭盔於倫敦塔展館展出，過去有很久的一段時間被認為是亨利的弄臣索莫斯（Will Somers）的物品，儘管索莫斯入宮的時候這頂頭盔已經在宮裡十年以上了。

馬克西米連也送過一些比較沒有這麼另類的盔甲給亨利，包括一副精美的戰馬盔甲，史稱「勃艮第馬用盔甲」，因為其蝕刻的表面裝飾有代表「金羊毛勃艮第騎士團」的象徵，再加上馬克西米連個人的石榴紋章。一開始會打造這副馬用盔甲，可能是馬克西米連想自用，或是給他的兒子用。後來他把它當成禮物，以神聖羅馬帝國皇帝的名義送給了亨利八世，如今這副盔甲也是皇家軍械處博物館的館藏。

在亨利登基的一五〇九年，英國並不算是盔甲生產的重鎮。雖然英國盔甲產業在亨利上臺前的落後情況有點遭到誇大，但英國確實沒有辦法跟歐洲的盔甲製造中心相比，比方說米蘭、奧格斯堡與紐倫堡，亨利之前的統治者們也普遍從海外訂購他們需要的盔甲。但亨利才剛上任沒多久，便於格林威治設立了一座工坊，決定建立起皇家盔甲的生產線。被馬克西米連當成外交禮物送來的盔甲，似乎是刺激亨利下定決心的因素之一，它讓英王亨利也想要有自家製的高品質盔甲作為外交禮物。

格林威治軍械庫是以馬克西米連宮廷在因斯布魯克的工坊為原型，國王支付匠人的薪酬，匠人則專門替國王效力，他也擁有廠房並負擔所有的原物料成本。這跟米蘭等地的做法大相逕庭，那裡是由企業做盔甲賺傭金。為了在格林威治發展盔甲的製造業，亨利從歐陸引進了以義大利人、佛萊明人與日耳曼人為主力、技巧純熟的工匠。負責裝飾勃艮第馬用盔甲的佛萊明金匠福雷蘭（Paul van Vrelant）就是其中一個被吸引到格林威治的人才，後來被指派為亨利的御用馬具鍍金師。

我們這章最主要的外交禮物，是一五二七年的一副裝飾得十分華麗的盔甲，搭配著馬用的鎧甲，目前是紐約大都會藝術博物館的藏品。這副盔甲長期被認為屬於十六世紀初的熱努亞克（Galiot de Genouillac）這名砲兵團長與法王的大掌馬官。這副盔甲在擁有於澤公爵頭銜的克魯索（de Crussol）家族中代代相傳，家族一直相信它曾是蓋里歐（Galiot）的物品，蓋里歐的女兒嫁進克魯索家，盔甲才來到他們手上。盔甲被他們賣給了一名收藏家，後來才成為博物館的館藏。

如今的看法是這副盔甲為格林威治軍械庫的產品，曾於一五二七年法國使團拜訪倫敦之際，被亨利八世當成禮物送給蒂雷納子爵拉圖爾。該使團身負兩個相關連的重要任務：促成英國瑪麗公主

（亨利八世之女，後來的英格蘭與愛爾蘭女王瑪麗一世）與奧爾良公爵亨利（後來的法王亨利二世）之間的聯姻，並說服英國與法國聯手對抗神聖羅馬帝國。根據使團的描述，亨利八世帶著蒂雷納子爵到格林威治工坊，然後下令匠人為他做一套跟自己的一樣的盔甲。

這副盔甲的整個表面都有華麗的蝕刻與鍍金，明顯是為了呈現出一種壯麗的形象；而且雖然部分裝飾確實是以希臘神話中的海克力士暗示著力量，但大部分的雕刻主題完全與戰爭無關，包括一條美人魚與一名人魚騎士、背上有城堡的大象、醉醺醺的酒神巴克斯、鴿子、野兔、孔雀，以及如戰神瑪爾斯、愛神母子維納斯和丘比特等神祇，還有大量裸童形象的小天使。小天使們有被鏈條綁住的鸚鵡當玩伴，並圍著中間一位握著戒指與蘋果當禮物的裸身女孩，跳著看起來像莫里斯舞*的舞蹈。這些裝飾大都透露著愛與婚嫁的訊息，或許是在拐彎抹角地試圖推使團的核心任務一把。此外，象背上的城堡有可能暗指著收禮者的名字「拉圖爾」（la Tour 裡的 tour 即英文的 tower，也就是「塔」的意思）。據傳當時正好在英格蘭工作的霍爾班（Hans Holbein the Younger）就是負責操刀這些設計的藝術家。蒂雷納子爵在他率團赴英後短短五年便與世長辭，因此這副盔甲後來被送給熱努亞克，若不是蒂雷納子爵親自為之，就是他的遺族在他去世之後送的。

亨利八世送出的成套盔甲不僅有滿滿的蝕刻與鍍金裝飾，這份禮物在科技上也相當創新。一款

* 譯註：Morris dance，莫里斯舞是一種有音樂伴奏的英格蘭民俗舞蹈，歷史上已知最早提及莫里斯舞的紀錄是在一四四八年。目前美國、加拿大、澳洲和紐西蘭等地都有這類舞團。

罕見的腹板被用皮帶綁在胸板的下方，減輕了需要由肩膀來負擔的重量，同樣的腹板設計也出現在一五四〇年一款為亨利八世特製的格林威治盔甲中。

然而有條耐人尋味的線索暗示著這種腹板的設計，是格林威治軍械工匠學習另一份外交禮物帶有之技術的成果。為了細說分明，我們必須把時間拉回到一五二〇年，金帛盛會之前的各場籌備會議上。在那年的三月，溫菲爾德爵士（Sir Richard Wingfield）以亨利八世駐法國大使的身分，向法蘭索瓦一世獻上了一份國禮——一把沉甸甸的雙手劍。法王舉劍舉得滿頭大汗，卻被告知亨利在特製的長手套幫助下，可以將同一把劍使得出神入化。法蘭索瓦顯然很想得到這麼神奇的長手套，表示願意用一對極具巧思的胸甲來交換，這種胸甲的設計可以讓肩膀不再負擔其周遭之盔甲組件的重量。這聽起來就非常像亨利送給蒂雷納子爵那套盔甲的腹板設計，也代表這場由法蘭索瓦率先提議的交換，可能是真有其事，而格林威治的軍械工匠便是從來自法國的胸甲中，得到自家腹板的靈感。

總結來說，整件事似乎是這樣的：在法王送給英王的禮物中，蘊含著一項英國皇家軍械工匠原先感到陌生的技術，該技術經過他們的潛心研究與改良後，隱身在另一份外交禮物中，跨越英吉利海峽，又回到了法蘭西的土地上。我們於是再一次看到外交禮物具有的、推動科技進步的能力。傳聞中法蘭索瓦的提議，也顯示統治者可能出於對科技的好奇與野心，而指名要求特定的禮物。

17
鄂圖曼蘇丹收編臣屬的榮譽禮袍

西元 1571 年

加茲尼王朝統治者加茲尼的馬哈茂德從阿拔斯帝國哈里發卡迪爾一世手中獲得榮譽禮袍，當時是西元 1000 年。

我們此前探討過拜占庭皇帝之所以送出昂貴的絲綢，並不是想表現出互惠的姿態，而是要把收禮者貶為自己的小弟。藉由國禮來展示尊卑位階而非平等關係，也是許多伊斯蘭統治者慣用的手法。他們選擇的禮物，是代表榮譽的禮袍。

這種手法有著先於伊斯蘭信仰的起源，但也取材自先知穆罕默德把穿過的披風送給詩人祖海爾（Ka'b ibn Zuhayr）之舉，前述拜占庭贈送典禮用絲綢的傳統，也是伊斯蘭世界的靈感來源之一。如同阿拔斯、法蒂瑪和馬穆魯克王朝，榮譽禮袍對於歷代的鄂圖曼蘇丹而言都是禮物外交中的主角。禮袍的贈予只會由地位崇高者（通常是蘇丹）授予地位卑下者，我們已經在之前的故事裡看過馬穆魯克蘇丹從其他統治者那裡收到禮袍時的氣憤，畢竟那擺明了是對方刻意在羞辱自己。

授予禮袍代表統治者信任你，願意「罩」你。接受禮袍，則代表你願意效忠蘇丹。在鄂圖曼土耳其語中被稱為「希拉特」（hil'at）的榮譽禮袍適用於各種內政與外交的場合，例如宮廷慶典、宗教節日、慶功、拔擢，或是由蘇丹主導的接風或餞行。作為外交禮物的禮袍連結到的是鄂圖曼帝國源自伊斯蘭原則的基本外交概念，也就是伊斯蘭世界與異教徒世界間的明確分野可以透過條約來調和，鄂圖曼帝國會在條約的基礎上，視外國的進貢狀況調整他們與這些異教徒勢力的關係。

這些關係的體制化，是透過一種名為「效忠誓約」（ahdname）的規章，英語世界則多半譯成「降書」（capitulation）。在這套規則之下，收禮國的使節或領事保護下的公民可以獲得經商上的特權及其他重要權益，至於鄂圖曼這邊則無意要對方互惠。部分的原因來自鄂圖曼人很多時候沒有強烈需要這麼做的商業動機，他們並不打算在基督教歐洲建立貿易社群；但更根本的理由在於鄂圖曼外交政策的單邊性質，他們原本就不想參與當時歐洲正逐步確立的外交體系，不想遵守國家之間彼此互惠且平起平等的規則。隨著鄂圖曼帝國持續擴張，變得愈來愈強大，其外交上的單邊主義讓它可以順勢對歐洲體系嗤之以鼻。鄂圖曼蘇丹甚至把降書視為一種外交贈禮，其目的就是讓別的國家能透過條約來與之建立邦誼。

這種邦誼的具體表現，就是送禮，一種帶有不平等意味的禮物。蘇丹送的禮物會形成一個反映自身地位與權威的象徵符號體系，而禮袍居於其核心。反過來說，蘇丹會把收到的回禮視為進貢，這麼明確的高高在上感自然讓其他統治者很不是滋味，因此他們會設法為雙方的禮物外交設定不同的框架。這就是為什麼在一六四一年，鄂圖曼土耳其語版的「投降」條約明明寫著英國送來的是「貢品」，英文譯本卻翻成「禮物」。只要蘇丹換一個人做，效忠誓約就要重新確認一次。對鄂圖曼來說，這麼做不僅可以突顯它是一份來自蘇丹的個人化禮物，也讓他們多一個控制雙方關係的手段。

被蘇丹當成禮物送出的象徵物，是鄂圖曼霸權的視覺展示。獲得蘇丹接待的大使不僅會受贈禮袍，還得穿上禮袍赴會；因此蘇丹的待客之道既是在致敬來使，也是在強迫來使表現出臣服的姿態，逼著他們一定要穿上東道主的服飾。一六九九年，在鄂圖曼打輸森塔之役（Battle of Zenta）後的《卡洛維茨和約》（Peace of Karlowitz）簽訂會場，哈布斯堡王朝的代表就沒有受制於任何的服飾規定，畢竟這一仗結束了鄂圖曼數百年的擴張，也標誌著它在歐洲勢力式微的開始。鄂圖曼從此開始慢慢接受歐洲以互惠為基礎的國際秩序，到十九世紀中才終於大功告成。

要求外國使節穿上禮袍還有一個好處，就是能夠將宛若法外之徒的異教徒納入伊斯蘭體系。照做之後，他們便在鄂圖曼人可以理解的框架中取得了合法的地位，才可以晉見蘇丹，也才有資格進行談判。禮袍可以模糊掉穿著者的個人特質。

每一件希拉特都是獨一無二的。不同的袍子有不同的品質，使用不同的布料，裝飾的程度也不一樣。希拉特的品質取決於在鄂圖曼眼中，來使的地位高低與其母國的重要性；蘇丹也會透過禮袍品質的差異，表現出他對於特定國度的偏愛程度。儘管禮袍帶有尊卑的意涵，但它們仍然是一種禮遇，所以不同國家的使節也會擔心自己獲贈的禮袍數量不夠或品質不好。一六一八年，外西凡尼亞的大使就曾抱怨他的使團收到的禮袍數量太少，而且品質也不是特別突出。

鄂圖曼的希拉特因為一項有趣的特徵而更加受到喜愛：人們不太會一眼就認出它是象徵榮譽的禮袍。不同於阿拔斯與馬穆魯克統治者所送的禮袍，鄂圖曼的版本少了「提拉茲」（tiraz）的袖章設計——這是一種通常出現在袖子上的刺繡題字。不同的提拉茲，顏色、裝飾風格與布料也不一樣。藝術史學者菲利普斯（Amanda Phillips）指出，它們唯一擁有的共通點在於特別長的袖子，但這樣的長袖可能不是用來穿的，而是會被披在肩膀後面隨風飄揚。禮袍的五花八門，加上沒有明顯可以辨識的特徵，意味著這東西被拿去轉賣，買賣雙方都不用提心吊膽。

希拉特基本上有著雙重的身分。在送禮的當下，它是蘇丹的化身，帶有牟斯理論中禮物的靈魂，同時也是蘇丹權力的具體展現。等到一送一收的過程結束後，蘇丹的霸權得到確認，禮袍本身就會轉化成單純的高級織物，單純的奢侈品。其象徵的意義就此消失，收禮者持有的只剩下袍子作為服飾的價值。這裡我們可以參考現代人類學者阿帕度萊關於物體特性變化的著述。也是基於這個特性，外西凡尼亞經常把收到的禮袍改造成名為「多馬尼」（dolmány）的外套。

鄂圖曼蘇丹塞利姆二世（Selim II）與其附庸國、外西凡尼亞公國的統治者巴托里（István Báthory），在一五六六到一五七四年間的交流，提供了一個很好的例子，讓我們看到不以平等互惠為基礎，而是基於屈從的禮物外交究竟怎麼進行。禮袍在其中扮演了要角，象徵著蘇丹的權威。附庸國使得鄂圖曼人可以比較方便地統治遠離君士坦丁堡的直轄領土，並且讓他們與哈布斯堡王朝等強敵之間有個緩衝地帶；而對外西凡尼亞的統治者而言，身為附庸國的地位讓他們享有蘇丹的庇護，作為交換，他們只需要逐年進貢，以及在必要時協助蘇丹的軍隊就好。夾在兩強之間的巴托里盡可能地挑撥哈布斯堡與鄂圖曼，藉此換取外西凡尼亞最大的自治空間，事實上他們也確實維持著比其他附庸國如瓦拉幾亞（Wallachia）和摩爾達維亞（Moldavia）更自由的地位，也更接近鄂圖曼的權力核心。舉例來說，外西凡尼亞不需要繳納那麼多的貢品，也不用派人質到君士坦丁堡。

鄂圖曼蘇丹與其外西凡尼亞附屬國之間的關係，在一份由蘇丹當成禮物送給外西凡尼亞統治者的「效忠誓約」當中被確立下來。一五七一年，在被外西凡尼亞的領主通知他們選出巴托里為新任統治者以後，塞利姆蘇丹就發出了兩紙名為「費曼」（ferman）的詔令給外西凡尼亞的領主與巴托里本人，確認這項派令；雙方統治者的從屬關係也隨著使者送出象徵蘇丹權力的禮物而確立。負責傳遞這些訊息的特使是塞利姆御用的養鷹人阿迦，他在八月十五日抵達阿爾巴尤利亞（Alba Iulia），同行的有兩百名騎士與不少駱駝。當巴托里在城外迎接他的時候，阿迦便遞出了一面名為

「桑扎克」（sancak）的旗幟，作為鄂圖曼給外西凡尼亞新君的第一個帝國象徵物。桑扎克也是鄂圖曼的一個行政區的名稱，因此送出這面旗幟也代表著在蘇丹的眼裡，外西凡尼亞君主的地位就如同鄂圖曼行政區的總督。

在阿迦抵達後的第三天，其餘的帝國象徵物也一一在一場大典中完成了交付，包括二十五件禮袍，其中一件是要給巴托里的，剩下的二十四件則是給他手下的重臣，巴托里收到的指示是要根據大臣的位階來分配這些禮袍。此外還有一頂同樣代表收禮者對蘇丹效忠的帽子，跟一柄象徵蘇丹軍事威望的權杖。權杖作為禮物跟禮袍一樣，都會隨收禮者的地位高低而有品質優劣之分，份量愈重、裝飾愈雕琢的愈好。巴托里還收到了應該穿戴著精緻飾物的幾匹馬。馬在鄂圖曼文化中占有一席之地，代表著力量與戰技。阿迦的代表團在待了兩週之後啟程返國，離開時獲得巴托里八千枚金幣的贈禮，據說讓他痛哭流涕——但不是好的那種，而是因為他原先期望拿到更多。

巴托里送給蘇丹的禮物同樣是由蘇丹說了算。最重要的是一萬枚弗羅林金幣的年度進貢，但這還不夠，還得加上一堆自成體系、盤根錯節的禮物，用來打點進貢過程中會遇到的大小官員。這些叫做「皮斯克斯」（pişkeş）的禮物價值幾乎跟給蘇丹的貢品價值相當，但巴托里也可以藉此機會在鄂圖曼的宮廷裡安插自己的人馬，確保鄂圖曼國內不會被他的政敵滲透，進而威脅到他在外西凡尼亞的地位。我知道介紹到此，很多人會覺得這其實就是一種賄賂，但這些禮物的贈予也是根據鄂圖曼人定下的規矩，所以可以看成是某種不成文的進貢。除了金幣以外，杯子和獵鷹也會被當成禮物，後者滿足的是鄂圖曼養鷹人的需求。

所以說這是一種基於地位尊卑所進行的禮物交換，與國家之間的互惠無關。鄂圖曼蘇丹自己可以決定給出與獲得的禮物內容：他送出的禮物是自身權威的象徵，突顯出他的霸主地位；作為回報，他收到的禮物都具有物質價值，而金幣是其中的大宗。

直到今天，儀式性的禮袍作為外交禮物還是會帶給收禮者一些麻煩。比方說在哈薩克有一種刺繡分外講究的「袷袢」(chapan）斗篷，配上成套的帽子與皮帶，便是一份獻給貴賓的大禮。法國總統歐蘭德二〇一四年正式出訪哈薩克時，就獲得哈薩克總統納扎爾巴耶夫（Nursultan Nazarbayev）獻上的精美米色皮草袷袢與皮草帽，要歐蘭德穿上後進行官方的合照。客隨主便的歐蘭德在鏡頭前似乎有些不安，好像已經預料到自己會因為這身行頭而在網路上被批評得體無完膚——他的預感沒有錯。

18

英王詹姆斯送給德川家康的望遠鏡

西元 1613 年

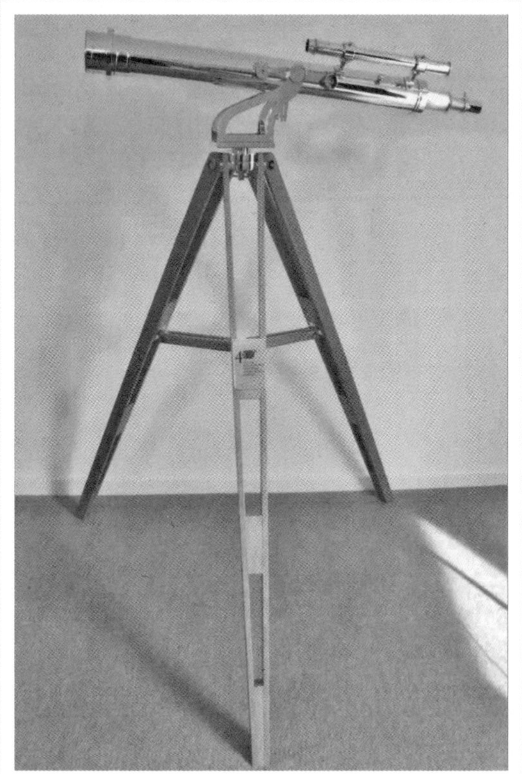

用來紀念英王詹姆斯致贈望遠鏡給德川家康四百週年的復刻製品，型號就叫 Japan400。

接下來這個故事中的外交禮物，其實是送禮國用來自我推銷的工具，為的是在各路競爭的強權中脫穎而出，成為受到收禮國青睞的貿易夥伴。我們熟知的東印度公司是占據世界貿易量半壁江山，在印度次大陸呼風喚雨的大企業，但在一六一三年，它還只是個毛頭小子。在爭取與日本進行貿易的權利時，東印度公司晚了西班牙、葡萄牙與荷蘭一步，這些國家自然不想要多一個競爭對手來湊熱鬧。由此由該公司代表英國國王送給日本統治者的國禮，必須要發揮像名片一樣的功能，讓日本人瞭解英國是一個怎麼樣的國家，為什麼日本應該跟英國而不是其他歐洲國家做生意。在這些禮物當中最不尋常的物品，是一臺鍍銀的望遠鏡。

英國東印度公司誕生於一六〇〇年十二月三十一日，英格蘭與愛爾蘭的女王伊莉莎白一世批准一張皇家特許狀給「倫敦商人在東印度貿易的董事與公司」（東印度公司前身）的那一刻。在剛起步的前十五年當中，該公司獨占了好望角以東與麥哲倫海峽以西所有的英國貿易權利，其他英國臣民只要在這個範圍內有國際貿易行為，都會被沒收船隻和貨物，還要入監服刑。

這家新公司起初將營運重心放在購買熱門香料，為此他們在一六〇三年於爪哇島上的萬丹設立了所謂的「商館」（factory），即永久性的貿易據點，亞齊與蘇門答臘也從很早開始就是對他們來說很重要的胡椒產地。然而東印度公司接著便面臨了挑戰。在與西班牙長年爭戰期間，英國用來購買這些珍貴香料的白銀，很多都是從西班牙的船上搶來的。隨著一六〇四年《倫敦條約》簽訂，英國與西班牙的戰爭告一段落，這部分的白銀來源就沒了。白銀可以向西班牙購買，但這額外的成本就會影響到企業的獲利。東印度公司必須找出一樣英國的特產，以該物取代白銀去跟亞洲交換香料這種異國產品。

其中最強力的候選人就是羊毛布，特別是在整個歐洲都大受好評的密織寬幅布。但在屬於熱帶氣候的爪哇與蘇門答臘，羊毛布的需求相當有限，於是東印度公司轉而相中了日本這個四季分明、冬天應該會需要大量羊毛布的地方。日本也是白銀的生產國，所以英國認為他們可以用羊毛布交換日本的白銀，然後再用換來的白銀購買香料與胡椒。由於東印度公司打算在整個亞洲大展鴻圖，也想要藉由經營印度留名青史，日本對他們而言無疑是必爭之地。

一六一一年，東印度公司派出一支由三艘船組成的訪問團，率團的是對亞洲熟門熟路的前萬丹商館館長薩里斯（John Saris）。不過他們此行的重點並不是要去敲開日本的貿易大門，而是往蒙兀兒帝國大港蘇拉特（Surat，位於今日印度的古吉拉特邦）前進。在薩里斯出發之前，東印度公司先派了一支由米道頓爵士（Sir Henry Middleton）率領的使團，其任務是要爭取英國在蘇拉特港的貿易權；薩里斯團所收到的指示是如果蘇拉特的貿易量夠大，那他就直接從蘇拉特返回英國，去日本的事情就此作罷。所幸（對希望有故事可講的我們而言），薩里斯任務的前半部分非常不順，而且跟米道頓團鬧得不可開交，最後根本去不了蘇拉特。他的船滿載著香料從萬丹返回倫敦，但薩里斯自己卻坐上他的旗艦丁香號（船名取自當時公司最重要的貿易商品之一）朝著日本而去。

一六一三年六月，丁香號駛抵南日本大城長崎附近的港口——平戶島。荷蘭人已經在那裡建立了商館，而歡迎薩里斯到來的是在地的封建領主，日文叫做「大名」。在平戶的統治者是松浦氏一家，握有實權的人是松浦法印，但名義上的平戶藩大名一職是由法印的孫子擔任。大名的頂頭上司是在江戶（今日的東京）的幕府將軍，也就是軍政府的統治者。德川幕府建立於一六〇三年，設立者德川家康當時統一了群雄並起的日本，為戰國時代的亂局劃下句點，不過家康很快就不再是名義上的統治者，他接著於一六〇五年將征夷大將軍之位傳給兒子，二代將軍德川秀忠。但一如平戶藩的狀況，日本實際上的統治者依舊是德川家康。

在日本的政治權力體系中為薩里斯指點迷津的，是一名已經在日本生活了一段時間的英國人亞當斯（William Adams）。他來自肯特郡的基林漢（Gillingham），曾以英國海軍的身分與西班牙的無敵艦隊廝殺，然後在一五九八年加入了一支由五艘船組成的荷蘭探險隊，嘗試取道麥哲倫海峽，穿越太平洋前往日本。在歷經風暴、疾病與原住民攻擊的旅程之後，最終只剩下一艘船於一六〇〇年四月抵達日本，原本百餘名的船員只有二十四人倖存。家康扣住了船並把船員們關進監獄，但亞當斯嫻熟的航海知識吸引了這位日本的統治者，於是被延攬為西方事務顧問。亞當斯被賦予相當於武士的地位，而他的生平也啟發了克萊威爾（James Clavell）寫出暢銷小說《幕府將軍》（*Shōgun*），書中的布萊克索恩（John Blackthrone）一角就是以亞當斯為原型。

丁香號一抵達日本，亞當斯就前往平戶與薩里斯會面，但這兩位英國人相處得並不融洽。亞當斯拒絕了薩里斯的招待，寧可去住日式住宅，而薩里斯則顯然覺得亞當斯不知好歹。不過對於想帶給日本統治階層好印象的薩里斯而言，亞當斯的建言確實讓他獲益良多，特別是在要送哪些禮物這個至關重要的問題上頭。

在亞當斯的陪同下，薩里斯第一站去到了家康退隱後所住的駿府城（今靜岡）。亞當斯肯定提醒了薩里斯這一面有多關鍵，因為薩里斯為家康挑選了比送給二代將軍貴重一倍的大禮，包括各式服飾和一面凸透鏡，以及一架鍍銀的望遠鏡。我們幾乎可以肯定它是世界上第一臺被當成外交禮物的望遠鏡，這個選擇背後的理由也就格外值得深究。

望遠鏡在當時是一項創新的發明。關於它的最早紀錄來自一份一六〇八年在荷蘭申請的專利，在英國的最早紀錄則出現在隔年。所以把望遠鏡當禮物送不僅可以突顯英國在科技方面的先進程度，又能讓人在收到禮物後嘖嘖稱奇。但藝術史學者史克里奇（Timon Screech）覺得不只如此，在他的《將軍的銀色望遠鏡》（*The Shogun's Silver Telescope*）一書中，史克里奇認為薩里斯為家康準備這份禮物，是要刻意破壞西班牙與葡萄牙在日本的地位，特別是從一五四〇年代起就活躍於當地的耶穌會傳教士，藉此強化英國在這場競爭中的優勢。

史克里奇的理論是望遠鏡促成的天文觀測，如伽利略在一六一〇年的實踐，已經讓太陽繞地球運行的托勒密「地心說」模型產生了破綻，哥白尼的「日心說」則獲得支持的證據。望遠鏡的這些觀測結果受到天主教會的反對，他們認為這些異端邪說意圖扭曲聖經中的教義。史克里奇認為耶穌會在日本之所以備受器重，一部分就是靠著教士們的天文學知識，例如預測日月蝕的能力，因此若有項禮物可以打破這種天文知識的神話，耶穌會在日本的地位也會一併下滑。家康後來的確於一六一四年下令驅逐了耶穌會教士。

這是一項有趣的假說，只不過史克里奇自己也承認望遠鏡被選為禮物送給家康，其確切原因已不可考，因為現存的文獻對此事大都隻字未提。有人一定會質疑以幾百年前的鏡片品質，幕府真的能憑一臺望遠鏡就看出托勒地心說的問題嗎？何況伽利略與教會統治集團間的矛盾是到一六一五年後才愈演愈烈。再者，根據薩里斯於日記裡的描述，這臺望遠鏡是一種「前瞻用的鏡片」，因此它更可能是被用來做地面觀測，包括作為軍事用途，而不是拿來往天空看的天文觀測器材。在這樣的背景下，東印度公司的第二艘船「奧西安德號」（Osiander）在一六一五年來到了日本，船名中的奧西安德是讓條頓騎士團大團長改信路德教派的神學家，所以東印度公司恐怕是真的要跟天主教會打對頭。然而我們似乎不需要動用到望遠鏡，就可以解釋德川家康下令驅逐天主教傳教士的行為。他很早就對這些外國人說服人改信宗教的活動抱有疑慮，只是他之前還認為與葡萄牙和西班牙做生意利大於弊，但一六一三年加入的英國人，還有先前加入的荷蘭人，都承諾不會在日本傳教，西班牙人與葡萄牙人作為貿易夥伴的重要性自然下降不少。

薩里斯與亞當斯從駿府出發前往江戶，晉見德川幕府的二代將軍德川信忠，並獻上更多布料，以及一組「精美的立杯與杯蓋」。至於給英國國王的回禮，將軍拿出了兩副盔甲。至今仍在倫敦塔裡展出的那一副，跟家康在一五八二年的天目山之戰擊敗的武田家領袖勝賴有關，上頭看得到武田勝賴的家紋。這副盔甲上有一位名為岩井与左衛門的德川家軍械師傅的落款，所以感覺像是一種戰利品，經過与左衛門的翻新後被拿來當成外交贈禮。如果說選擇送望遠鏡是為了宣傳英國的先進科技，那麼德川幕府選擇送盔甲想傳達的訊息就是：他們用軍事上的成功，創造了統一的日本。盔甲的來歷後來漸漸被人遺忘，人們甚至長久以來都誤以為它是「偉大蒙古人的盔甲」。

見完將軍的薩里斯和亞當斯回到駿府，在那裡薩里斯收到來自家康的官方文書，批准了英國人在日本居留與從事貿易，家康並以十隻金箔屏風（byōbu）作為回禮。薩里斯與丁香號在十二月揚帆返回英國，亞當斯拒絕了跟他一起回去，部分原因或許是他跟薩里斯的關係不好，他並不期待兩人被擠在一艘小船上，另一部分的原因或許是他已經在日本落地生根，也建立了新的家庭。薩里斯與東印度公司的關係在返程中變差，一來是公司對他私人的貿易活動心生芥蒂，二來是公司看不慣他帶回了逗留日本時入手的「某些淫穢的書籍與圖畫」。他從此背向海洋，並靠著這趟航行所發的財，開始了在富勒姆（Fulham）的有錢人生活。東印度公司與日本的貿易最終沒有開花結果，平戶的商館僅營運十年就關門大吉。

相對於英國東印度公司與德川幕府的往來只是驚鴻一瞥，荷蘭東印度公司與日本的貿易關係維持得相當長久，自荷蘭的平戶商館在一六〇九年成立算起，前後將近兩百年。這段關係讓荷蘭人深切瞭解到長期而言，日本想從貿易夥伴身上得到什麼樣的外交禮物。在駐於平戶期間，到一六四一年被幕府強迫遷到長崎之前，荷蘭人獻給將軍與大名的禮物性質都有著很大的差異。送將軍的禮物往往是具有異國風情且能給人驚喜感的東西，例如陌生的動物和巨型的黃銅吊燈；給平戶藩松浦氏的禮物則是受歡迎的日常奢侈品，如布料、胡椒與丁香，送這些東西的用意是讓收禮者拿去轉售獲利。送禮給大名基本上就是變相地在繳納貿易的貨物稅，可以說是不同於正式稅收制度的一種替代方案。

荷蘭東印度公司與幕府將軍間贈禮關係的性質，隨著時間過去發生了變化。在雙方一開始的交流中，荷蘭東印度公司的代表搬出了一個虛構的君主「荷蘭國王」，好讓將軍有一個概念上可以理解的交涉對象，其原型是毛里茨親王（Prince Maurits），但他其實只是荷蘭共和國的省督。後來荷蘭東印度公司逐漸放棄這種做法，甘於附庸國的身分，不再試圖和將軍平起平坐。送禮的慣例變成由商館館長前往晉見日本的幕府，荷語中稱之為hofreis，與日本各地大名每年前往江戶進行的「參勤交代」有許多類似之處，都有表示臣服之意。從此送禮成了一種雙方合作完成的流程，德川家的官員會把想要的禮物清單提供給荷蘭人，荷蘭人按清單上繳即可。幕府將軍在一六五二年提出的禮物清單上有鐵製的手臂義肢，還有人魚的牙齒。

一六一三年那架給家康的鍍銀望遠鏡，後來的命運已不可考。二〇一三年，因為紀念英國與日本官方首次接觸四百週年的慶祝活動「Japan400」，關於這份禮物的記憶又被喚起。為了這個活動復刻的新望遠鏡由製作傳統黃銅望遠鏡的專家波森（Ian Poyser）接受委託生產，並在家康獲贈禮物後接近剛好四百年的日子，於北倫敦的哈特菲爾德莊園（Hatfield House）舉辦揭幕典禮。打造哈特菲爾德莊園的是第一代索爾茲伯里伯爵，而他身為英王詹姆斯一世的首席大臣，肯定有參與當初那架望遠鏡的挑選過程。新的望遠鏡成為劍橋大學耶穌學院一場學術研討會的主題，該場會議強調英日雙方在科學與科技領域的夥伴關係，接著它就被送到了日本，作為給日本人民的贈禮。

19
西班牙國王的雕像

西元 1623 年

詹博洛尼亞的大理石雕像作品《參孫擊殺非利士人》。

回顧歷史，統治家族間的婚姻談判，往往都是極其重要又充滿困難的一項外交任務。通過婚姻，可以避免戰爭，也可能因此開打，國家可能因此興盛，也可能就此滅亡。而在政治聯姻的交涉中，外交禮物往往扮演著要角，這點我們在本書第一個故事裡，可憐的米坦尼國王圖什拉塔是怎麼被賴掉兩尊說好的金雕像，就已經見過一回。但重點不只是嫁妝談不談得攏的問題，禮物也經常標誌著談判的不同階段。

我們接下來的故事關係到一場以失敗告終的婚姻談判，但這場談判卻促成了收禮國對藝術品的評價與其收藏的方式，出現了巨大的轉變。這場功虧一簣的婚姻盤算，當事人分別是後來的英國國王查理一世，以及西班牙國王菲利普四世的胞妹安娜公主（Infanta Maria Anna）。

當詹姆斯在一六〇三年登上英格蘭王位時，英國仍與西班牙處於交戰狀態。詹姆斯一世*決心要推動和平政策，並對宗教戰爭讓歐陸各地滿目瘡痍頗感憂慮。於是他想到以婚姻作為解決辦法，藉由促成自己的孩子與新教跟天主教的主要統治階層家庭結婚，來澆熄戰火。

一六一二年，他的大兒子亨利年僅十八歲便死於傷寒，這讓詹姆斯一世膝下只剩下一個次子查理，跟一個女兒伊莉莎白。詹姆斯的婚姻外交初步嘗試，是一六一二年把伊莉莎白嫁給普法茲選侯國的腓特烈五世（Friedrich V）。腓特烈是位於萊茵蘭†中央的普法茲選侯國的統治者，也是「新教聯盟」的共主。新教聯盟是新教陣營的王公貴族為了對抗神聖羅馬帝國，防止其勢力在天主教的哈布斯堡家族的帶領下成為一方之霸而成立。

由於詹姆斯一世子嗣的第一場婚姻是許配給新教君主，因此在其尋求宗教和諧的政策原則下，次子查理就必須要迎娶天主教中有頭有臉的皇室來達成平衡，於是詹姆斯把腦筋動到了西班牙的安娜公主頭上。而且兒子查理要是真的娶了公主，還有額外的好處是誘人的嫁妝，詹姆斯當時債臺高築，跟議會又要不到補助，因此金錢的考量也是一大重點。西班牙大使貢多馬伯爵阿庫尼亞（Diego Sarmiento de Acuña）是這場持續多年的婚姻談判裡的關鍵人物。

在談判持續的過程中，普法茲選侯國內的諸多事件讓局勢烏雲罩頂，詹姆斯促成歐洲和平的理想也受到打擊。一六一八年，大多信仰新教的波西米亞人反叛了他們信仰天主教的國王、未來的神聖羅馬帝國皇帝斐迪南二世（Ferdinand II），而此事的起因是發生在其首府布拉格的「拋窗事件」——兩名信仰天主教的總督與一名書記，被依當地傳統扔出了城堡的窗外，從而開啟了三十年戰爭。一六一九年，腓特烈五世獲選登上懸缺的波希米亞王座，也使他被費迪南二世與哈布斯堡皇室盯上，但無論是他的岳父詹姆斯一世，還是新教聯盟裡的王公貴族，都沒有提供協助，他也很快就失去了自己在波希米亞的新土地與選侯國的舊江山。一六二一年，他在荷蘭海牙建立了選侯國的流亡政府，希望能收復故土。

查理對於能跟公主結為連理一事相當熱衷，因此緩慢的談判過程讓他很氣餒。在貢多馬伯爵的

---

* 編註：詹姆斯原本已是蘇格蘭國王，史稱詹姆斯六世。他在一六〇三年繼承英格蘭王位後，也成為英格蘭國王詹姆斯一世，開啟了斯圖亞特王朝。

† 編註：萊茵蘭（Rheinland）指的是德國西北部、萊茵河兩岸的土地。

鼓勵下，他決定推事情一把。一六二三年三月七日，查理在國王面前的紅人、白金漢公爵維利爾斯（George Villiers）的助陣下，不請自來地出現在駐馬德里的英國大使官邸，他們在旅途中化名成約翰．史密斯和湯姆．史密斯，還戴上了喬裝用的假鬍子。菲利普四世很快就安排了正式的「皇室蒞臨馬德里」盛會來歡迎這位意外的貴客，不過這場盛大活動的主題「特洛伊戰爭」，似乎已經預告了事情未來的發展。查理的西班牙之行是基於對局勢的誤判，而該行為又衍生出新的誤會。查理似乎相信談判只差臨門一腳，所以他才會以為只要親自去馬德里一趟，就可以讓他一舉娶得美嬌娘。他遵循著一個浪漫的家族傳統：詹姆斯一世也曾親自去了一趟哥本哈根，才帶回丹麥的安妮公主，也就是查理的母親。但查理從沒想過的是西班牙人會把他的行為解讀成他願意改信天主教，可想而知當他們發現查理顯然並無此意時的失落和不解。西班牙人在腓特烈五世失去選侯國一事中所扮演的角色，又讓事情變得更加複雜。

天主教的公主要嫁給新教的王子，必須得到教宗的特許，而在馬德里並不是所有人都像貢多馬伯爵那樣樂見王子與公主結成良緣。菲利普四世的首席大臣奧利瓦雷斯伯爵（Count of Olivares）就盡可能地用教宗許可婚事的種種條件為難英方。果不其然，四月底送達的教宗特許令裡堅持兩項條件：英國的天主教徒全數享有信仰自由，以及撤銷反天主教的立法。這些都是詹姆斯一世在政治操作上極難達成的條件。談判就這樣拖到夏天來臨，沒有什麼進展。

查理去馬德里還有另外一項目標：他想要採買藝術品。英國代表團在三月底強化了陣容，而在新增加的人選中就有教王子如何買對東西的顧問，其中的兩個人是格比爾（Balthazar Gerbier）與馬修（Tobie Matthew）。兩年前，格比爾就曾代表白金漢公爵走遍義大利，進行了一場藝術品採購之旅。查理和白金漢公爵對於買藝術品毫不手軟，已故收藏家的遺產更是他們的最愛。查理買下了兩幅提香的畫作，《穿著毛皮大衣的年輕女子》（*Young Woman with a Fur Coat*）與《瓦斯托侯爵阿方索・德阿瓦洛斯寓意圖》（*The Allegory of Alfonso d'Avalos*）。提香的魅力或許源自其畫作在當時的英國收藏界中相當罕見，也可能與年輕王子對展示女性裸體作品的偏好有關。

查理跟他的代表們表明他們對菲利普傲人的皇室收藏有很大的興趣，但這位西班牙國王起初不想在聯姻談判狀況不明的時候就提供畫作來作為外交禮物。在教宗的特許令抵達後，菲利普確實送過一幅畫給查理，而且還是一幅提香的作品，一幅十六世紀上半葉的神聖羅馬帝國皇帝暨西班牙國王查理五世跟一隻獵狗的畫像。查理五世當初是在被教宗克萊孟七世（Pope Clement VII）加冕為神聖羅馬帝國皇帝後，於波隆那請提香為他作畫，提香便根據塞森涅格（Jakob Seisenegger）一幅略早的畫作，經過重新詮釋後完成了這幅作品。會選擇送這幅畫，感覺就是菲利普在告訴英國王儲查理：加入我們哈布斯堡王朝吧——當然前提是他要同意改信天主教。六月份，菲利普又追加了一幅提香的畫，也是給查理的禮物。在這幅有時也被叫作《朱比特與安提歐普》（*Jupiter and Antiope*）的《帕爾多的維納斯》（*The Pardo Venus*）中，我們可以看到寧芙仙子安提歐普（也可能是維納斯）在睡夢中的裸體，朱比特則化身半山羊的好色森林之神薩提爾，拉開了她的被單。查理想以禮物的形式要來的似乎不只這幅鉅作，而是提香整個活色生香的神話場景系列都想弄到手，那一共是六幅提香在一五五四到一五六二年間替菲利普二世創作的作品，他將該系列作稱之為「詩歌」。但由於聯姻談判屢屢觸礁，菲利普也就不願順查理的意。

查理的談判技巧似乎可以大致總結成一招，那就是照單全收，讓西班牙予取予求。到了七月，他點頭答應的條件中已經牽涉到在英國容許天主教，還同意要說服國會廢除反天主教的法律，以及讓公主主導兩人小孩的教育直到十二歲為止。旁人實在看不出來他的父王詹姆斯要如何滿足這些要求，反天主教的情緒在議會與整個英國中都非常強烈。查理似乎以為只要開這些空頭支票，他就能一掃障礙，帶著新娘離開西班牙，但這麼想的他失望了。西班牙人看來不笨，他們也不覺得這些英國人有辦法做到答應的事情，所以要到隔年才放公主走。查理因為覺得談判越來越沒希望，再加上必須返回英國，於是只得授權代理人在西班牙等待新教宗*發來特許令與聯姻協議的敲定。

九月，查理一行人從馬德里動身前往會有英國艦隊接應他們的聖坦德（Santander），途中他們還有一個機會可以收到作為外交禮物的藝術品。查理的隊伍停在瓦拉杜立德（Valladolid），為的是拜訪由萊爾馬公爵弗朗西斯科（Francisco Gómez de Sandoval y Rojas）所興建的里貝拉宮。這位萊爾馬公爵是菲利普三世的首席大臣，里貝拉宮則是菲利普三世的夏宮。參觀這座宮殿的庭園時，查理被雕像群中央、將近有七英尺高的一座噴泉所吸引，其描繪的是參孫手舉驢子的頜骨，眼看就要往一名倒在地上的非利士人頭上砸下去。這尊噴泉雕塑是以佛羅倫斯為根據地的佛萊明雕刻家詹博洛尼亞為麥地奇家族所創作，時間在一五六〇年前後，且它之前已經當過一回外交禮物，當時是由托斯卡尼大公費迪南多一世（Ferdinando I de' Medici）送給萊爾馬公爵，它也因此被運到瓦拉杜立德。

同樣是在瓦拉杜立德，查理還看上委羅內塞（Paolo Veronese）的畫作《維納斯、邱比特與馬爾斯》（*Venus, Cupid and Mars*），坐實了他對香豔古典場景的偏愛。他與他的手下似乎趁菲利普國王人還在馬德里不在現場，說服了他們的西班牙東道主，讓對方相信把這兩件藝術品拿來當外交禮物是美事一樁，可以紀念英國王子的到訪。這種行為已經逼近甚至超越了外交餽贈的底線，完美展現了查理在這趟西班牙之行中，是如何出於對藝術品的執念而無所不用其極。

當查理在十月份返回英國的時候，他沒把信仰天主教的西班牙公主帶回一事一度讓他在自家的聲望高漲。他在西班牙受到的屈辱，激發了他對姊夫腓特烈五世的支持，但也有史家認為查理熱衷於聲援普法茲選侯國，只是為了掩人耳目，不想讓國人察覺他在馬德里談判婚事時的差勁表現。這種看法認為把談判失敗歸納成「查理秉持原則支持姐姐，希望恢復她在選侯國中的地位」的假象，會比「查理沒想到西班牙會就聯姻一事獅子大開口」的真相更能讓人接受。一六二五年，和平主義者詹姆斯一世去世。新即位的查理一世在同年對西班牙宣戰。然而他確實娶了一名天主教徒瑪麗亞（Henrietta Maria），法王亨利四世的么女。他與亨麗埃塔的邂逅正是發生在一六二三年，前往西班牙交涉婚約的途中。

查理的西班牙之行加深了他對藝術的熱情。他顯然被西班牙的皇家收藏開了眼界，在返英之後

＊ 譯註：教宗選舉祕密會議於一六二三年七月十九日到八月六日間舉行，期間教宗額我略十五世逝世，新教宗烏爾巴諾八世獲選。

開始著手擴充並詳實登錄自身的藏品。這些努力打造出歷史上單位英國君主所擁有過最輝煌的藝術品收藏之一，范戴克（Anthony van Dyck）被任命為首席宮廷畫家一事更開啟皇家肖像的革命。儘管查理一世的目的可能是想藉由藝術收藏展現政治權力，但其帶來的結果更多的是金錢的揮霍，因此引起了議會的警覺。

在查理一六四九年被處死之後，他的藝術品收藏被出售一空，散落到了歐洲各地。提香的《查理五世與狗的畫像》（*Portrait of Charles V with a Dog*）回到了西班牙，成為普拉多博物館的館藏；《帕爾多的維納斯》則落腳羅浮宮。那麼詹博洛尼亞的《參孫擊殺非利士人》（*Samson Slaying a Philistine*）呢？查理似乎把它送給了他的旅伴白金漢公爵，而白金漢公爵付了四十英鎊將它運回了英格蘭。該雕像安置在白金漢公爵位於倫敦的約克公館庭園裡，結果被當時的評論說成該隱與亞伯的雕像。十八世紀初，雕像被移至白金漢宅（未來會擴建成現在的白金漢宮），落入了新屋主英王喬治三世的手裡。喬治三世後來將雕像轉讓給沃爾斯利（Thomas Worsley），一名替喬治三世主掌各地宅邸巡檢維護的官員。*沃爾斯利將雕像移至他在約克郡荷芬咸（Hovingham）的莊園，雕像再從那裡被賣給了維多利亞與艾伯特博物館（Victoria and Albert Museum），也就是該作品如今的歸宿。

* 譯註：其正式職銜是 Surveyor General of the Office of Works，性質類似工務局長。

20

夾在德意志與俄羅斯之間的琥珀廳

西元 1716 年

琥珀廳，攝於 1917 年。

下一個故事牽涉到一個來歷相當複雜的禮物，其身世反映了俄羅斯與德國兩大歐洲強權彼此關係的巔峰與低谷。這是一份很耀眼的禮物，使用了大量金色琥珀鑲板建造出一個被許多訪客譽為世界第八大奇觀的廳室。它目前的下落成謎，因此激發了許多人的探索欲，從波羅的海的沉船找到德國的廢棄礦坑，想要尋得這件可能是世界上最值錢的失落藝術品。

琥珀這種樹脂化石自史前時代就身價不凡，由於其璀璨的金色光輝而被製成許多的珠寶和飾品。琥珀也可以被用來當作薰香，因為它經過焚燒後會散發一種甜香。用乾布去擦拭，琥珀會產生靜電，此即英文裡electricity（電）的字源，希臘文裡的琥珀就叫做elektron。琥珀被認為具有各式各樣的藥用性質，甚至到了今日仍被用在舒緩牙齒疼痛的項鍊上，因為某些人認為琥珀所含的琥珀酸有抗發炎的療效。

南波羅的海地區有大量的琥珀礦藏，它們以薩姆蘭半島（Samland）為中心分布於今日的俄羅斯加里寧格勒州。琥珀的採集傳統上是用類似捕魚的技巧從波羅的海中撈起來，膽大的勇者在正確的時機手握巨大的網子，走進不平靜的沿岸海水中，將裡頭的石礫盡可能地撈起，期待石頭中會有琥珀塊的蹤跡。有「北方的黃金」之稱的琥珀是一條被稱為「琥珀之路」的古代貿易路線的命脈，這條商路連結著北歐與地中海地區。

一六一八年，霍亨索倫王朝繼承了普魯士公國，建立兩邊都是霍亨索倫血脈的布蘭登堡—普魯士邦聯，並且接收了原本掌握在條頓騎士團國手裡的境內琥珀所有權。接管的方式非常殘忍，膽敢私下採集琥珀，就有可能被吊死在最近的樹上。金色琥珀與霍亨索倫統治者之間的緊密關聯，使其成為再理想也不過的外交禮物。作為一種珍稀的昂貴原料，琥珀可以被製成各種普魯士公國的代表性裝飾品，讓外邦得以見識到該國工匠過人的工藝才華。

一七〇一年，普魯士的霍亨索倫公爵成功將自己的地位提升為國王，然而與神聖羅馬帝國談成的協議上他的稱號是有點讓人納悶的「在普魯士的國王」，而不是「普魯士國王」。這個頭銜反映了兩個事實：有一部分的普魯士地區不屬於普魯士公國的疆域，以及他仍是一名必須服從神聖羅馬帝國皇帝權威的選帝侯。

普魯士的首任國王腓特烈一世（Friedrich I）死於一七一三年，繼任的是他的兒子腓特烈．威廉一世（Friedrich Wilhelm I）。他死去的父王有多鋪張，腓特烈．威廉一世就有多節儉。有「士兵國王」之稱的他沒有興趣增加其宮庭富麗堂皇的排場，那是他父親生前愛做的事情，他有興趣的是將普魯士的軍隊現代化。他專注在對國家財政的健全管理，並試圖壓低過度的花費。這種節儉的風氣也延伸到外交禮物的選擇上，他經常把先王們作為私人收藏的藝術品拿出來當成禮物送。但這一點反而讓他的禮物比前人送的東西更珍貴，因為這些禮物都跟普魯士的王室歷史有著極深的淵源。

不過有件事，威廉一世倒是延續了家族的傳統，那就是以琥珀作為國禮。這類禮物中檔次最高者是一個大琥珀櫃子，一七二八年被送給了我們在下一個故事會詳細介紹的神聖羅馬帝國薩克森選帝侯暨波蘭國王腓特烈．奧古斯特一世（Friedrich August I）。這個櫃子不僅本身十分討喜，而且櫃子裡還裝滿了其他琥珀製品，包括一副西洋棋。

琥珀廳作為腓特烈．威廉一世最頂級的外交禮物，結合了他送禮的兩大特色：使用琥珀，還有對先王留下藝術品的再利用。完全使用琥珀作為鑲板建構一個廳室的想法，通常被認為源自受雇於腓特烈一世宮廷的普魯士雕刻家施盧特（Andreas Schlüter）的發想。他找來丹麥宮廷工匠沃爾弗蘭（Gottfried Wolfram）打造這個房間，是為了使其成為翻新後的柏林王宮中最耀眼的中心，建築整體才能跟已然轉型成新王國首都的柏林城相襯。然而施盧特與沃爾弗蘭後來都與普魯士的宮廷不歡而散，因此直到腓特烈一世去世之時，琥珀廳都還沒有設置完成。

一七一六年，俄羅斯沙皇彼得大帝來訪，普魯士自然少不了要準備一份國禮，且由於兩國當時是「北方大戰」中並肩作戰對抗瑞典的盟友，所以勢必得準備隆重的大禮，如未完成的琥珀廳就非常適合，因為腓特烈．威廉一世對他父王的這個玩意興趣不大，但沙皇彼得是眾所周知的琥珀愛好者，肯定會很樂於收下這份禮物。腓特烈．威廉一世送給沙皇的禮物中還有一項回收再利用的物品，一艘名為利伯尼卡號（Liburnika）的帆船。彼得大帝的回禮則是依照他送禮給其他君主的慣例，拿出了他親手做的東西，一方面為兩國的關係增加一點私交的親密感，另一方面也展現出自己的創意與手藝。他送給腓特烈．威廉一世的禮物是他做的一只象牙酒杯，還有像是在鼓勵腓特烈．威廉一世也動手做看看的一臺車床。彼得大帝還送了五十五名高大如巨人的士兵，這份禮物是在回應腓特烈．威廉一世一個大家都知道的癖好，就是在普魯士兵團裡塞滿了高個兒，以至於外界稱這支部隊是「波茨坦巨兵」（Potsdam Giants），而歐洲各國的統治者也都會送他大個頭的士兵作為外交禮物。

要將所有的琥珀鑲板拚裝起來是一項極其複雜的工程，彼得大帝在他的有生之年，都沒能看到琥珀廳在俄羅斯被組合安裝好。而當彼得大帝的女兒伊莉莎白在一七四一年即位，她決心要讓這份禮物在聖彼得堡的冬宮被組裝起來。至於琥珀廳應該安裝在冬宮中的什麼地方，伊莉莎白一直拿不定主意，但她選擇的都是比琥珀廳原始設計大上許多的房間，她的建築師們於是得用鏡柱等裝置來把空白處填滿。

琥珀廳的安裝面臨的各種挑戰，使得普魯士必須追加外交禮物，為最初的禮物增色，此時適逢腓特烈．威廉一世的兒子繼任普魯士國王。一七四五年，很快就會以腓特烈大帝的名號為世人所知的腓特烈二世，給伊莉莎白女皇送去了一個精雕細琢的琥珀鏡框，加上俄羅斯已擁有的三個鏡框，伊莉莎白離計畫中的房間又更進一步。

但她的計畫也一變再變。到了一七五〇年代，伊莉莎白下令大手筆重建位於聖彼得堡以南之沙皇村（Tsarskoye Selo）裡的葉卡捷琳娜宮，這座宮殿起初是為了彼得大帝的妻子而興建。琥珀廳也被搬到了那裡，並加上額外的鍍金鏡子等裝置來填補比冬宮更大的空間。在接下來的十年間，琥珀廳經歷了凱薩琳大帝的徹底改造，例如將伊莉莎白設計的房間裡那些填充的部分補上額外的琥珀，好讓室內金光閃閃的效果更好。

琥珀廳的故事在一九四一年有了個嶄新但黑暗的轉折。六月二十二日，納粹德國的元首希特勒（Adolf Hitler）發動了入侵蘇聯的巴巴羅薩行動（Operation Barbarossa）。隨著德軍快速威脅到聖彼得堡與城內的藝術珍寶，一名年輕的策展人庫楮莫夫（Anatoly Kuchumov）被指派一項任務：從沙皇村的各座宮殿裡挑出最珍貴的藝術品，將它們運上火車送往東部，以遠離進逼的德軍。庫楮莫夫與同事對琥珀廳的拆卸工作戰戰兢兢，他們擔心當把脆弱的琥珀從已經連結了數百年的木質背板上撬下來時，琥珀會經不起折騰而裂開。蘇聯當局同意琥珀廳應該放棄疏散，因為風險實在太高，庫褚莫夫於是設法將珍貴的琥珀藏起來。他用穆斯林布與棉墊把琥珀覆蓋起來，接著用粗麻布帶把房間重新裝飾過一遍。六月三十日，庫褚莫夫押著四百零二箱不含琥珀廳在內的藝術品深入蘇聯內陸，國寶在那裡毫髮無傷躲過了戰火。

想要把琥珀廳藏起來的嘗試並沒有騙到德國人，他們對於拆解該廳可能對琥珀鑲板造成的損害也毫不在乎。一九四一年十月，在已經被德國控制住的沙皇村中，兩名擁有藝術史背景的軍官索爾姆斯—勞巴赫（Ernst-Otto Graf zu Solms-Laubach）與彭斯根（Georg Pönsgen）為了完成取得藝術珍品的命令，帶隊將鑲板拆了下來。琥珀廳被打包帶走到具有象徵意義的柯尼斯堡城堡（Königsberg Castle）中展示，那裡正是腓特烈一世在一七〇一年被加冕為「在普魯士的國王」的地點。該場地的選擇代表納粹眼中的琥珀廳不只是一項有價值的藝術品，更是與德國國家歷史有深切關聯的德國文化遺產。

隨著柯尼斯堡在一九四四年成為盟軍轟炸的目標，柯尼斯堡城堡博物館的館長洛德（Alfred Rohde）似乎下了一個決定。為了珍貴的琥珀鑲板的安全，本身也是琥珀專家的他安排了這些鑲板的拆除工程，將它們裝進城堡的木箱中儲存。但關於琥珀廳的命運，確定的史實就到此為止了。柯尼斯堡經歷一九四五年四月六日到九日的三日激戰後被蘇聯軍隊拿下，但當時的城市已成一片廢墟。

五月，蘇聯當局從莫斯科派出一名考古學教授布魯索夫（Alexander Brusov）追查琥珀廳的下落。他的結論是建材被藏在柯尼斯堡城堡裡的騎士殿，並在蘇聯攻勢尾聲發生的一場大火中被毀。這個壞消息一點也不合蘇聯當局的胃口，因為這等於在說是蘇聯軍隊自己一個不小心，親手毀掉了國寶。更不樂於聽見這個結論的是庫褚莫夫，因為他接下來就得活在千夫所指的恐懼中，德國人拆解安置琥珀廳顯然只花了三十六小時，而整整有八天時間的他竟然無法做到。一九四六年，庫褚莫夫率隊重啟調查，他得到的結論是布魯索夫的結論太過敷衍而且有瑕疵，並表示琥珀廳是否已經毀於一旦還不能輕易下定論。

庫褚莫夫的看法，讓蘇聯又有了動力去尋找失落的琥珀廳。長年下來，東德官方，還有大大小小的民間尋寶隊也相繼加入了尋找琥珀廳的行列。一九四六年被改名為加里寧格勒的柯尼斯堡成為了大型開挖現場，很多人相信納粹可能把琥珀室移到加里寧克勒的某處地下坑道避難。另外一條牽涉到城堡與舊礦坑的調查路線在薩克森展開，原因是洛德據說在一九四四年十二月造訪過該地區，而當時他就是在四處評估疏散鑲板的處所。還有很多人把注意力放在載著疏散的德國人從柯尼斯堡與鄰近城市離開時遇難的船隻，這些人相信琥珀廳可能就在其中一艘沉船上。滿載難民與部隊的威廉・古斯特洛夫號（Wilhelm Gustloff）於一九四五年一月三十日被蘇聯潛艇擊沉，逾九千人罹難，然而作為尋寶者長年鎖定的目標，威廉・古斯特洛夫號的殘骸中並沒有發現任何與琥珀廳相關的線索。二〇二〇年一艘蒸汽船卡爾斯魯爾號（Karlsruhe）的殘骸被發現，由於卡爾斯魯爾號也是負責從柯尼斯堡疏散德國軍民的其中一艘船，因此暌違多年再次引發媒體的大肆報導，大家都想知道琥珀廳是否終於要重見天日了。

但其實蘇聯官方早在一九七九年，似乎就已經默認琥珀廳不太可能回歸葉卡捷琳娜宮了，否則他們也不會著手進行難度和預算都很高的重建工作。這個曠日廢時的計畫熬過了蘇聯的解體，在後續的低迷經濟中被迫暫停，然後在一九九九年獲得三百五十萬美元捐款之後重啟。捐出這筆錢的，是德國能源公司魯爾燃氣，他們是俄羅斯天然氣的大買家。於是琥珀廳又促成了一份同是來自德國的禮物，這次送禮者從宮廷變成了私人企業。

這筆補助金讓重建過後閃耀光彩的琥珀廳，得以在二〇〇三年五月盛大開幕，成為聖彼得堡建城三百週年慶的重頭戲。俄羅斯總統普丁（Vladimir Putin）與德國總理施若德（Gerhard Schröder）在全球領袖和顯貴的見證之下正式將房間打開，也顯示琥珀廳仍沒有失去其雙重的功能：它既製造出俄德之間的爭議，亦搭建著兩國彼此的關係。然而琥珀廳所代表的意義在歷史的演進中已經產生了根本的改變，一七一六年的琥珀廳屬於普魯士，展示著普魯士的物質資產與人才輩出；二〇〇三年的琥珀廳則是徹頭徹尾的俄羅斯財產，以主角的樣貌紀念彼得大帝的首都建立三百週年。

21
薩克森的瓷器

西元 1745 年

聖安德魯瓷器組中的鹽盤。

陶瓷在外交禮物的歷史中占有一席之地。這種精緻、色白、透光的物質在大約七或八世紀時於中國被生產出來，十四世紀起為歐洲人所知，當時進口自中國的瓷器是珍稀的奢侈品。然而到了十七世紀初，荷蘭東印度公司每年的中國瓷器進口量已達十萬件。

放眼歐洲，統治者都一邊累積中國瓷器收藏品，一邊派人刺探瓷器生產的祕密，這個祕密不僅價值連城，更足以讓其他國家對自己刮目相看。但事實證明不論是其原料的清單，還是窯燒時所需要的高溫火力，在數百年間都難以為歐洲人掌握。在歐洲人努力要生產出「真瓷」或「硬質瓷」的競爭中，是由麥地奇家族於十六世紀末率先做出類似的產品，但他們製造的是一種質地比較弱的成品，即窯燒溫度比較低的軟質瓷。

最終還是要靠屬於神聖羅馬帝國的薩克森選侯國，才為歐洲人揭開了製瓷的神祕面紗。薩克森選侯國在探求瓷器這神祕的「白金」方面，具備不少優勢，他們有從事礦業與玻璃製造的傳統，也有習於在高溫中工作的匠人。該國還有選帝侯腓特烈·奧古斯特一世這位非常熱衷瓷器的統治者，他收集的日本與中國瓷器到了一七二七年，已多達兩萬件。除了薩克森，奧古斯特還坐上了波蘭立陶宛聯邦的王座，史稱奧古斯特二世，但他為此改信了羅馬天主教，讓信奉新教的薩克森國民感到深深的不安。

腓特烈·奧古斯特年輕時曾作客於路易十四的凡爾賽王廷，印象深刻的他日後也努力要在其首都德勒斯登複製凡爾賽宮的部分光華，而為此他想到的就是要著墨於他的宮殿、他的瓷器，還有他奢華的娛樂上。說起他最心儀的娛樂，那就是會讓人看得目瞪口呆的「拋狐」。顧名思義，一隻可憐的狐狸或野生動物會被拋投到空中，至高者勝。腓特烈．奧古斯特會在這遊戲中證明自己「強壯者」的外號不是浪得虛名：他會靠一隻指頭握住彈弓的一端，而另一端則由兩名大力士拉著。

一連串的事件最終導致硬質陶瓷製程的問世，其最初的契機來自奧古斯特沉迷的另一項物品：黃金。柏林一名藥劑師學徒波特格（Johann Friedrich Böttger）投身於製造賢者之石的煉金術研究，人們當時認為賢者之石與普通金屬結合之後，便能生成黃金。神聖羅馬帝國境內的各個統治者都很熱衷於讓老練的煉金師為自己所用，因為這樣就能為自己帶來用之不竭的財富。在脫離了未來的普魯士國王腓特烈一世的手掌心後，波特格出現在薩克森，並在那裡遭到奧古斯特逮捕。這是一段相當奢華的囚禁生活，因為奧古斯特不得不砸大錢資助波特格的實驗，最終還替他打造了一間一應俱全的實驗室，位於德勒斯堡宮殿附近。

波特格的尋金記可想而知是一無所獲，這位年輕人的處境在花了大錢的君主逐漸失去耐心的情況下也愈來愈危險。就在此時他的工作被要求給一名數學家兼科學家切恩豪斯（Ehrenfried Walther von Tschirnhaus）監督，這樣的安排成就了波特格的前途與歷史地位。切恩豪斯長久以來試圖透過科學提升薩克森的產業水準，尤其關注如何解開製瓷的技術。切恩豪斯似乎說服了波特格把工作重心從黃金轉移到白金上，兩人最終於一七〇八年齊心生產出了硬質的瓷器。

切恩豪斯在那一年猝死，於是奧古斯特任命波特格為其瓷器生產企業的負責人，而因為這整個企業都是最高機密，所以歐洲破解瓷器生產之謎就長期被認為是波格特的功績，不過切恩豪斯在這項突破中的角色也漸漸開始獲得肯定。

波蘭皇家與薩克森選侯國瓷器工廠在一七一〇年在大致上擱置的阿爾布萊希特城堡（Albrechtsburg Castle）開張，其位於距離德勒斯登大約二十五公里的一個小鎮上，選址的考量是比起把工廠開在薩克森的首都，瓷器生產的技術在那裡更好保密。這個如今成為高級瓷器代名詞的小鎮，叫做邁森（Meissen）。

產自邁森工廠的瓷器對奧古斯特來說，顯然是外交禮物的強力選擇。瓷器是奢侈品，在歐洲各王室間有著高人氣，且瓷器的產出在實用價值之外，還有一層確切的象徵意義。更重要的是，將邁森的瓷器當成外交禮物送出，可以提醒別的國家硬質瓷器這種先進的製造技術，是薩克森領先歐洲各國開發出來的。另外需要考慮的是陶瓷生產對奧古斯特而言所費不貲。波特格對該工廠的管理可以說相當差勁，他經常會被外務分神，酗酒跟長年與有毒物質為伍也讓他身體十分虛弱，導致他於一七一九年以三十七歲的年齡英年早逝。奧古斯特急著讓工廠轉虧為盈，因此必須擴大客群到薩克森菁英階層之外，他自己原先就是個大客戶，而且還是經常賴帳的大客戶。但現在他們得開發外國宮廷作為新客戶，而外交禮物就是很好的推廣與行銷工具。

邁森瓷器已知最早被用作外交禮物的一次，是在一七一一年，當時送的對象是丹麥與挪威國王法雷迪四世（King Frederik IV），但邁森瓷器真正常態性被用作外交禮物送給與選帝侯非親非故的對象，要等到一七三〇年代之後。會有這個時間差，一個原因是他們花了好些年，才把瓷器品質提升至與中國產品相當的水準。海洛德（Johann Gregorius Höroldt）繽紛的釉上彩與雕刻家肯德勒（Johann Joachim Kändler）的建模功夫分別自一七二〇年代初期與一七三一年起提升了工廠產能，並創造出邁森瓷器此後極具辨識性的外觀。

另外一個原因，則是瓷器需要時間打入薩克森宮廷行之有年的外交禮物結構。比方說離任的大使可能會收到鑲有珠寶的迷你肖像作為送別禮物，銀製品也很風行，因為可以反映一個國家的豐富礦藏。但在這些傳統的禮物當中，邁森瓷器逐漸崛起，成為受到薩克森青睞的國禮，用來喝茶、咖啡與巧克力的瓷器組是最常見的選項，而且往往會被放在經過特殊設計、有著綠色天鵝絨內襯的禮盒中；通常蓋子裡外都有繪畫裝飾的鼻煙盒（snuffbox）也很受歡迎；更高檔一點的選擇則是花瓶組或餐具組。如一七四五年送給俄羅斯女皇伊莉莎白的聖安德魯瓷器組，就樹立了歐洲君主心目中帶有紋章之瓷器組的高標。

薩克森長期跟俄羅斯走得很近，一些由奧古斯特送給彼得大帝的國禮，具有很強烈的私交色彩，比方說有個鼻煙盒上的裝飾是奧古斯特的情婦柯尼格斯馬克（Maria Aurora von Königsmarck）的肖像，但她是以神話中斯巴達國王妻子麗達（Leda）的形象出現。這兩名帝王還會交換一些他們手作的小禮物。奧古斯特於一七三三年死後，他的兒子腓特烈．奧古斯特二世從獲得法國支持的對手萊什琴斯基（Stanisław Leszczyński）手中取得波蘭王位，靠的就是俄羅斯的軍事支持。當伊莉莎白女皇在一七四一年以彼得大帝之女的身分政變奪權後，薩克森便迫不及待地爭取俄羅斯的持續支持，希望確保薩克森在奧地利王位繼承戰爭中的利益。

由於彼得大帝推動的現代化，還有俄羅斯安娜女皇的西方品味（她身邊的臣子都是日耳曼人），俄羅斯宮廷的習性愈來愈向西方靠攏，這種俄廷歐化的發展，也反映在瓷器的廣泛使用上。

邁森陶瓷餐具組因此會是一份送給伊莉莎白女皇的絕佳國禮。

於是，一份名為伊莉莎白瓷器組的高級瓷器之禮，在一七四一年十一月（其時位於邁森的資料記載著尚在製作中）之後的某個時間點，被送到了這名俄羅斯女皇的手中。那些盤子的中間畫著鳥兒和寫意的花朵，四周則是歐洲的地景或港口即景。但讓伊莉莎白登上大位的政變發生在一七四一年底，而瓷器組的製作在同年四月已經展開，因此這份禮物顯然不是為了伊莉莎白做的，而很可能是為了她推翻的俄羅斯攝政利奧波多芙娜（Anna Leopoldovna）所做之物。

聖安德魯瓷器組則從發想就是為了伊莉莎白而生。這套邁森製作過最大的外交禮物用瓷器組，於一七四四年初夏動工，成品致敬著第一受召使徒聖安德魯勛章（聖安德魯是耶穌的第一個使徒，故名）。這個俄羅斯帝國至高無上的勛章，由彼得大帝於一六九八年建立。聖安德魯勛章的組成包含聖安德魯十字，十字四個角上的字母S、A、P、R意指「聖安德魯是俄羅斯的主保聖人」（St. Andrew, Patron of Russia）；此外勛章上也看得到俄羅斯的雙頭鷹。

有可能是因為一位薩克森駐俄羅斯宮廷外交官回報女皇對邁森瓷器有興趣，才促成了這套瓷器組的誕生。一七四五年二月，俄羅斯王儲卡爾（Karl Peter Ulrich von Schleswig-Holstein-Gottorf，未來的彼得三世）與索菲亞（Sophia von AnhaltZerbst，未來的凱薩琳大帝）的結婚日宣布訂在九月。看來薩克森人應該是決定把已經做到一半的聖安德魯瓷器組當成外交禮物送給女皇，順便祝賀即將到來的婚禮。

這份禮物在一七四五年送抵時，內容物除了餐具組之外，還有喝茶、咖啡跟巧克力用的瓷器一組，外加約莫一百九十尊用來裝飾甜點桌的娃娃，以及好幾只花瓶。消息傳回德勒斯登說瓷器已經平安送達，女皇也順利收下。這份禮顯然送到了她的心坎裡，因為瓷器被伊莉莎白收進了她私人的房間中，直到該年的十一月她才拿出來，放進宮廷中（也放餐具）的食物儲藏室裡，而這應該是為了在聖安德魯日表揚聖安德魯勛章得主的時候，可以將這套瓷器拿出來用。女皇對於邁森瓷器的胃口，似乎被這份禮物養得更大了，因為她在同一年又下了一筆訂單，訂製了三個系列的客製化陶瓷娃娃。

化身外交禮物的邁森瓷器組也被送給了俄羅斯的首相與副首相，其目的是在鞏固兩國邦誼的同時，培養俄羅斯貴族對邁森產品的興趣。邁森瓷器於是成為一種象徵，代表著俄羅斯宮廷不斷萌生的、對歐洲的嚮往。

薩克森宮廷想要保護「白金」商業機密的努力，面對整個歐陸的覬覦，注定要走向失敗的命運，畢竟每位君主都想竊得這個祕密並建廠自立。波特格早年漏洞百出的管理，加上工匠經常沒錢可領，讓竊取祕密的難度大幅降低。早在一七一九年，哈布斯堡王朝一位名為帕基耶（Claude-Innocent du Paquier）的神聖羅馬帝國官員就用高薪利誘波特格的一名助手，在維也納開設了一間瓷器工坊。

其他瓷器工廠隨後紛紛於歐陸各地出現，而隨著十八世紀的發展，把高級瓷器當作外交禮物逐漸成為許多歐洲宮廷的常態。

22

給神聖羅馬帝國女皇的餐具

西元 1759 年

「綠緞帶」瓷器組中的一個盤子，該瓷器組是法王路易十五送給神聖羅馬帝國女皇瑪麗亞・特蕾莎（Maria Theresia）的禮物。

我們已經看到邁森在硬質瓷器生產上的突破，讓薩克森的統治者有了搶手的外交禮物可送，而這種慣例伴隨著瓷器的製程在歐洲愈來愈不是祕密，也逐漸在歐洲宮廷之間成為模仿的對象。事實上，邁森的龍頭地位將在十八世紀中葉黯淡下來，遭到巴黎郊外的塞夫爾（Sèvres）取代，而塞夫爾瓷器的角色與地位與法國王權可說息息相關。

塞夫爾的瓷器生產始於一七四〇年，起初是一間名為萬塞訥（Vincennes）的瓷器工廠，建於巴黎以東一處閒置皇宮裡面。龐巴度夫人（Madame de Pompadour）在一七四五年以法王路易十五的情婦身分在歷史舞臺上登場，而事實證明她正是這間工廠的命運轉捩點。龐巴度夫人成為死忠的萬塞訥愛用者，她會運用萬塞訥的瓷器去樹立自身的風格，或當禮物送人來鞏固她在國內與國際上的地位。從一七五一年起，她送了各式各樣的外交禮物給長年擔任英國國務大臣的紐卡索公爵（duke of Newcastle），包括三尊中式花瓶，且其中一尊就是上頭插滿萬塞訥瓷花的乾花瓶，其他的禮物還包括一名法國料理大廚。她從紐卡索公爵處得到的回禮是來自他位於倫敦南部克萊蒙特宅邸的溫室鳳梨。兩人這樣的交換，也是英法關係因為北美殖民地而日益緊張的背景下，想要兩國和平相處的努力，只是最終沒成功就是了。龐巴度夫人被紐卡索公爵認定是凡爾賽當局中的鴿派，所以若不想跟法國撕破臉，就不能不討好她。

龐巴度夫人把萬塞訥瓷器用作外交禮物的另外一個案例，是一七五四年，她送給了雙橋公爵一只身價不凡的鍍銀天藍色附蓋湯盅。上頭的土耳其藍底色在前一年推出後即一炮而紅，這顏色日後也會成為萬塞訥工廠的一大代表色。

一七五六年，萬塞訥工廠遷至特意在塞夫爾打造的廠房，不遠處就是在路易十五慫恿下建來給龐巴度夫人，供兩人幽會用的貝爾維（Bellevue）城堡。龐巴度夫人對萬塞訥陶瓷始終情有獨鍾，為此她除了鼓勵朋友購買萬塞訥的產品，還會叫他們投資這間工廠。一七五九年，該廠深陷財務危機之際，路易十五被說服將它買斷下來，這對正捲入七年戰爭泥淖中的法國來講並非明智之舉。

法王擁有一類至為尊貴，只留給身分極高者的外交禮物，如那些可以反映法國藝術與製造技術高超水準的產品：戈布林絳織壁毯、薩伏納里地毯，以及鑲鑽的迷你國王肖像，也就是所謂的「肖像盒」。由於龐巴度夫人的影響力，路易十五也將塞夫爾瓷器加入這類禮物之列，特別是大餐具組曾經被國王送出過十回。這些瓷器一開始是軟質的產品，因為製作硬質瓷需要用到的高嶺土要到一七六八年才會在法國被發現，所以塞夫爾自一七七〇年才開始生產硬質瓷，一開始是跟軟質瓷並行生產。但塞夫爾工廠的高技術水準，包括其裝飾、色彩與鍍金的呈現，從一開始就是法國與其宮廷之權力與文化的展示。

塞夫爾的餐具組第一次代表路易十五出國，是一七五八年被贈予丹麥與挪威國王法雷迪五世（Frederick V），作為丹麥腓特烈堡（Frederiksborg）種馬的回禮。這套餐具組用上了一款新開發出來的綠底色，耗時大約四個月完工。其委託生產是透過杜沃（Lazare Duvaux）這名裝飾藝術代理商，他此前就經常提供國王與龐巴度夫人這方面的服務。這套瓷器後來似乎被轉送給了俄羅斯的凱薩琳大帝，如今仍有大量的瓷器可以在聖彼得堡的隱士廬博物館內看到。

另一組塞夫爾的瓷器在十年後被送給了法雷迪五世的兒子與後繼者克里斯汀七世（Christian

VII）。克里斯汀的治國能力受到精神疾病的影響，所以大部分時候他只是名義上的國王。一七六八年五月，克里斯汀踏上了歐洲之行，直到隔年一月才返回丹麥。這麼長時間不在國內，對在任的君主而言是相當反常的狀況，其目的是想嘗試看看環境的改變能否讓國王的精神恢復健康。待在巴黎期間，還是個青少年的克里斯汀遭遇路易十五的熱切贈禮，當中就包括戈布林壁毯、薩伏納里地毯，還有一組塞夫爾的晚餐大餐具組。這組瓷器的第一部分在一趟三小時的塞夫爾工廠之旅後，被送到了克里斯汀下榻的旅館，剩餘的部分則在隔年被送到丹麥。

本章故事的主角，是一大套塞夫爾出品的晚餐與甜點用餐具組，一七五九年被送給了神聖羅馬帝國女皇瑪麗亞・特蕾莎。這套瓷器組裝飾有交纏的綠緞帶，還有花環掛在緞帶之前。畫家布雪（François Boucher）的寓意畫場景則占據著緞帶之間的空間。所有路易十五當國禮送出去的塞夫爾瓷器組中，就屬這一組的價格最高昂。

這份禮物要祝賀的是法國與奧地利睽違數百年的化敵為友。隨著七年戰爭揭開序幕，歐陸列強的盟友關係也開始重組，法奧就在這樣的歷史脈絡下再度結盟。兩國的新同盟經由一七五六年的《第一次凡爾賽條約》（the First Treaty of Versailles）生效，往後兩年又經過數次的條約補全。龐巴度夫人在這段同盟關係中扮演著十分重要的角色，但除了她之外，法國與奧地利關係的強化還得感謝路易十五的大女兒伊莉莎白（Louise Élisabeth）。她以帕爾瑪公爵夫人的身分追求著一體兩面的雙重目標，一個是確保奧地利放棄對帕爾瑪爵位的企圖，好保護她的丈夫；另一個是讓她的女兒伊莎貝拉順利嫁進奧地利王室。奧地利在急於獲得軍事與財務援助以從普魯士手中收復西利西亞的情況下，不能坐視法奧同盟難以為繼。隨著軍費支出水漲船高，同盟對法國的好處愈來愈不明顯，此時在帕爾瑪的女兒的政治盤算，就對路易十五要不要延續法奧同盟的決定發揮了極大的影響力。

代表國家被送出的瓷器組於一七五九年五月抵達維也納，在那之前伊莎貝拉與特蕾莎長子喬瑟夫的婚約已經獲得確認。梅騰斯（Martin van Meytens the Younger）的一幅畫作描繪了使用中的綠色緞帶瓷器組，那個場景是一七六〇年十月伊莎貝拉與喬瑟夫的婚禮慶典。遺憾的是伊莉莎白付出了這麼多努力撮合這場婚事，卻沒有福分親臨現場享受幸福的氣氛：她在前一年底死於天花。交纏在瓷器上的綠色緞帶既恭賀著法奧的結盟，也是在慶祝兩個王室成為親家。確實，瓷器上的裝飾帶有共締良緣的意涵，除了上頭的裸童是拿著弓和箭的丘比特，鴿子與香桃木花園也都與婚禮有關。

塞夫爾的晚餐瓷器組作為外交禮物，不僅展現了法國在藝術與技術上的登峰造極，同時也推廣了法式的餐飲文化。這些瓷器組都是圍繞著所謂「法餐服務」的用餐風格打造，其間用餐者會同時使用大量的餐盤，且基本上都要自己動手。這種風格有利於菜餚的華麗視覺呈現，特別是在甜點方面，甜食的繽紛外觀搭配桌面上各種飾品，包括未上釉的白色塞夫爾素坯娃娃，大舉取代了先前在桌上占據中心的雕糖擺飾。這類雕刻元素在由路易十五送出的外交禮物中，始終有一定的存在感。

這些精雕細琢的國禮，不但讓塞夫爾的瓷器在歐洲的宴會桌上獨領風騷，同時也催生出了一些個別的特殊餐具。其中一例就是所謂的凹口碗：一種用來冷卻酒杯，形狀像個盆子，且邊緣處有一個個半圓形下凹，好方便人把酒杯往裡頭掛的碗，英文裡管這玩意叫蒙特斯碗（monteith）。蒙特斯碗似乎首見於十七世紀末的英格蘭，原本是銀製品，其名稱則源自當時一名古文物家伍德

（Anthony à Wood）。伍德取這名字的靈感，是有名「神奇的蘇格蘭人」身上的披風底部有著波浪狀的內凹，而 monteith 就是這名蘇格蘭人的姓氏。由銀器轉化為塞內爾的瓷器後，蒙特斯碗成了橢圓形，深度不及其英國的前身，邊緣也變得彎彎曲曲。法式的蒙特斯碗成了歐洲的標準，接著逆輸入回英國，被英國瓷器廠如德比（Derby）和瑋緻活（Wedgwood）學去。

塞夫爾作為歐洲晚宴瓷器組第一把交椅的名聲，部分得歸功於它們在外交禮物界的活躍，而這也讓他們接到許多歐陸宮廷的大單，其中最大的一筆來自俄羅斯凱薩琳大帝，她下訂了多彩寶石浮雕瓷器組，要送給她最鍾愛的波坦金大公（Prince Grigory Potemkin）。那是一組六十人份的晚餐與甜點瓷器組，製作時間長達三年。據說波坦金給凱薩琳大帝的回禮是一隻安哥拉貓。

路易十六仍沿用塞夫爾瓷器作為外交禮物。該工廠在法國大革命時期陷入了困境，但拿破崙看上塞夫爾瓷器的經濟潛力與宣傳價值，於是讓它起死回生。不過這個時期的晚餐瓷器組在裝飾風格上，比較流於說教，動不動就畫拿破崙有多會打仗，這一點我們後面講到現存於阿普斯利宅邸中的埃及瓷器組時還會出現。塞夫爾瓷器在法國外交禮物的領域中仍持續保有一席之地，例如一九四七年，當時還是公主的伊莉莎白二世與菲利普親王在倫敦的婚禮中，法國政府與民眾所送來的賀禮就是塞夫爾的晚餐瓷器組。

作為一種奢侈品，一種透過正式外交晚宴而與涉外事務相牽連的產品，瓷器設計的初心就是被政治菁英們欣賞與使用，與此同時展示它背後的藝術技巧和技術創新。瓷器持續證明其身為外交禮物的不凡價值，直到今日都是如此。

23
美國第一位外交官與他的路易十六畫像

西元 1785 年

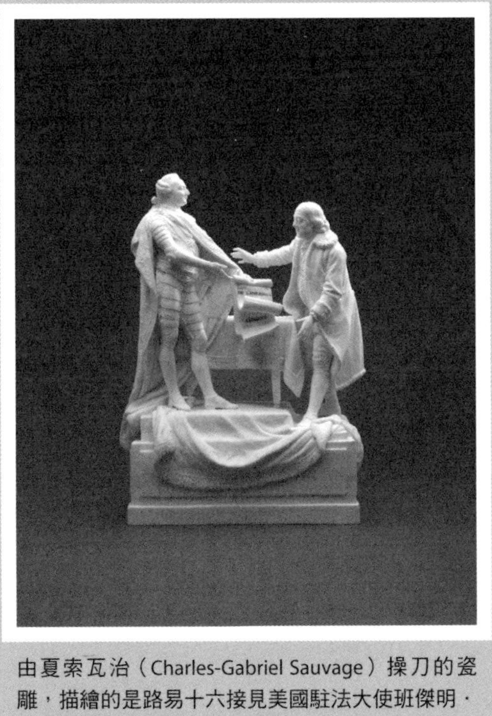

由夏索瓦治（Charles-Gabriel Sauvage）操刀的瓷雕，描繪的是路易十六接見美國駐法大使班傑明．富蘭克林的場面。

臨行時從派駐國的元首手中獲贈禮物，在許多不同時空的場合裡都是一種對卸任大使應有的外交禮數。而我們馬上要說的，就是一份讓收禮的個人與國家都面臨難題的臨別贈禮，這個難題後續並影響到憲法的起草，進而讓憲法深刻左右了外交贈禮的實務。這故事牽涉到一名被稱為美國第一位外交官的人物，班傑明．富蘭克林（Benjamin Franklin）。

時間是一七七六年，當時富蘭克林已經是一位美國和歐洲的名人。他是博學的代表人物，一人身兼避雷針、遠近雙焦鏡片與一種玻璃琴的發明者、印刷業者、（幽默）作家、政治人物，以及美國有史以來第一任郵政總局局長。他的各種作為都體現了自十八世紀末起改變世界之理性時代的信念。

隨著烽火連天的美國獨立戰爭愈演愈烈，北美殖民地的大陸軍亟須法國（英國在歐洲的宿敵）的軍事與財務援助，正好法國也想要報在七年戰爭中失利的一箭之仇。於是一七七六年十月，大陸會議便指派富蘭克林赴法，一來是為了替殖民地爭取進一步的支持，二來則是為了與法國交涉正式結盟的事宜。他將加入同年稍早被派去的另一名革命黨人狄恩（Silas Deane），與第三位名為李（Arthur Lee）的同夥，共同組成大陸會議的遣法使團。

富蘭克林在法國一炮而紅。他被捧為當代最有名的美國人，也成為啟蒙時代與拓荒精神的象徵。他在法國成了上流社會的常客，打破傳統的穿著讓他在人群中非常顯眼，除了服飾一點也不花俏以外，他還對假髮嗤之以鼻，戴起了松貂毛皮帽，那帽子也成了他的註冊商標。雖然法文說得零零落落，但他在法國貴族的沙龍與晚宴上優游自在。他迷倒了一票女士，並掀起了一股以模仿他的頭飾為時尚的富蘭克林熱。但這全都是在裝模作樣——富蘭克林在一七六七年初訪法國時，對假髮或當地的穿著都相當能接受，不過我們還是必須承認他的新人設非常成功。

但與他並肩作戰的隊友對富蘭克林的外交手腕，就沒有那麼高的評價了。在狄恩陷入以商業交易圖利自己的疑雲而被召回後，未來的第二任美國總統約翰・亞當斯（John Adams）被派來法國接手。約翰認為富蘭克林在餐宴上八面玲瓏的表現是陷於過多的外務，只會耽誤他們來巴黎要辦的正事，他覺得富蘭克林從沒有好好認清此行的重要性。約翰一方面羨慕富蘭克林的高人氣，另一方面又覺得他太過親法、奢侈，也太懶散了。李對富蘭克林也沒什麼好感，他在一封給約翰堂兄山謬爾（Samuel Adams）的信中形容富蘭克林是一個「腐敗到不能再腐敗的傢伙」。

富蘭克林與美國遣法使團的各種操作產生了效果。法國固然長年認同美洲殖民地的理念，但此前始終不願意公開支持，因為他們沒有把握美國一定能笑到最後。但一七七七年十月的薩拉托加之役（Battle of Saratoga）由美方勝出後，法國終於產生了足夠的信心，於是在一七七八年二月，富蘭克林和其他專員與法國簽署了《美法友好貿易條約》（Treaty of Amity and Commerce）和《美法同盟條約》（Treaty of Alliance with France），美國的獨立地位獲得法國承認。

同年九月，富蘭克林被指派為美國駐凡爾賽法廷第一公使。他在隔年三月呈交到任文書，成為了美國史上第一名獲得外國宮廷接待的外使。法國的支持對獨立戰爭的結果至為關鍵，一七八一年決定性的約克鎮戰役（Battle of Yorktown）中，法國貢獻的兵力幾乎跟美軍一樣多。戰後大陸會議指派了五個人去跟英國進行合約談判，富蘭克林也是其中一員。但其中兩人最後沒有參與談判流程，一位是拒絕此一任命的湯瑪斯・傑佛遜（Thomas Jefferson），另一位是被英國人抓住的羅倫斯（Henry Laurens），另外兩人則是約翰・亞當斯與紐約律師傑伊（John Jay）。此時冒出來的一個大問題是這場和平談判要如何進行。法國人提議在巴黎辦一場由所有戰鬥方共同參與的大型和會，大陸會議也指示其談判人員無論做任何事情，都不要瞞著法國人。雖然相當融入法國，但富蘭克林也同意約翰跟傑伊的看法，那就是最符合美國利益的做法應該是單獨與英國講和，且其實早在傑伊與約翰來到巴黎之前，富蘭克林就已經為此奠定了大致的基礎。他們三人認為法國會想看到一個靠法國扶持的美國，英國則很清楚一個強大的美國才符合自身的利益，因為這代表他們可以跟美國發展有利可圖的貿易關係，又不用負擔殖民地千頭萬緒的行政管理。與英國談成的條約讓美國可以把疆域往西推至密西西比河；這麼好的條件，他們很難在眾國家代表齊聚一堂的和會中得到。

富蘭克林頂著美國駐法大使的身分，舒適地在巴黎待到一七八五年七月。在離開之前，他收到了一份路易十六依傳統送來的精美禮物，那是一幅法王的迷你肖像，作者是專精於這種迷你畫的西卡（Louis Marie Sicard），別名「西卡迪」。這幅畫被放置在一個小金盒中，而金盒又被嵌進兩圈同心圓的鑽石環內。這便是法國特產的外交禮物「肖像盒」，或在某些資料中被叫做「鼻煙盒」。富蘭克林在遺囑中形容這份禮物是「法蘭西國王的畫像被嵌在四百零八顆鑽石內」。

這份法王的贈禮有兩項值得一提的特點。首先，作為路易十六的肖像，這禮物與送禮者有著顯而易見的連結。從法國的角度來看，這份禮物與法國是一體的兩面：作為致贈者的視覺化身，它跟法國國王是無法切割的，見畫如見國王。再者，肖像外面鑲有兩圈鑽石，使得這份禮物極其奢華高貴。確實，整個禮物跟法王不可切割，但拆掉上頭的鑽石顆粒去賣錢倒是不難。如我們後面會看到的，這件事並非不可能發生。在下一個故事裡，我們還會進一步看到肖像作為禮物的更多細節。話說路易十六送給富蘭克林的奢華贈禮，實際上造成了一些深遠的影響。

這份卸任禮物的貴重程度，讓收禮的富蘭克林夾在法國的絕對君權與美國的啟蒙精神之間，陷入了兩難。富蘭克林不能拒絕禮物，因為那無異於對法王的羞辱，但他也不能收下它，因為會被大陸會議視為他與法國所代表的腐敗力量同流合污。事實上，美國有法令明文禁止他接受這樣的禮物，美國憲法的前身《邦聯條例》（Articles of Confederation）裡的第六條規定美國官員不得接受「來自國王、公卿或外邦的任何禮物、薪酬與職位」。

雖然明擺著是要與舊世界的外交慣例劃清界線，但這條法律引用的卻是古典的共和思想。柏拉圖在《法律篇》中為其理想中的城邦瑪格尼西亞（Magnesia）設下了犯賄賂罪的公職者應處以死刑的規定；一六五一年，荷蘭外交官收到的指示是不能接受任何禮物，包含食物和飲料，否則就等著被解職或公共的名譽受損。如我們在下一個故事裡會看到，英國此時對於地方統治者以大禮對東印度公司職員行賄的風氣亦頗感憂慮。然而法國宮廷就如同十八世紀大部分的歐洲宮廷，認為個人接受外國君主的餽贈是外交禮俗理所當然的一環，沒有不收的道理。

富蘭克林將他的兩難回報給大陸會議，結果大陸會議允許他把禮物收下，而他則將它轉贈給女兒莎拉（Sarah Bache）。不過他給女兒的這份禮物帶有條件，富蘭克林要求「她不得將上頭的鑽石改裝成飾物……免得透過引介與姑息，讓穿戴珠寶這種昂貴、虛榮而無用的行為在美國蔚然成風」。莎拉沒有完全遵守與父親的約定，她確實沒有把鑽石改成飾物，但她將一部分鑽石拿去換成了現金，作為她計劃好的法國行的旅費。後代子孫又賣掉了更多的鑽石。到了一九五九年，當這張路易十六肖像由富蘭克林後裔理查（Richard Duane）捐給富蘭克林創辦的美國哲學會時，上頭原本兩圈的鑽石只剩下一顆，不過後來有部分的鑽石回歸原處。像這種母國不讓收禮但駐在國非送不可而裡外不是人的美國外交官，富蘭克林並不是唯一一個。狄恩和李都在離開法國時收到過珠寶盒，只不過其華麗程度未達富蘭克林那份禮物的水準。如同富蘭克林，李也將他收到的珠寶盒上呈給大陸會議，而大陸會議也允許他留下了盒子。富蘭克林在巴黎的繼任者湯瑪斯·傑佛遜也收到了一個華麗的珠寶盒，但他沒有向大陸會議報備，而是選擇變賣了其中最值錢的一顆鑽石，然後拿那筆錢去購買外交禮物，並還清使館的負債。

在一七八七年的制憲會議中，像富蘭克林從法王手中收到的這種奢華禮品與其所代表的危險性，肯定縈繞在會議代表們的心中，因為他們都很擔心歐洲的舊勢力會透過這些禮物與好處腐壞美國這個新興國家的政壇作風。《邦聯條例》中禁收禮物的規定所帶來的啟發，讓會議代表們制定了「薪酬條款」（Emoluments Clause），也就是新憲法的第一條第九節第八款，當中規定「凡在合眾國政府擔任有薪俸或責任之職務者，未經國會許可，不得接受任何國王、公卿或外國的任何一種禮物、薪酬、職位或頭銜」，這個薪酬條款旨在以結構性的方式防堵貪腐。在一網打盡所有禮物的同時，也意味著這條款的適用並不以有貪腐的意圖為構成要件。此條款的通過，象徵著外交禮物的性質將從個人層面的人情世故，變成強制納管的國際交流。

雖然追隨美國將外交禮物法制化的國家愈來愈多，但在一七八〇年代，美國的做法仍舊與歐洲的老派君主制國家格格不入，而且不只外交送禮方面如此。法國確實協助美國完成了獨立，但這麼做產生的財政負擔，卻也或多或少點燃了法國大革命的火花，當然還有部分爆發的原因來自美國獨立運動背後的啟蒙精神。路易十六掉了腦袋，歐洲君主的後續失勢預示著一個外交贈禮之道將迥異於過往的新時代。

24
法王路易十六送給美國邦聯的肖像畫

西元 1785 年

畫家卡萊（Antoine-François Callet）所繪，身穿加冕袍的路易十六。

在十八世紀的歐洲君主之間，把自身的肖像送出是很受歡迎的一種贈禮策略。如果禮物是一樣建立與維持社會關係的工具，那麼肖像顯然很適合達成這個目的，畢竟用肖像的方式讓對方隨時可以睹物思人。不過在強調雙方的緊密關係之外，肖像還帶有要讓收禮者為畫中君主的偉大與個人特質所震懾的意圖。這一點直到今天，都還是強國或有名的元首在送肖像時所考慮的重點，美國總統或英國王室成員就很愛送人照片。

肖像還有一項很重要的特質：它們屬於一種東西本身很難跟雙方關係切割開來的禮物。一份精美的禮物，比方說厚實的織物，不難被轉賣，或與以商品身分被購入的類似織物交替使用。也就是說，東西是東西，送禮者是送禮者。如果收禮者不想讓禮物與關係被切割開，而想要突顯他與送禮者之間的密切連繫，他可以將獲贈的禮物放到博物館裡，或是每次使用時都標明禮物的出處。但重點是，要不要把人跟禮物切割開來的主動權掌握在受贈者手中，受贈者可以決定他要繼續把禮物當成紀念品，還是將它視為單純的商品。

但這一招對肖像行不通，因為肖像清楚標示著自身的來源，要去除這種禮物的來歷相當不容易。當然這不是說作為禮物的肖像絕對不可能轉售，只是在這樣的交易中你無法掩蓋肖像的禮物身分，所以買賣起來必然涉及較大的風險。

針對肖像標誌送禮與收禮者關係的能力，和其難於切割的特性，是如何讓肖像在十八世紀末成為英國東印度公司在與印度統治者往來時的主打禮品，藝術史學者伊頓（Natasha Eaton）曾探究過其中的道理。在英國，東印度公司人員的腐敗讓人愈來愈憂心忡忡，這點尤其表現在「納博」

（nabob）的出現上，該稱謂指的是帶著大筆來源不明財產回到故鄉的英國人，印度統治者送禮不手軟的習性，被認為是禍源之一。一七七三年的「東印度公司規範法案」便是打算徹底整頓東印度公司的積弊，包括禁止英國官員向在地統治者收受或索取昂貴的禮物。

伊頓認為東印度公司總督黑斯汀斯（Warren Hastings）對此法的因應之道是打破印度統治者沿襲自蒙兀兒帝國時代，以土地贈予、珠寶與金錢為核心的傳統禮俗，而他想嘗試的「替代品」是肖像畫這種較為象徵性的禮物。送肖像畫的做法取材自英王喬治三世會把自畫像送到世界各地的英國殖民地的做法，同時這也是一種不會牴觸規範法案的禮物形式。

如果要舉一個在黑斯汀斯擔任東印度公司總督之前的案例，那就是喬治三世曾將王室成員的肖像送給印度阿爾喬特的納瓦布莫哈瑪德（Muhammad Ali, nawab of Arcot；納瓦布是土邦酋長的稱號），當中也包括出自拉姆齊（Allan Ramsay）之手，陛下本人的畫像。與這些畫一同被送去的還有一封國王的書信，信中對納瓦布解釋了這份禮物的用意是要讓他能「時時在眼前重溫我們的心意與溫情」。納瓦布為了回禮，特地坐下來讓英國畫家凱托（Tilly Kettle）揣摩跟提筆，然後把成品連同其他家人的畫像跟一些紡織品和玫瑰水給英王打包寄去，他還寫下自己的希望是「這圖可以有幸長駐陛下的王室視野中」。

因為沒有喬治三世的肖像可以贈予海德拉巴（Hyderabad）的統治者尼扎姆（Nizam Ali Khan），東印度公司的土邦參政司強森（Richard Johnson）於是改送黑斯汀斯的肖像。但尼扎姆不同於莫哈瑪德，不太有興趣陪黑斯汀斯玩這個在殖民地交換禮物的新遊戲，所以也沒有在英國畫家面前坐定。他有沒有找本土畫家來畫幅肖像給強森回禮，我們不得而知，但可以確定的是他將一枚鑽石戒指託給黑斯汀斯轉送喬治三世。對尼扎姆而言，寶石體現了送禮者的靈魂，甚至是每一位前主人的靈魂，但在英國人眼中，鑽石這種禮物缺乏肖像那種無法與送禮者切割開來的特質，而且這次的任務還讓黑斯汀斯落人口實，看不慣他的人紛紛跳出來指控他是在賄賂國王。

雖然黑斯汀斯在獨立的海德拉巴推廣英國殖民地的新式肖像贈禮制度沒什麼成效，但這種新制倒是在東印度公司的間接控制較強的地方宮廷中慢慢生根。在這些地方，當地的統治者會送出由東印度公司派來的英國畫師所操刀的自身肖像給總督。這些畫師所費不貲，但地方統治者並不能用自身的肖像換來英國給予其不論是畫或其他物品的回禮。也就是說實質上，這些肖像等於是地方統治者上繳給東印度公司的貢品。

回到上一章的故事，路易十六送給美國駐法使節富蘭克林的臨別贈禮是幅鑲鑽的迷你肖像，而且如我們所見，路易十六的這份禮物讓收禮者裡外不是人。富蘭克林的母國對外交禮物充滿了懷疑，他們覺得這些禮物代表的是心懷不軌的舊世界的政權嘗試腐化新世界，左右新世界的工具。以啟蒙精神為模子澆鑄出來的共和國一一崛起後，確實對外交餽贈的實務產生了深刻的影響力，但我們不應就此推論出禮物在這些新共和國的國際關係軍械庫裡，沒有立足之地。事實上同樣在一七八五年，有另一份跟法王肖像相關的禮物被送給了其美國的收受者，而這份禮物就可以證明新共和國沒有自絕於禮物在外交上的用處。畢竟開口索討這份禮物的，就是美國。

我們已經見識過富蘭克林是以何等手腕，於巴黎取得了美國在襁褓中亟需的軍事與財政支援。

事實上富蘭克林與美國領導階層裡的其他溫和派曾想到過一個點子可以討好他們的法國新盟友。這個點子基本上不涉及外交禮物在其國內所可能遭到的質疑，但又可以從方方面面拍到絕對君權國家如法國的馬屁：富蘭克林等人決定要向法國國王與王后索取他們的肖像。

對於歐洲的各個君權國家而言，元首的大型官方肖像代表著一種特別的恩賜，其贈予一般是用來彰顯重大的事件。深知這一點的富蘭克林在一七七八年的十一月致函路易十六的外交部長葛拉維耶，提議說「我們的代表是否有這個榮幸能獲贈他們傑出盟友，也就是國王陛下的尊容，並將之安置在某個（大陸）會議出席開會的公共場所」，他也索取了瑪麗・安東妮王后（Queen Marie Antoinette）的畫像。元首肖像作為外交禮物，具有難以切割轉讓的特性，而這一點便讓這個請求隱含的風險在美國人的眼中有所降低：不同於富蘭克林後來收到的迷你肖像周圍的鑽石，一幅宏偉的官方肖像無法被當成商品售出，其象徵價值大於實際價值。

風險雖說比較低，但不是零。富蘭克林在去函的附註中請葛拉維耶對此請求保密，原因是富蘭克林尚未與他在大陸會議遣法使團的同事李取得共識。這箇中的意涵是富蘭克林並無把握大陸會議的高層會全體支持這種跟王室索要肖像的做法，而把範圍擴大，我們可以從中嗅出的端倪是在美國革命的領導階層裡，眾人對於爭取法國與其他潛在歐洲盟友的任務應以何種手段完成，想法有諸多差異。富蘭克林對巴黎的貴族環境已經相當適應，所以他偏好順著他們的傳統行事；李與約翰・亞當斯則較為提防法國的動機，因此比較傾向依法辦理、公事公辦。

一七七八年十二月，在嫁給路易十六超過八年後，瑪麗・安東妮產下了夫婦倆的頭一胎泰瑞絲

（Marie-Thérèse）。這算是一次難產，瑪麗．安東妮差點就窒息而死，但新生兒的誕生總歸是值得慶祝的喜事，國王親手寫了一紙信箋要將這喜訊發布給大陸會議知道，並由在費城的法國大使於一七七九年五月送到大陸會議手中。大陸會議設立了一個委員會來擬定回函，成員包括傑伊、莫里斯（Gouverneur Morris）與維瑟史彭（John Witherspoon），這群與富蘭克林所見略同的溫和派，他們也認為應該要向法國索取肖像。在恭喜國王喜獲女兒後，他們提出了希望得到國王與王后肖像的請求，理由是「我們各州的代表將能天天在眼前看見他們的第一個王室朋友跟理念的贊助人」。與此同時，大陸會議提筆給法國人寫了另外一封信，內容是求取更多的軍事與財務援助，這也突顯出索要國王與王后肖像的諂媚手法只是在下一盤大棋，真正的目的是要從法國那兒撈得實實在在的好處，那才是美國此時迫切需要的東西。

路易十六給了正面的回覆，明確表示他認為這份禮物可以象徵兩國的邦誼永固。在為美國盟友挑揀肖像時，法國有空間可以選擇較符合美國啟蒙精神價值的畫風，但他們並沒有這麼做。法國挑選的作品在構圖上依舊相當傳統，使人聯想到法國王權的權威與恢弘。

在路易十六肖像的部分，葛拉維耶選中的是畫家卡萊於一七七八年受到委託所繪，身穿加冕袍的路易十六。卡萊共繪製了大約十二幅的全身版肖像。而這些畫被當成外交禮物，送給了包括西班牙駐法大使與瑞典國王古斯塔夫三世在內的一些人。其中一幅甚至在一七八三年進入了敵境，成為法國駐倫敦大使阿德馬伯爵（the comte d’Adhémar）官邸的裝飾品，原因是當時的法國急於在美國獨立戰爭後與英國重修舊好。

卡萊所繪的肖像作品，看得出是有意識地在致敬里戈（Hyacinthe Rigaud）於一七〇一年為路易十四繪製的加冕袍像，這幅畫至今仍掛在羅浮宮內。卡萊的畫作強調國王的權力與威望，國王在畫中被一個小立臺墊高，手握波旁王朝首任君主亨利四世的權杖，腰間配戴的則是「咎瓦尤斯」（Joyeuse，意思是「歡樂」），傳說中查理曼的寶劍。

至於王后瑪麗・安東妮的肖像，葛拉維耶選出的作品是一張一七七八年由勒・布朗（Elisabeth Vigée Le Brun）所繪，瑪麗・安東妮身穿正式禮服的肖像。這幅畫原先是要獻給王后的母親，奧地利的瑪麗亞・特蕾莎女皇（Empress Maria Theresia of Austria）。但由於這幅畫大獲好評，於是勒・布朗被要求複製一幅備份，以便於後續的臨摹。這幅肖像展現出王室的奢華與氣派，畫中身穿白色絲緞禮服的王后美麗動人。

葛拉維耶抓準了將畫送往美國的時機，使其與一七八三年九月的《巴黎和約》落在大致同一個時間點。《巴黎和約》一簽，就象徵著美國獨立戰爭的終結，美法同盟的勝利。兩幅畫在一七八四年三月取道聖多明哥（今多明尼加首都）抵達費城，並被直送到法國大使盧澤恩（Anne-César de la Luzerne）的官邸。大使準備了一份新聞稿供《賓夕維尼亞日報》（*Pennsylvania Journal*）發表肖像抵美的消息，但他卻是隔月才通知大陸會議此事。因為一七八三年爆發的賓夕維尼亞兵變，大陸會議此時早已撤離了費城。該起士兵要求付清在戰事中被拖欠軍餉的反抗事件，迫使大陸會議暫時遷移至馬里蘭州的安納波利斯。與兩幅肖像一起捎來的，還有一封路易十六的信，信中表達了他希望這份禮物可以被視為「我們對你們抱持之情誼的長久象徵，也代表著我們對你們的友誼堅若磐石」。交付畫作的實際過程曠日廢時。盧澤恩表示他會等大陸會議決定好其長期的所在地之後，就立刻將畫作送出去，而在那之前的過渡時期，他會將畫作安置在自己的接待室裡，他顯然也很樂見畫作受到的關注。隔年，大陸會議接受了進駐紐約市政府的邀約，但大使盧澤恩此時已經離開，所以畫作是由總領事馬爾布瓦（François Barbé de Marbois）交付給美國。現存資料中沒有任何關於盛大贈禮典禮的記錄。

是什麼造成大陸會議對自己要來的贈禮如此提不起勁？首先，美法關係在一七八五年，也就是畫作獲得正式呈交的那年，已經與大陸會議開口要畫的一七七九年非常不同。一七七九年的美國非常需要法國支持來確保他們能打贏獨立戰爭，但到了美國已經順利取勝的一七八五年，美法關係陷入了緊張。法國背負著支援美國導致的債務，開始抱怨起盟友既不還錢也不履行說好的貿易協定；而美國則完全沒有要隔著大西洋當法國小弟的意思。

兩幅肖像後來被掛在大陸會議裡，成為展示這個新興國家的國際信用與人脈的象徵。但這兩幅畫作為外交禮物的真正力量，其實不在畫作本身，而在美國要畫的過程中對法國盟友表現出的諂媚模樣，當時的美國確實期盼著來自法國的財務與軍事援助。作為實物，這兩幅畫象徵的是君主的絕對權力，正是新共和國最討厭的東西。兩幅畫最終的下場不詳，不過它們有很高的機率毀在一八一四年英軍火燒華府的過程中。

25
凱薩琳大帝的肖像畫

西元 1790 年

大團長的瓦萊塔宮。

一九四一年由約翰・休士頓（John Huston）執導，並由亨弗萊・鮑嘉（Humphrey Bogart）扮演山姆・斯佩德（Sam Spade）一角的經典電影《馬爾他之鷹》（*The Maltese Falcon*）裡，有著這樣一段的片頭字幕：

> 一五三九年，馬爾他的聖殿騎士團向西班牙的查理五世進貢了一頭金鷹，其全身從鳥背到爪子都鑲有罕見的珠寶——但海盜奪取了載有這件無價之寶的槳帆船，馬爾他之鷹的命運就此成謎。

電影原著小說的作者達許・漢密特（Dashiell Hammett）是根據史實發想出這部偵探小說的情節，馬爾他之鷹確實存在，但不是什麼華麗的珠寶雕像。馬爾他之鷹，就是一隻獵鷹。

為了讓大家理解這份貢品，我們首先得說說聖約翰騎士團。這個騎士團成立於耶路撒冷，一開始是為了照顧來到聖地但染病的朝聖者，但隨即就為了保護朝聖者而發展出軍事色彩。不過照護病患仍是該騎士團的重要使命，所以才會有後來的聖約翰就護機構。但在馬爾他之鷹成為貢品的時候，聖約翰騎士團的核心功能，是為了捍衛基督教歐洲與鄂圖曼土耳其人奮戰。隨著耶路撒冷陷入穆斯林之手，騎士團退守希臘的羅德島，並以該島為根據地，對東地中海地區的鄂圖曼勢力進行騷擾，此後便以海戰技術聞名。鄂圖曼人持續西擴，於一五二三年驅逐了羅德島上的騎士團，但騎士團被允許帶著榮譽離島，船也可以保住，聖約翰騎士團於是踏上尋找新家的旅程。

歐洲基督教統治者如西班牙的查理五世對鄂圖曼在蘇萊曼大帝（Suleiman the Magnificent）的統治下快速西進覺得相當恐慌。查理覺得給身為戰士且成員出身歐洲各貴族家庭的聖約翰騎士團一個海上的基地，對防務是有利的。查理五世希望藉由對騎士團的扶持，阻止土耳其人在地中海的擴張進展。因此在一五三〇年，他以西西里島君主的身分，將的黎波里、馬爾他與哥佐島（Gozo）賜給了騎士團，條件是每年進貢一隻獵鷹。獵鷹就這樣準時地一年一貢，直到一七九八年騎士團被拿破崙驅逐為止。

查理五世的決定讓馬爾他當地事先沒有被徵詢過意見的居民不滿極了，但事實證明國王此舉非常明智。一五五一年，土耳其襲擊哥佐島，使得大部分島民淪為奴隸，而這只是凶險的開始而已。一五六五年，騎士團大團長瓦萊特（Jean Parisot de la Valette）接獲來自君士坦丁堡間諜的情報，蘇萊曼大帝正集結大軍準備攻擊馬爾他。蘇萊曼打算剷除騎士團這個大患，然後以馬爾他作為進軍西地中海地區的跳板。瓦萊特從歐洲各地召來團內的騎士，並請求歐洲的基督教領袖給予支持。

鄂圖曼的海軍在隔年抵達馬爾他，那是一支大約由兩百艘船、四萬兵力組成的龐大艦隊，反觀馬爾他島上的守軍不足九千，且其中的騎士僅有六百名上下。經過頑強的抵抗，聖約翰騎士團在長達四個月左右的包圍之中撐了下來。等到基督教的援軍從西西里島趕到時，騎士團已經力挽狂瀾，情勢轉為對鄂圖曼不利，最終鄂圖曼威脅西地中海夢碎。在一五七一年的勒班陀戰役（Battle of Lepanto）中，聖約翰騎士團加入成為神聖聯盟的一支，而鄂圖曼的海軍則嚐到決定性的敗績，在海上再也不足為患。

在馬爾他大包圍中擊敗鄂圖曼後，聖約翰騎士團以勝利者之姿，從充滿感激之情的歐洲基督教統治者那裡收到了源源不絕的外交禮物。西班牙的國王菲利普二世給瓦萊特送來了由黃金與琺瑯裝飾的精美寶劍與匕首，也許漢密特把這份禮物跟獵鷹貢品融合成一體，從而創造出鑲滿珠寶的馬爾他之鷹。在拿破崙統治時期被從島上移走後，寶劍與匕首如今存放在巴黎的羅浮宮博物館。教宗庇護五世（Pope Pius V）則給出一份很實用的禮物，他出借了軍事建築師拉帕雷利（Francesco Laparelli），由他著手替騎士團在西貝拉斯半島（Sciberras Peninsula）上建立一個嶄新宏大的馬爾他首都，因為此時騎士團對於重返羅德島已經徹底不抱希望。新的棋盤狀首都城市被命名為瓦萊塔，為的就是紀念這位讓歐洲免於受到土耳其人荼毒的騎士團大團長。

我們的禮物故事開展於兩百多年後，此時的瓦萊塔已經是個繁榮而優雅的巴洛克城市，那裡的騎士們既勇武又懂經商。在凱薩琳大帝統治時期，俄羅斯認為馬爾他是潛在的盟友。馬爾他的加盟，一來有助於俄羅斯發展自身的海軍戰力，二來有利於俄羅斯對地中海的野心。在這樣的背景下，六名俄羅斯軍官在一七六六年被派到馬爾他學習航海的知識。

俄羅斯與馬爾他的關係歷經了一定的起起伏伏。一七七五年，俄羅斯駐馬爾他全權大使卡瓦爾卡波侯爵（Marquis Giorgio Cavalcabo）遭到短暫地拘捕並遣返回俄羅斯，原因是他被懷疑涉入馬爾他一場想推翻騎士團統治但最終失敗的農民起義。此事之後俄羅斯對馬爾他的興趣不減。俄羅斯在一七八三年吞併克里米亞，進而導致與鄂圖曼的緊張關係變得更加嚴重，使得俄羅斯更有理由跟地中海的重要港口打好關係。俄羅斯在一七八四年派了一名新的領事、希臘裔的普薩羅（Antonio

Psaro）到馬爾他就任，他在俄土戰爭中是一名表現優秀的海軍軍官。普薩羅肩負的任務是拉近俄羅斯與馬爾他的關係，而他似乎的確和大團長相處得十分融洽。俄羅斯的商船得以進入馬爾他進行維修與補給，此外普薩羅還為俄國商人爭取到一紙協議，讓他們得以用優惠的條件獲得信用周轉。

一七八七年，普薩羅到赫爾松（Kherson）旅行，而凱薩琳大帝同時也在那裡巡視著俄羅斯的新疆域。普薩羅晉見女皇時帶上了一封大團長伊曼努爾（Emmanuel de Rohan-Polduc）的書信，他在信裡恭賀女皇拿下克里米亞，並隨函附上了外交禮物。一個資料來源顯示這些禮物中包含用來展示的假花造物，有可能指的就是馬爾他著名的「嘉努泰爾」（ganutell）藝術，即用金屬線、絲線與珠子做出來的精美人造花展品。被當成禮物的嘉努泰爾插花據稱加入了和平的象徵，暗示兩國之間的友好關係。還有些資料指出禮物中有棕櫚樹枝象徵大團長對女皇的仰慕之情。為了送一份回禮給大團長，凱薩琳大帝找人幫自己畫了一幅肖像。如我們在前面的故事中提到過，官方元首肖像在歐洲被視為是一種特殊的恩賜。從俄羅斯的角度來看，這份禮物既能傳達女皇的特質與偉大之處，又可以突顯俄羅斯與馬爾他的交情匪淺；對於聖約翰騎士團的大團長而言，能夠展示俄羅斯女皇的肖像對他的形象是一大加分，因為這代表他有強大的朋友。

女皇的這幅肖像經過了精挑細選，最終執筆的重任被交給了以寓言式畫作為人所知的列維茨基（Dmitriy Levitskiy），結果女皇在他筆下變成了公義的女戰神密涅瓦。她的劍沒有出鞘，可能是暗指她兵不血刃就征服了克里米亞，劍被包裹在月桂枝條中也象徵著和平的征服。此外，畫中的女皇還戴著聖喬治勳章的星星與綬帶，這是授予在軍旅中服役者的一枚新獎章，由凱薩琳大帝創於一七六九年，當時她還頒給自己一等聖喬治勳章。

我們不清楚這幅畫是怎麼送抵馬爾他。普薩羅在一七八八年七月返回馬爾他，但大團長伊曼努爾的感謝函上所寫的時間卻是一七九〇年二月二十日，似乎代表女皇的肖像是一七九〇年才來到馬爾他。有一些跡象顯示這幅畫是和一名叫做賽拉卡普里歐拉（Antonino Maresca Donnorso di Serracapriola）的拿坡里使者一起被送來。

這幅肖像在大團長宮殿中的大使廳裡被放置在一個顯眼的位置，以利於大團長誇耀他四通八達的國際人脈。時至今日，這幅畫仍扮演著俄羅斯與馬爾他之間友誼的橋樑。在經過馬爾他修復師西貝拉斯（Amy Sciberras）的修復之後，此畫在二〇一九年被出借給莫斯科的察里津公園歷史博物館展出。外交禮物要退役，顯然沒那麼容易。

26

喬治三世送給乾隆皇帝的天象儀

西元 1793 年

由吉爾雷（James Gillray）所繪的諷刺似顏繪《接見》，其描繪的是馬戛爾尼在 1793 年出使期間，乾隆皇帝對其所呈禮物之不屑一顧。

這一章要講述的，是一支外交使團的故事。這支使團攜帶著數量與種類繁多的禮物，但最終卻沒能達到出使的目的。這趟出使的過程充斥著各式各樣的溝通問題，主客兩個大國對雙方的關係與彼此交流的本質，存在著根本上的看法差異。不過這趟任務的失敗還是可以歸結出一個簡單的原因，就是東道主根本無意滿足使團的要求。這說的，便是英國在一七九三年派出的馬戛爾尼（George Macartney）使團。

時間推回十八世紀末，當時的英國從中國進口了許多消費性的奢侈品，如瓷器、絲綢與家具，也反映出中國的物品是如何風靡了英國的中上階層。茶葉則是中國對英國最重要的外銷產品，因為自十七世紀以來就養成喝茶習慣的英國社會有龐大的茶葉需求，尤其在一七八四年的「折抵法案」讓茶葉稅率大幅降低後，茶葉進口更是一飛沖天，東印度公司大賺其錢，而他們進貨的地方位於今日的廣州市。

但英國人此時遇到了一個大問題，那就是他們與中國的貿易嚴重失衡。中國不怎麼買英國的產品，英國卻為了茶葉、絲綢與瓷器耗盡了儲備的白銀。英國因此想要為本國的製造業者打開中國市場，讓兩國的貿易關係變得均衡一些。但這個計畫有一個很大的阻礙是所有與中國進行的海運貿易都要通過名為「廣州體系」的「一口通商」機制管理，亦即所有的貿易都繞不開廣州港的一元化操控。

英國決心遣使到北京爭取到更優惠的條件，讓兩國可以建立以條約為基礎的外交關係。英國希望達成的目標包括：鬆綁廣州體系，英商可以在更北的口岸活動；廣州各種處置引發的不滿可以得到解決；使北京同意英國在北京常設公使團，方便英國跳過粵商直接與清朝皇帝溝通。

一七八七年，英國派出以蘇格蘭克拉克曼南郡議員凱斯克特（Charles Cathcart）為首的使團，但凱斯克特很不幸地死於出航的一七八八年，年僅二十八歲。英國在一七九二年另起爐灶，這一次他們指派的是一名有殖民地執政經驗的外交老將馬戛爾尼，其服務過的地區包括俄羅斯、格瑞那達與印度。馬戛爾尼因為率領這支使團獲頒了蘇格蘭的爵位，經費由英國東印度公司買單的這趟出使稱得上是一件大工程，光直接參與的成員就有九十五名，分三艘船載運，總員額含水手在內直逼七百人。代表團部分包括馬戛爾尼的副手、士丹頓爵士（Sir George Staunton）跟他的兒子小士丹頓、小士丹頓的家教老師、一名外科醫師、一名錶匠、一名植物學家與一名冶金專家，還有五名樂師。

然而，中國人對於自身國際關係的認知跟英國的理解可以說天差地遠。中國自詡是天朝上國，接受上天的委任要統治世界，所以中國與鄰國的往來不是平起平坐的互動，而是將鄰國一律視為必須納貢的藩屬國，接受鄰國派團對皇帝進貢便是這種尊卑關係很重要的展現。

「貢品」在中國的語境中，跟 tribute 在西方的脈絡下，有著不盡相同的意涵。在西方，tribute 近似於稅，通常搖擺不定，有高有低。雖然臣子確實經常得上繳賦稅給乾隆皇帝，無論是以穀糧還是地租的形式，但這些稅並不等同於他們要另外上呈給清廷的貢品，給清廷的貢品價值往往遠低於皇帝回饋給他們的御賜禮物。中國的朝廷還會為來訪的使團負擔住宿與娛樂活動的費用。理想的貢品應該要是外國的特產，因為這能讓清朝與遠方的好東西產生關連，進而讓皇帝感覺到自己的聲威遠播。禮物中的食品會在王宮宴會上做成菜餚，而最精美的藝品會放置在某一座王宮中，讓皇帝的起居能有禮物常伴身旁。

禮物的交換遵循著既定的儀式規矩，貢品要先經過檢閱以確認它們上得了檯面。中國皇帝的崇高地位透過兩件事物得以建立：他高高在上的龍椅，以及藩屬國的特使要向他磕頭，行三跪九叩之禮。整個過程像是個熱鬧的節慶，會有音樂助興、戲班獻藝，吃食更是不在話下。乾隆皇帝的回禮絕不會小氣，除了送出絲綢、玉器，還有各種奢華的款待都會讓使團享用不盡。這種禮物的交換有助於強化中國的國威，讓小國震懾於天朝之厚禮。

這趟外交出使在英國的眼中，基本上是兩個大國之間的平等交流，但中國卻覺得英國是派團來進貢，因此他們確實對於英國願意千里迢迢，專程來給乾隆皇帝祝壽感到很高興。英中對彼此相對地位的認知差異，讓馬戛爾尼的工作窒礙難行，他要完成任務就必須參加中國的儀典，製造談判的機會，卻又不能讓英國向中國稱臣。

在這趟失敗出使的事後描述中，很多人喜歡提到馬戛爾尼拒絕向中國皇帝伏首叩頭的那一幕。在針對此事再三溝通後，馬戛爾尼得以將他的國王喬治三世的書信放在鑲有寶石的金盒中呈上，並同時單膝跪地。他曾表示這是他面對自己的君主會有的舉措，只少了親吻國王之手的部分，而這是因為在中國，一般人不能輕易碰觸皇上的龍體。

如果說馬戛爾尼的認知是他之所以拒絕磕頭，是在捍衛兩國之間的地位平等，那麼這種認知本身就說明了英中兩國的觀念差異。馬戛爾尼的觀念是大使的一舉一動都代表了他的君主，但中國這邊完全不是這麼想的。對中國而言，派團來送禮就已經是臣服的表現了。想要避免矮人一截，除非一開始就不派出使團。從中國的角度來看，率團朝貢但又不肯磕頭，只是單純失禮而已。

馬戛爾尼固然不情願，但仍把磕頭以外的進貢行為都做盡了。使團在中國停留期間接受清廷全程非常豪華的招待，例如他們提供了極大量的食物。馬戛爾尼的財務總管估計這趟出使的經費大部分都被中國吸收了，英國人自己只負擔了一小部分，而且這還沒計入乾隆皇帝那些厚禮的價值。在當時西歐的外交圈中，東道國很少會招待來訪使團的吃住，而馬戛爾尼也曾嘗試表達他們自費的意願，但他很快就默許了乾隆想要表現出自己是天朝上國的各種安排。在使團沿河而上進入北京的途中，馬戛爾尼透過通譯得知了一件事：由中國提供用來載運他禮物的駁船上，被註明了一個方塊字，那個字代表船上的東西是「貢品」。對此馬戛爾尼決定不計較。

這趟出使過程中所交換的禮物，也不能自外於雙方自始至終的溝通失敗與欠缺理解。英國帶了大量的禮物要送給皇帝，六百盒的東西足足要三千名挑夫才搬得完。而且禮物的挑選可謂費盡心思，英國人很努力想挑出能讓皇帝開心的禮品，使團雇用的中國通譯都推薦英國人購買各種自動機械，他們表示這類東西在廣州非常搶手。至於在禮物中納入新穎的天文儀器，部分是源自英國人普遍相信天文學在中國有極高的地位。

當然除了想討好乾隆皇帝以外，英國在禮物的挑選上還有其他的動機。由於馬戛爾尼的目標是要為英國的外銷打開中國市場，因此使團的禮物就必須有展示英國製造業是多　發達的潛力。英國產品外銷歐洲各地甚至更遠的地方，已經取得了愈來愈多的成功，而馬戛爾尼此行的目的就是激發中國也產生類似的需求。基於這個目標，製造業者博爾頓（Matthew Boulton）列出了一長串他推薦的英國產品清單：鈕扣、帶扣、鐵具、燭臺、燈具和刀叉。但這份清單並沒有被照單全收，因為馬戛爾尼不想把國王喬治三世的禮物跟東印度公司想推銷的產品混為一談。

馬戛爾尼使團的禮物帶有一個更明顯的企圖，就是要彰顯英國在科學與技術上的成就，這些禮物是工業啟蒙的具體成果，也是英國自然哲學的展現。馬戛爾尼使團中的一位成員丁維迪（James Dinwiddie）就是一名自然哲學的講師兼科普推廣者，他跟瑞士鐘錶匠普吉皮耶（Charles Petitpierre）扮演著同樣的角色，兩人都要在中國人面前示範被當禮物帶來的科學儀器要如何使用，如天文模型、燃燒透鏡、空氣幫浦和反射式望遠鏡等。

這些科學禮物中最吸睛的一樣，莫過於一具玻璃匣中的天象儀，它可以讓觀察者看到行星的運動。該儀器內部有三個時鐘，分別顯示一天當中的時間、一個月內的時間，還有從創世紀到世界末日之間的時間，末日被標在一八三六年。這個奇特的儀器，是符騰堡一名牧師兼鐘錶匠哈恩（Philipp Matthäus Hahn）的作品，其天象儀製造師的生涯因一七六九年受公爵委託而取得成功。被馬戛爾尼使團帶上的「世界機器」是他最大的一個作品，一七九二年在丁維迪的推薦下，於倫敦被東印度公司先以六百鎊購入，然後該公司又付了六百五十鎊給時尚的倫敦鐘錶商維爾雅米（Vulliamy），維爾雅米把它好好地裝飾了一番，包括為其加上了一個個鍍金青銅鳳梨。

於是原本要展示英國啟蒙科學成就的禮物群，找了一個根本不來自英國的產品來掛頭牌：「世界機器」是德國貨，且其靈感不只是來自科學概念，也同時受到了創世與末日等宗教觀念的啟發。

裝飾這東西所花的錢比買它的錢多，代表使團挑選禮物最核心的想法，還是想讓中國皇帝看了開心。

馬戛爾尼使團一抵達中國，中國官員就向他們索要禮物的完整明細。中國的規矩是清單上無需詳細介紹禮物，但必須標明每份禮品的單價。然而馬戛爾尼不但拖了半天才把明細交出去，而且內容還沒有符合中國人的期待，因為上頭都在長篇大論介紹禮物的意義。清宮中的歐洲傳教士翻譯了這份清單，但裡面比較技術性與恭維的話都被刪去了大半。然而即便是修減過的版本，乾隆帝還是在看過之後覺得這份清單反映了英國人愛自吹自擂的性格。在中國人眼裡，英國人都過度誇大了蒐集禮物需要的時間與精力，如天象儀便是一例，也難怪乾隆帝會得出這樣的結論。

乾隆皇帝不是在北京接待馬戛爾尼，而是在熱河這個長城以北的避暑行宮，因此馬戛爾尼帶上了比較好攜帶的禮物，至於包括天象儀在內的其他東西則留在北京，供皇帝回京之後慢慢欣賞。在遊覽熱河夏宮的過程中，馬戛爾尼一行人受邀參觀了乾隆皇帝完整的歐洲產品收藏，他這才驚覺自己精心準備的禮物並沒有原先以為的那麼令人驚艷。馬戛爾尼寫到那些樓閣中藏有「各式各樣歐洲的玩具與裝置，像是地球儀、太陽儀、鐘錶與音樂自動機器，其做工之精細與數量之豐沛，讓我們的禮品相形見絀」。就連德國人做的天象儀，宮中也有中國自產且功能相近的物品可以與之匹敵。

英國人在見識了乾隆皇帝的收藏之後，重新思考了計畫，決定有些對中國人而言不那麼有價值的科學儀器就不拿出來獻醜了。它們有些由東印度公司在廣州變賣掉，至於一座蒸汽引擎模型跟一些化學實驗組則被丁維迪拿走，成為他日後在印度擔任科學推廣者的道具。英國想透過外交使團展現自身經過啟蒙精神洗禮後的科學與技術成就，最終卻落得一場空。

一個常見的結論是馬戛爾尼使團的禮物讓收禮的中國失望了。乾隆皇帝在使團拜訪尾聲所發布的聖旨中除了否決英方提出的要求外，也不留情面地表示「天朝物產豐盈，無所不有，原不藉外夷貨物以通有無」，意思就是中國從來不缺那些小聰明的玩意兒，更不需要貴國的製造業產品。雖然皇上昭告天下的評語有點看不起人，因為馬戛爾尼介紹禮物的方式在中國人看來太過誇大，但實際上那些禮物還是挺受歡迎的。那些沒有被帶到熱河的禮物被安置在北京城郊的圓明園，供皇帝從熱河回京後檢視。乾隆拒絕收下包含兩臺暗箱（照相機的前身）在內的幾樣東西，因為他說那只是給小孩玩的，但此舉根據中國人的價值觀，是皇帝表達自己沒有貪欲的合宜表現。武器類的禮物，如砲彈、火砲、刀劍與戰艦模型，尤其讓乾隆皇帝目不轉睛，他向來對歐洲的軍事科技有濃厚的興趣。使團離京以後，含天象儀在內、一些最令人印象深刻的英國禮物被留在宮中展示。

算是以其人之道還治其人之身，乾隆皇帝試圖以送給喬治三世的回禮來象徵式地展示中國的國力，只不過馬戛爾尼跟他的代表團似乎沒有抓到乾隆的這點心思。乾隆的回禮包括一些玉器，如酒杯和碗。玉是新疆的特產，而新疆就是清朝從準噶爾人那裡獲得的新疆土，因此玉也象徵著帝國對四境的征服，但英國人對玉的起源或意義並沒有太多了解。乾隆還轉送了他從廓爾喀人那兒收到的一箱箱西藏特產的糖。廓爾喀人面對清朝的武力選擇從西藏撤退，所以乾隆送這些糖，就是在聲明清廷對西藏的控制力。乾隆十分清楚，西藏很接近英國人感興趣的地區，但馬戛爾尼似乎渾然不覺於這些禮物當中的訊息。

因此不論是對英國人或中國人來說，那些潛藏於禮物中的深意都沒怎麼讓對方接收到，彼此都只覺得收到的禮物就是表面上看到的那樣，只是一系列頗為搶手的珍品。馬戛爾尼之所以失敗，不是因為他帶的禮物本身有什麼讓人不滿意之處，也不是因為他不磕頭、不按中國禮制的規矩走，而是乾隆皇帝壓根就沒興趣接受英國的任何要求。出使最後發布的、對英方來說冷言冷語的聖旨，是早在馬戛爾尼還沒踏上中國土地時就寫好的東西。無論他帶的禮物多了不起，馬戛爾尼的任務都注定失敗。

27
威靈頓公爵的藏畫

西元 1816 年

威靈頓公爵設宴於阿普斯利宅邸的滑鐵盧藝廊。

阿普斯利宅邸是看來卓然不凡的新古典主義風格建築，位置在倫敦繁忙的海德公園角，曾經有著令人稱羨的「倫敦一號院」門牌。*這屋子原本是一棟相對低調的磚房，由著名的建築師亞當（Robert Adam）於一七七〇年代為當時的御前大臣巴赫斯特（Henry Bathurst）所設計建造而成。一八〇七年，這棟房子被巴赫斯特的兒子賣給了韋爾斯利侯爵理查，也就是未來之威靈頓公爵的哥哥。理查曾為孟加拉總督，後來接任外交大臣，但在首相珀西佛（Spencer Perceval）遇刺後丟了官。此時他發現自己債臺高築，所幸有他弟弟出手才稍微解了圍。

亞瑟．韋爾斯利（Arthur Wellesley）當時已經是在半島戰爭中將法國人逐出西班牙而一戰成名的英雄，他在那場戰役後被封為威靈頓公爵兼斗羅侯爵。後來拿破崙兵敗滑鐵盧，讓他一夕之間簡直成了歐洲的救世主。英國懷著對他的感激之情，買下了在漢普郡的史特拉特菲爾德．薩耶（Stratfield Saye）莊園以作為「滑鐵盧宮」的預定地。這個構想來自於布倫海姆宮，不過布倫海姆宮要酬謝的對象是第一任馬爾博羅公爵約翰．邱吉爾（John Churchill），理由是他在西班牙的王位繼承戰爭中戰功彪炳，尤其是一七〇四年決定性的布倫海姆之戰。收到莊園的威靈頓公爵沒有委託興建一座全新的宏偉宮殿，而是保留了在史特拉特菲爾德．薩耶的固有建築。

因為他看上的是倫敦的一座獨棟別墅。透過匿名出價，他用四萬英鎊的高價買下了阿普斯利宅邸，解決了哥哥的債務問題。之後他找來了曾是他私人祕書的班傑明（Benjamin Dean Wyatt），由有建築師身分的班傑明來擴建阿普斯利宅邸。改建工作共分兩階段，第二期工程在威靈頓於一八二八年被任命為首相後，將阿普斯利宅邸改造成一處適合給威靈頓公爵大手筆宴請賓客的場地，特別是他一年舉辦一次的「滑鐵盧宴」。

阿普斯利宅邸被第十七任威靈頓公爵捐給了英國政府。一九四七年的《威靈頓博物館法》保留了一部分的房子當作公爵的住處，至於那些正式的大房間則對公眾開放，並交由英格蘭遺產委員會†負責管理。這棟房子如今彷彿是紀念第一代威靈頓公爵的聖殿。他的形象，還有他豐功偉業的紀念品，在屋內處處都可看到。但這種聖殿的感受不光是其改裝成威靈頓博物館所致，事實上在成為博物館之前，甚至在第一代公爵還在世的期間，這種感受都一直存在，而這種感覺的一大來源，就是公爵收到的、滿滿的外交禮物。

當原先被流放的拿破崙逃出義大利的厄爾巴島，在法國重新集結兵力時，反對他的是全歐洲組成的聯盟，從英國到西西里，從葡萄亞到俄羅斯都是它的成員。在滑鐵盧，由威靈頓率領的大軍是一支貨真價實的聯合國部隊，大約只有三分之一是英軍。因此威靈頓這個大英雄不光是英國感激，而是整個歐洲都覺得欠他一份情。眾家歐洲皇室把這份恩情化為一份份大禮，而威靈頓展示這些禮物的地方就是他在倫敦的宅邸。公爵用訂製的玫瑰木展示櫃，打造了一個博物館房間。浩大的滑鐵盧藝廊有超過二十八公尺長外加兩層樓高，其興建固然是為了年度的滑鐵盧宴有個稱頭而寬敞的場

---

* 譯註：這個地址是源自於作為從主要收費公路進入倫敦中部時，這裡是車行首先會遇到的第一棟房屋。

† 譯註：English Heritage，又稱英格蘭文化資產組織或英國遺產信託，是由英國文化媒體暨體育部提供資助的行政性非政府部門公共機構，主要負責保護英格蘭自然署所轄以外的歷史環境。其成立的法源是一九八三年的《國家遺產法案》。

地可用，卻也成為他最看重的禮物的合適去處，那份禮物就是西班牙皇室藏畫。

看著展示於阿普斯利宅邸的外交禮物，首先會浮現的感覺是這些歐洲統治者在挑選適合的禮物給打敗拿破崙的英雄時，品味也太所見略同了吧。那些禮物感覺就像同一個模子出來的，像單間博物館裡陳列的鼻煙盒就是一例。巴伐利亞國王馬克西米連一世送了鼻煙盒，普魯士國王腓特烈·威廉三世、俄羅斯沙皇亞歷山大一世，還有神聖羅馬帝國皇帝弗朗茨·斯特凡一世也都送了鼻煙盒。而且每一只鼻煙盒都是金的，也都有一國之君的橢圓肖像在盒子的頂端。客人來到威靈頓晚宴的桌前，會發現自己處於「眾目睽睽」之下，周遭的牆上盡是歐洲皇族作為贈禮送來，尺寸大同小異的偌大肖像，而畫中的他們都投注著向下的眼光，其中壁爐上那位是身穿蘇格蘭傳統服飾的英王喬治四世。

好幾名歐洲元首有志一同地，覺得最適合威靈頓公爵的禮物是大全套的晚餐瓷器組。他們顯然覺得這是一份很特別而且很重要的君王之禮，否則也不會有好幾組上頭都看得到個人化的處理。普魯士國王腓特烈·威廉三世送的瓷器組產自柏林的瓷器工廠，那是該廠受託生產過最精美的製品之一，由四百件物品組成，居於中央的物件是一尊綠色的陶瓷方尖碑，上頭詳列了威靈頓公爵的頭銜與勳章。甜點盤上裝飾有呼應威靈頓人生中不同階段的城鎮即景與風土地景，包括他就讀的伊頓公學、印度西部的浦納（Poonah），以及滑鐵盧大橋的通車典禮。

薩克森國王奧古斯特成功利用邁森瓷器工廠的高超技術，讓他們造出一套合乎威靈頓公爵需求的晚宴餐具組。它有一百零五個點心盤，上頭有以拿破崙戰爭為主題的手繪場面。奧地利的瓷器組是神聖羅馬帝國皇帝弗朗茨二世所送的禮物，而這組瓷器算是另闢蹊徑。不同於普魯士或薩克森的瓷器組，奧地利的盤子上並沒有畫什麼威靈頓成長過程或公職生涯的場面。作為裝飾，挑大樑的是圓形圖案中經典英雄的半身像，從蘇格拉底到畢達哥拉斯，從漢尼拔到西塞羅。這麼做的用意是要讓威靈頓公爵知道，他的功蹟已經可以讓他置身古聖先賢之列。

復辟的法王路易十八在感激之餘所送上的晚宴餐具組是一份轉送的禮物，而這個轉送的性質直接反映了公爵的成就。埃及瓷器組是塞夫爾工廠的傲人之作，是拿破崙的埃及作戰在法國激起之埃及旋風的一環。德農（Dominique Vivant Denon）是參與了埃及作戰的一名畫家、作家與考古學家，他創作了書畫集《上下埃及遊記》（*Voyage dans la Basse et la Haute Egypte*），並聯繫塞夫爾瓷器廠，建議他們用自己的插圖來製作晚餐瓷器組。德農的人脈很廣，擔任過拿破崙的藝術部長與拿破崙博物館（羅浮宮前身）的第一任館長。塞夫爾做出了非常耀眼的瓷器組作為給俄羅斯沙皇亞歷山大一世的外交禮物，拿破崙的皇后約瑟芬看著動了心，也訂了一組。拿破崙給了她三萬法郎的額度向塞夫爾訂購瓷器，要當作她的離婚贈禮。但當約瑟芬終於收到瓷器時，她又覺得這個後果太嚴重，所以將瓷器退了回去。

那是一組非常精美的瓷器，其將近七米長的中央擺飾描繪了卡奈克、丹達臘與的菲萊三地的神廟群；六十六個點心盤上則看得到德農遊記中的風景畫。埃及瓷器組因此呼應著被擊潰的拿破崙。作為外交禮物，它讓人想起了敗軍之將曾有過的雄心壯志，間接表揚了威靈頓的戰功。

在把埃及瓷器組送給威靈頓時，路易十八附上了一封法文的手寫信，只有一個句子畫了底線，寫的是英文：「讓一點小心意——維繫我們的友誼。」威靈頓曾經在拿破崙第一次兵敗並被流放厄爾巴島時擔任過駐法大使，但他似乎對路易十八沒有什麼好印象。托利黨的政治人物史丹霍普（Philip Stanhope）紀錄下傳聞中威靈頓說過的一段話：「路易十八就是個長了腳的膿包——徹頭徹尾的行走膿包——他身體沒有哪一塊是好的——就連他的腦子都流著某種膿汁。」

葡萄牙送給公爵的餐具組不是瓷器，而是純銀與鍍銀的物品。這份來自葡萄牙政府的禮物是出自宮廷畫家塞奇拉（Domingos António de Sequeira）的設計，這也是他首次接下金工製品的繪製委託。新古典主義的中央擺飾超過八公尺長，上面的圖樣是下跪的獅鷲頭頂著銘牌，銘牌上頭寫著威靈頓在半島戰爭中打贏的戰事名稱；來自太加斯河（River Tagus）的寧芙精靈則在一旁遊行舞動。這只中央擺飾在威靈頓的年度滑鐵盧宴中，可以說是一大亮點。

不過威靈頓所收到最奢華而獨特的禮物，並不是餐具組，而是一份很特別的東西，其特別之處在於這些東西還沒送，就已經握在收禮者的手裡。這份禮物是一套內容豐富的畫集，人稱西班牙皇室藏畫。它們今日仍然在阿普斯利宅邸，掛於滑鐵盧藝廊的牆上，如同威靈頓公爵的年代那樣。

這份禮物的起源，要回溯到半島戰爭接近尾聲時的亂象。拿破崙的兄長約瑟夫．波拿巴（Joseph Bonaparte）被身為皇帝的弟弟封為西班牙國王，不同於他的弟弟，約瑟夫的性向比較不適合當軍事統帥，而更適合當一名藝術鑑賞家。隨著威靈頓的部隊著手收復伊比利半島，人在馬德里的約瑟夫聞風而逃，還帶走了大批戰利品。大多是西班牙皇室藏品的一百五十多幅畫作被從畫框上裁下，捲進帆布裡，然後收進一種「帝國型」的大行李箱中，正好能塞進他個人的馬車上。

一八一三年六月，法軍在維多利亞戰役被威靈頓擊敗，戰場位置距離法國邊界只有八十五英里左右。約瑟夫嘗試搭乘私人馬車逃離，但遭到英軍的攔截，他只得棄車駕馬，落荒而逃。

在查看車上的內容物時，第十四輕龍騎兵團的士兵很驚喜地發現一只純銀的夜壺，並當場就「解放」了該夜壺成為他們兵團的財產。那只夜壺被很切題地命名為「皇帝」，至今仍被第十四輕龍騎兵團的後繼者、國王皇家驃騎兵團當成在結訓餐會上敬酒痛飲後所使用，尺寸絕對夠大的活動小便斗。正是因為這個軼事，該兵團才得到了「皇帝的貼身女侍」的外號。

那些畫同時也被發現。威靈頓將它們裝箱並送回到英格蘭給他的兄弟威廉，他在信中對威廉說他初步掃過一眼，這些畫似乎沒什麼了不起的。它們的真實價值被發現，是因為威廉讓皇家畫作的管理者看過這些畫，結果當中有四幅畫出自迪亞哥．維拉斯奎茲（Diego Velázquez），包括這名西班牙畫家早年的傑作《塞維爾的賣水人》（*The Water-Seller of Seville*）。在這些畫中，威靈頓個人最喜歡的一幅是柯勒喬（Antonio da Correggio）的《花園裡的痛苦》（*The Agony in the Garden*）。他請人為其特製了畫框，正面有一片可以上鎖的玻璃窗。他會把鑰匙放在口袋裡，據說不時就會把畫窗打開，拿手帕撣掉灰塵。這批畫並未停止給人驚喜。二〇一五年，一名英格蘭遺產委員會的保存人員在清理一幅畫時發現了提香的落款出現在上頭。在那之前，大家長年以來都以為這幅《提香的情婦》（*Titian's Mistress*）是後人仿製的贗品。

威靈頓幾次嘗試要歸還這批畫。一八一四年三月，他寫信給擔任英國駐西班牙大使的兄弟亨利，請他安排一名西班牙官員到倫敦來檢視這批畫作，看看有哪些是被拿走的西班牙皇室藏品。西班牙人對畫似乎並不著急，於是在一八一六年，威靈頓重申了歸還畫作的請求，希望透過西班牙駐英的外交代表費南．努涅茲伯爵（Count Fernan Nuñez），將畫還給西班牙國王。在請示過國王斐迪南七世之後，伯爵回覆說：「國王陛下有感於您的心思縝密，並不想從你手中奪走那些您得來既合乎公理也符合榮譽的物品。」這些畫就這樣由心懷感激的西班牙國王，正式被交到了威靈頓公爵的手上。

部分學者主張威靈頓一開始把畫送回英國之舉證明了他知道這些畫非同小可，而且也想把它們占為己有。他將畫作送回英國，就是要讓西班牙人未來很難再討回去。他主動說要還畫這一點固然沒有爭議，但同一批學者也認為威靈頓多少盼著西班牙能做個順水人情，把畫作送給自己，一如歷史上所發生的那樣。

從頭到尾都沒有爭議的，是這些西班牙皇室藏畫作為一份大禮，被西班牙國王送給了幫助他重返王座的男人。

28
神獸與長頸鹿

西元 1826 年

小尼古拉岳特（Nicolas Hüet le Jeune）1827 年所繪習作，
主題是埃及總督送給查理十世的長頸鹿。

我們前面提過不少次珍禽異獸在外交禮物中的重要地位。這種地位一方面來自牠們的「異」──可以讓收禮者驚嘆不已，另一方面來自牠們的「珍」──，畢竟要把動物當禮物送的難度很高，牠們很不好運輸，照顧起來往往也很花錢，所以這些異國的奇獸只能是有權有勢者才負擔得起的享受。如我們在前面看到過，固然有像河狸這種因為牠的肉、皮毛乃至於分泌物的用處而被當成禮物的例子，更多動物作為禮物的價值純粹是基於他們讓人大開眼界的能力。

在動物界中，最能在外邦讓人看得瞠目結舌的物種，莫過於長頸鹿。高如房子且頸部奇長無比，但卻又兼具優雅的姿態與溫順的脾氣，這樣的長頸鹿看上去幾乎是一種神奇的動物。在中東與非洲辛苦征戰完的凱撒於西元前四十六年回到羅馬時，帶著一頭長頸鹿，旁邊跟著身上頂著火炬的大象等動物，遊行穿過了他的都城。這非凡的動物被安排登場，是為了表達凱撒的大權在握與此次出征的戰果豐碩。後來在慶祝凱撒凱旋的競技比賽中，這頭長頸鹿被一眾獅子支解得血肉模糊，這樣的安排或許是在暗示以凱撒的力量，他想要多少稀奇的長頸鹿就有多少。

若說異國動物作為外交禮物的價值，在於牠們讓人目瞪口呆的能力跟運輸與供養之困難導致的珍稀，那麼長頸鹿就是集兩者於一體。為了將長頸鹿長距離運輸到沒看過牠們的土地上，以成為一份有價值的禮物，你首先得把長頸鹿馴服。而要馴服長頸鹿，你必須捕捉到還是嬰兒的長頸鹿，這樣牠才會習慣與人類互動。嬰兒期的長頸鹿本身就很難伺候，一天得喝二十五加侖的奶。長頸鹿因此是很高檔的外交禮物，特別重要的對象才收得到。

有頭長頸鹿在一四一四年被獻給了中國明朝的永樂皇帝，送禮的是孟加拉的統治者，而他的這頭長頸鹿又是從東非的麻林地（今馬林迪）得來的禮物。又是一個頻繁轉贈異國動物的案例。因為看到奇獸的驚嘆之情會隨著時間遞減，但養牠們的成本與挑戰不會。中國人認為長頸鹿是傳說中的神獸麒麟，類似於東方的獨角獸，並且是吉兆的象徵。

對想要取得長頸鹿作為外交禮物送出的歐洲與中東的君主而言，埃及的統治者長期以來都是重要的貨源。歐洲與中東君主取得長頸鹿，主要是從今日的蘇丹，形式上那是根據埃及與信仰基督教的努比亞之間的《巴克特條約》（Baqt Treaty）所進貢的物品。《巴克特條約》在歷史上是一個源遠流長的協定，從七世紀一直到十四世紀都是其效期，長度堪稱史上第一。年貢的定額一般是兩頭長頸鹿。在十三世紀，埃宥比王朝蘇丹卡米爾（al-Malik al-Kamil）提供神聖羅馬帝國皇帝腓特烈二世一頭長頸鹿，換得了一頭北極熊。腓特烈二世的兒子西西里國王曼弗雷迪（Manfred of Sicily）也收到過一頭長頸鹿，送的人是馬穆魯克王朝的蘇丹拜巴爾，時間是一二六一年。

根據佛羅倫斯藥劑師蘭杜奇（Luca Landucci）的日記，馬穆魯克蘇丹卡伊特拜的大使在一四八七年呈送了一份禮物給羅倫佐（Lorenzo de' Medici），這份大禮主打各式各樣的動物，包括一頭獅子和一種外國品種的羊，不過論星度，獅子跟羊還是比不過長頸鹿。這支馬穆魯克使團是兩國為了商業條約談判所付出努力的一部分，其起點是稍早由佛羅倫斯派往開羅的一支使團。

卡伊特拜或許想要爭取羅倫佐在這件事情上的支持。鄂圖曼蘇丹巴耶濟德二世（Bayezid II）對埃及來說是一項威脅，所以對卡伊特拜而言，符合其利益的做法是讓巴耶濟德得分心去應對同父異母的傑姆蘇丹（Cem Sultan）對鄂圖曼王座的企圖。傑姆蘇丹在一四八二年試圖推翻巴耶濟德未果後，前往羅德島尋求聖約翰騎士團的庇護，而聖約翰騎士團又將他轉到法國，讓傑姆蘇丹在那兒成為了一個具有政治價值，受到禮遇的俘虜。卡伊特拜想要說服法國人把傑姆交給他來看守，主要是在他手中，傑姆將是一筆有用的資產，他可以以此為籌碼去說服巴耶濟德不要對埃及動武。

雖然歷史紀錄不多，但美國作者瑪麗娜（Marina Belozerskaya）認為長頸鹿可能在促成傑姆蘇丹來到埃及的複雜政治操作中，扮演著關鍵的角色。她相信羅倫佐跟卡伊特拜要長頸鹿，可能是為了藉機展現他的國際影響力給佛羅倫斯的公民看。作為麥地奇這個豪門家族的一員，他一直想要捨棄傳統的藏鏡人角色，以更直接的方式統治佛羅倫斯。想達成這個目的，效果最好的禮物莫過於長頸鹿，一來是因為長頸鹿可以讓人感到神奇，二來是這可以呼應凱撒當年凱旋後的長頸鹿遊行。羅倫佐對長頸鹿的渴望完全是政治考量，否則他對動物學可是興趣缺缺。而也正是因為他對動物興趣缺缺，所以長頸鹿一收到，他就立刻打算把牠轉送給法國的安妮（法王路易十一的長女），藉此換取她對於把傑姆交給卡伊特拜的支持。

如果這就是羅倫佐的計畫，那天不從人願的發展就是長頸鹿的死亡。根據銅匠馬西（Bartolomeo Masi）的日記記載，長頸鹿會死去，是因為牠在一處大門門口，把頭卡在了橫梁的兩個突出支架。安妮壓根沒收到她的長頸鹿，傑姆蘇丹也被另行送到了教宗依諾增爵八世的手中。但羅倫佐自己收到長頸鹿的時候，感覺還是挺稱頭的。羅倫佐去世很久以後，瓦薩里（Giorgio Vasari）受佛羅倫斯公爵委託要畫羅倫佐來作為佛羅倫斯的舊宮展示用，結果瓦薩里選擇畫的就是從大使手中接受禮物的羅倫佐，至於那些禮物中最顯眼的，無疑就是那頭長頸鹿。

送長頸鹿給歐洲元首的風潮到此暫時告一段落。要看到這種長頸鹿熱再起，已經是十九世紀初的事了。至於風潮再起的契機，簡單地說就是因為兩個人。第一位是埃及總督穆罕默德帕夏（Muhammad Ali Pasha），他是阿爾巴尼亞裔，生在當時屬於埃及的卡瓦拉，算是鄂圖曼帝國的一部分。他在一八〇一年，法國從埃及撤軍後，隨鄂圖曼派來接收該國的軍隊來到埃及。埃及的統治階層在一七九八年拿破崙用兵之前，是那些夢想著脫離鄂圖曼獨立的馬穆魯克附庸。

穆罕默德帕夏操弄著鄂圖曼與馬穆魯克人之間的權力鬥爭，藉此在一八〇五年讓自己當上了埃及總督的位子。他上任之後便開始剷除高層裡的馬穆魯克人。他想要讓埃及擺脫鄂圖曼的控制，為了做到這點他得讓埃及透過現代化變強。英法等歐洲列強的支持對穆罕默德帕夏有戰略與實質上的重要價值，主要是歐洲大國的支持有助於他規劃中的埃及現代化進程，此外他也很急於安撫這些強權，因為他擔心英法對他支持鄂圖曼帝國鎮壓希臘獨立運動之事會很感冒。外交禮物對帕夏是一項很重要的工具，因為技術上他只是個陽春總督，而不是獨立國家的元首，所以其他的外交手段像是遣代表出使並不是他的選項。

說起穆罕默德帕夏會萌生拿長頸鹿送人來達成外交目的的構想，就不能不提到讓長頸鹿風潮再起的第二個人德洛維提（Bernardino Drovetti），義大利杜林出身的他身分是法國駐埃及總領事，並兼任穆罕默德．阿里的非正式幕僚，還有埃及骨董的藏家，以及供應古埃及文物與奇特動物給歐洲玩家的機會主義者。法王查理十世已經下令要法國外交網蒐集異國的動植物，因此德洛維提恐怕相當有信心長頸鹿這份禮物可以送到查理十世的心坎裡，畢竟這將是有史以來踏上法國土地的第一頭長頸鹿。穆罕默德帕夏的兒子伊斯梅爾在一八二一年入侵了蘇丹，為總督父親取得長頸鹿的能力創造了更好的條件。

穆罕默德帕夏認真想維持法國與英國之間野心的平衡，所以他決定給這兩國各送一頭長頸鹿過去，這種誰也不偏袒的送禮方式，如我們會在後面的故事中看到，將延伸到被當成禮物的方尖碑上。他把第三頭長頸鹿送給了奧地利皇帝法蘭茲一世。但就把奇獸當禮物的目的而言，這三頭長頸鹿的本質並不同於羅倫佐所收到的那頭。雖說這三頭長頸鹿也一樣是送給君主的禮物，但穆罕默德帕夏試圖拉攏的並不只是法王、英王與奧皇，他同時也想爭取法英奧三國的輿論支持。亦即這三頭長頸鹿不光是獻給王者的贈禮，牠們也是某種「公眾外交」（public diplomacy）的工具。其中送到英國與奧地利的長頸鹿雖然都掀起了熱潮，但兩隻動物都沒有活超過兩年。英國那隻以溫莎公園為家的長頸鹿以某種形式獲得了永生，牠的身影留在了瑞士畫家阿嘉西（Jacques-Laurent Agasse）一幅名為「努比亞長頸鹿」的畫上。

被送去法國的那頭母長頸鹿顯然身體比較強壯，牠從亞歷山大港被運到省會馬賽，坐的是一艘甲板挖了個洞，好讓牠的頭有地方伸的船。一八二六年十月駛入法國馬賽港後，長頸鹿在省會內的庭園裡度過了冬天。省長顯然慢慢對受他關照的這隻動物有了感情，而這多少是因為長頸鹿讓他在晚宴上有一個很好的話題，期間甚至有比較得人緣的地方貴族會被招待去開開眼界。

法國當局委託了博物學家若弗魯瓦（Étienne Geoffroy SaintHilaire）去馬賽接長頸鹿，並把牠平安地帶回到巴黎給國王。他是個好人選，曾以科學顧問的身分隨拿破崙在一七九八年入侵埃及，後來又當起動物學教授，創造出一段傑出的職涯。他的名字持續活在好幾種動物的名稱中，例如南美洲有種野生雲豹就叫「喬氏貓」（Geoffroy's cat）。

接下任務的若弗魯瓦認定要把長頸鹿從大約八百八十公里外弄回巴黎，最好的辦法就是讓牠自己從馬賽走到法國首都。一八二七年五月二十日的早上，一支奇特的車隊啟程往北。走在隊伍最前面的是給長頸鹿奶喝的乳牛；另外有一台拖車裝滿了行李以及給長頸鹿吃的固體食物，還有一些德洛維提追加的奇特動物被關在籠子裡，包含一隻來自西班牙特內里費島的獐；長頸鹿身邊有兩名管理員，哈桑與阿提爾，這兩人因為色彩繽紛的衣著，也吸引了不少人注目。若弗魯瓦大致靠著馬車旅行，他經常脫離隊伍前去解決長頸鹿在下一個市鎮的住宿問題，偶爾會需要改裝別人家的馬廄。

長頸鹿身上披著一件量身訂做的油布雨衣，若弗魯瓦訂製此物是為了保護長頸鹿不受法國暴烈氣候的侵襲。以其中一側有著法國王室鳶尾花徽飾，另一側則是穆罕默德帕夏紋章的皇家藍色布料為材料，那件雨衣在功能上也像是禮物的包裝紙，宣傳著裡頭的動物是給法王的禮物，也是法國和埃及邦誼和睦的象徵。長頸鹿在北上的過程中吸引了大量的目光，維安工作的重點因此如同若弗魯瓦所料想的，不是要控制個性溫順的長頸鹿，而是要保護長頸鹿不受群眾的傷害，此時護衛的憲兵便發揮了很大的作用。

查理十世作為皇家禮儀的死忠擁護者，堅持只能長頸鹿來見駕，不能他移駕去見長頸鹿，於是車隊只得一路朝在巴黎西邊的聖克盧宮（Saint-Cloud）而去。穆罕默德帕夏的長頸鹿被詮釋給其收禮者聽的方式，跟卡伊特拜的長頸鹿受到的接待有本質上的不同，前者格外強調的是這份禮物的科學面向。若弗魯瓦因此對查理十世進行了一場科普式的簡報，事後長頸鹿也被託付給巴黎植物園（Jardin des Plantes）的附設動物園，那裡有全歐洲最大規模的奇特動物收藏，管理者正是有科學背景的若弗魯瓦。

這間動物園不同於早期的王室動物園，是對外開放的。數以千計的民眾跑來觀看這頭神奇的生物。長頸鹿熱在法國正式點燃，長頸鹿的主題開始出現在紡織品上、壁紙上、家具上，此外還出現了長頸鹿形狀的薑汁餅乾跟長頸鹿造型的仕女髮型。這隻動物在實質效果上，成為了為消費性商品拓展大眾市場的時尚代言人。只不過長頸鹿的星光來得快，去得也快。來到巴黎僅僅三年，小說家巴爾札克就宣稱只剩下愚鈍的鄉巴佬、百無聊賴的阿嬤，還有單純天真的傢伙會來看長頸鹿。長頸鹿在一八四五年死去後被用作科學用途。其器官被取出後以酒精保存，但現在顯然已經佚失；骨骼則展示於法國的康城（Caen），結果遭到二戰盟軍的轟炸。牠被填充成標本的外皮仍在法國拉洛歇爾（La Rochelle）的自然歷史博物館中，成為樓梯井中的一項展品。

關於這頭長頸鹿的記憶不僅被保留了下來，甚至還被加油添醋。我們不清楚長頸鹿當時被人怎麼稱呼，但牠如今獲得了一個小名「扎拉法」（Zarafa，長頸鹿的阿拉伯語單字），顯然是穆罕默德帕夏的官員在送動物到法國的公文中所使用的稱呼，也是美國作者歐林（Michael Allin）在他為這頭長頸鹿所寫的暢銷傳記中所使用的名字。這名字還出現在二〇一二年一部法國與比利時共同製作的動畫片裡，片中的長頸鹿搭著熱氣球，在一位蘇丹男孩的陪伴下抵達巴黎。查理十世則是片中的反派，最後慘遭河馬大便悶死。外交禮物的來生，就是這麼的讓人意想不到。

29
賠罪的禮物

西元 1829 年

1971 年蘇聯郵票上的沙阿鑽石。

這是一份用來表達歉意的外交禮物，同時也是要預防收禮者在受到傷害後心生報復。這份禮物，或許還牽涉到史上唯一一起由思鄉太監所引發的外交事故。

故事圍繞著一名奇人亞歷山大（Alexander Griboedov），他是俄羅斯劇作家暨外交官，生平浪漫到幾乎不可思議。他曾闖蕩過一個又一個異國城市，曾為了與美麗喬治亞公主的婚約而不只一次與人榮譽決鬥，最終在悲劇中英年早逝。身為作家，亞歷山大的傳世之作只有一部劇本叫《聰明誤》（*Woe from Wit*），故事的主人翁也叫亞歷山大，他在雲遊異國多年後回到莫斯科，卻發現人事全非，又或者改變的是他自己，總之他跟故友與舊愛已經無法溝通。俄羅斯的審查機關禁演這齣戲，但這戲仍以劇本的形式廣為流通，迄今都還是一部讓人琅琅上口的俄羅斯劇本。

不過我們不是要談他的文學人生，而是他的外交職涯。亞歷山大在一八一七年加入俄羅斯外交部，希望能在聖彼得堡的社交圈與文藝圈過幾年輕鬆的日子。只是他涉及決鬥的醜聞一經傳出，便導致他被外派到喬治亞，而他也在當地展開了以波斯跟高加索地區為重心的外交工作。回歸聖彼得堡後，他因為部分友人涉入了改革派年輕貴族以新沙皇尼古拉一世為目標發動的一八二五年十二月黨人起義，加上他本身個性也愛大鳴大放，導致他被猜忌的對象。他被扣留在俄羅斯都城，一扣就是好幾個月。亞歷山大最終證明了自己的清白，第二次返回了喬治亞，替俄羅斯元帥帕斯克維奇（Ivan Paskevich）效力，正好他與帕斯克維奇有親戚關係。

俄羅斯長期在高加索地區採取南進政策，衝擊到波斯（今伊朗）的疆域。一八二六年某次俄軍占領了今日亞美尼亞的塞凡湖後，俄波戰爭就此爆發。波斯的第一波攻勢由王儲掛帥，並取得了一定成功，但軍力較強的俄羅斯很快就重整旗鼓，扭轉了局勢。到了一八二七年十月，俄羅斯人已經攻抵大不里士（Tabriz），波斯於是求和。一八二八年二月，俄羅斯與波斯指揮官簽署了《土庫曼恰伊條約》（Treaty of Turkmenchay），條約內容基本上就是出自亞歷山大的手筆。這份條約對波斯非常苛刻，必須割讓大片屬於今日亞美尼亞跟亞塞拜然的土地，讓其邊界退縮至今日伊朗的範圍。波斯還被迫得交出高昂賠款給俄羅斯，此外還簽訂了一項對後續事件有重大影響的條款，規定俄波雙方都有權要求對方遣返自家的子民。

亞歷山大被派回聖彼德堡，要讓沙皇批准條約，沙皇看了很是滿意，於是論功行賞，將亞歷山大拔擢為駐波斯公使。按他的朋友俄國大詩人普希金所言，亞歷山大對於波斯的未來有種不祥的預感。事實證明，他應該要相信自己這份預感。

他第一站去了喬治亞，在那兒迎娶了正值二八年華的妮娜公主（Nina Chavchavadze），她是俄羅斯當地指揮官的掌上明珠。他帶著新婚嬌妻前往了大不里士，在那兒把沙皇批准的條約呈給波斯王儲。接著他把妻子託付給在大不里士的英國使團照顧，自行在一八二八年十二月啟程前往德黑蘭，為的是把到任國書呈交給波斯的沙阿（Shah，即波斯統治者）。

一開始雙方氣氛非常客氣，波斯人提供了德黑蘭一處舒適的宅邸給他的使團，他的到任國書也呈交給了法特赫沙阿（Fath-Ali Shah）。然而，壞就壞在亞歷山大的使團正好身處在受到《土庫曼恰伊條約》衝擊下搖搖欲墜的波斯境內，事情慢慢開始出了差錯。首先是理應獻給沙阿的俄羅斯外交禮物在轉運過程出現延誤，亞歷山大只得草草拿出二十五枚俄羅斯的新幣來充數。接著某些亞歷山大僕役的行徑引起在地民眾的憤怒。最後是亞歷山大在覲見沙阿時的應對也不盡如人意，造成沙阿在最後兩次面見時拂袖而去，對此亞歷山大也覺得沙阿十分失禮。

不過亞歷山大真正的麻煩，還是得從一名太監說起。原來是一位曾經歷屬於沙阿的太監兼王家後宮帳房找上了俄羅斯使團避難，這位名叫米爾扎（Mirza Yakub Makarian）的太監想要經由亞歷山大談成的條約，回到他土生土長的亞美尼亞。結果謠言四起，有說米爾扎侵吞了王家庫房的款項，也有說他在逃離後宮時棄絕了伊斯蘭信仰。更糟的是，米爾扎宣稱有兩名信基督教的亞美尼亞女性被前任宰相強押在他的個人後宮。亞歷山大於是設法找到了那兩名女子，並以保護為由下令把她們扣留在使團內。結果此舉卻讓俄羅斯人強擄女子、心懷不軌的謠言一發不可收拾。亞歷山大當時正計畫要結束他在德黑蘭的出使任務，回到大不里士跟妻子團聚，並已經正式覲見沙阿辭別。他之所以遲遲沒走，有可能就是礙於米爾扎的出現，而這麼一耽擱，他就再也走不成了。

因為就在此時，德黑蘭的首席「穆拉」（伊斯蘭信仰的宗師）夥同其他宗教幹部，煽動百姓直闖俄羅斯使館，打算劫走米爾扎與兩名女子。他們的理由是俄羅斯人侮辱了他們的信仰，也侮辱了沙阿。一八二九年二月十一日，大群暴民殺進了使館，米爾扎被亂刀砍死，女人被帶走。殺紅了眼的暴民還不滿意，甚至對著使館人員開刀，包括亞歷山大本人。據說他的遺體被破壞得非常徹底，只能靠小指頭的畸形來辨識身分，那是他當年與人決鬥時所留下的。使團成員共有三十七人罹難，惟一倖存的俄國人是躲在使館的另一側才逃過一劫。

在《一八二九年戰役的阿茲魯姆之旅》（*A Journey to Arzrum during the Campaign of 1829*）這

本遊記裡，普希金曾經寫到自己途經當地時有過一段頗具深意的遭遇。他碰上了一輛要前往第比利斯（Tbilisi，今喬治亞首都）的牛車，普希金就問驅車的喬治亞人來自何處。「來自德黑蘭，」他於是又問車上載的是什麼，而對方回覆：「外交官亞歷山大。」這段遭遇十分有名，但似乎與史實不符，因為遇害的亞歷山大被運送過該地區的時間，要比普希金通過該地的地方早上好幾週。

俄羅斯使團遭到屠殺一事，為沙阿政權敲響了警鐘，讓法特赫沙阿對俄羅斯可能的反應誠惶誠恐。波斯王儲試圖撇清責任，他透過英國公使麥唐諾（John Macdonald）發表自己對事件的態度，並認為波斯官方並未涉入這場慘劇。王儲主張民怨的主因是太監犯眾怒的行為、俄方扣留兩名亞美尼亞女性時的思慮不周，以及部分俄方使團隨從對本地人不夠尊重。當時德黑蘭固然有一支好戰派系，這些人相信唯有與俄羅斯一戰才有出路，但法特赫沙阿卻不願事端擴大，他確信唯一的方法就是安撫俄羅斯的怒火。於是乎，王儲之子霍斯羅夫王子（Khosrow Mirza）銜命前往聖彼得堡向沙皇請罪。

請罪之行自然少不了要準備一份大禮，而沙阿選上的是一顆耀眼的鑽石。這顆鑽石是在大約一四五〇年於印度南部的戈爾康達（Golconda）礦區被人發現，重約八十八點七克拉，長得有點像棺材，三面有鐫刻標明歷任主人的姓名與獲得日期——相當於記錄下了這顆鑽石的歷史。它的第一任主人是艾哈邁德納加爾（Ahmadnagar）蘇丹國的統治者，入主年份是一五九一；接著這顆鑽石又在一六四一年落到了蒙兀兒人手中，鑽石上的第二個名字便是蒙兀兒帝國的皇帝；波斯人則是在一七三〇年代擴張時從江河日下的蒙兀兒帝國手中奪得了鑽石，因此銘刻在鑽石上的第三個名字便是法特赫沙阿，時間點是一八二六年。這顆鑽石作為傳達歉意的紅花，還附上了波斯地毯與古代文本擔任綠葉。

霍斯羅夫王子的出使十分成功。沙皇尼古拉一世非常有風度地接待了他，並表示很欣慰波斯沙阿完全沒有涉入亞歷山大的命案。但沙皇堅持要嚴懲犯事者，因為這部分一直沒什麼進展。為了賠罪，波斯沙阿決定將德黑蘭的警察首長下獄，放逐帶頭煽動群眾的穆拉。尼古拉一世最終不僅沒有就亞歷山大之死尋求進一步懲戒，甚至還同意豁免了波斯《土庫曼恰伊條約》的一部分賠款，甚至同意讓波斯展延其中一筆款項五年。沙皇之所以想要息事寧人與波斯修好，原因很有可能是因為當時的俄羅斯正在與土耳其開戰，而沙皇無意多線作戰。

霍斯羅夫王子的出使成了俄波關係的轉捩點。兩國關係自此一路好轉，程度好到令英國人忌憚起俄羅斯能透過波斯來控制阿富汗，進而在英俄大博弈中搶得先機。這一點也成了一八五六年英波戰爭的導火線。

今天的沙阿鑽石，已經成了莫斯科克里姆林鑽石基金會的明星展品之一，也是象徵波斯歷史上曾為了一名外交官向俄羅斯致歉的紀念品。

30

亞歷山大港的方尖碑

西元 1831 年

位於倫敦的「克麗奧佩特拉之針」，是一份由埃及總督送出，但收受者花了數十年才拿到手的禮物。

一如孩子寫信給聖誕老公公要求新的腳踏車，我們已經看到外交禮物也可以透過要求而來。埃及城市盧克索（Luxor，古稱底比斯）廟前那些被送給法國的古代方尖碑，就是一個很好的例子：這就是一份法國想要所以提出要求，而埃及總督也出於自身盤算而將之送出的禮物。

法國會想要方尖碑，一部分跟拿破崙一七九八年的埃及戰役有關，也就是地緣政治與貿易的動機——說白了就是想阻止英國進入印度，並協助南印度邁索爾王國的蒂普蘇丹（Tipu Sultan of Mysore）一臂之力，順便發展法國在印度的商業利益。但除此之外，埃及戰役當初也有強烈的科學與文化考量：除了四萬大軍，拿破崙此役還帶上了一百六十七名科學家。作戰期間發掘出的古文物，包含羅塞塔石碑在內，以及畫家德農在《上下埃及遊記》中的描述，都刺激了「埃及學」的發展，激起歐洲以法國為中心的一股埃及狂熱。這股鋪天蓋地的埃及熱強化了方尖碑原本就存在的魅力，那股魅力源自於這些修長的結構是由羅馬帝國時期就已奠定的一種尊敬。古羅馬人將大約兩打方尖碑運到了都城，後來被文藝復興時期的諸教宗用來突顯羅馬這永恆之城的榮耀。

拿破崙戰敗後，復辟後的路易十八同樣對古埃及著迷，於是指示法國駐亞歷山大港總領事洽詢埃及總督穆罕默德帕夏，希望瞭解由埃及贈送法國方尖碑的可能性。對於法王來講，方尖碑既可以祝賀他重登王座，也可以突顯巴黎不在羅馬之下。但是，埃及總督有什麼理由要配合路易十八呢？

在本書第二十八章的長頸鹿故事裡，我們已經看到穆罕莫德帕夏對外交禮物的倚賴，解此達成取得歐洲強權對其在東地中海闖蕩的默許，也希望藉禮物換得歐洲大國支持他為埃及擘劃的現代化進程。長頸鹿如此，方尖碑亦然。一點古物若能換得歐洲的支持，顯然對埃及而言不足掛齒，畢竟對滿心想著現代化與增強國力的埃及總督而言，留著古物也沒有什麼用。

要送給法國的方尖碑是亞歷山大港的兩座方尖碑之一，它們原本是在法老圖特摩斯三世統治期間放置於古埃及大城赫里奧波里斯（Heliopolis），但在羅馬控制埃及期間，改按開國皇帝奧古斯都的意志遷到了亞歷山大港，為的是紀念被神化的凱撒，替亞歷山大港的凱撒神廟增色。這兩座方尖碑的外號是「克麗奧佩特拉之針」，但其實埃及豔后本人早在這兩根針來到亞歷山大港的若干年前就已經過世。這兩座方尖碑之一已經在十四世紀初的一場地震中倒塌，之後被拆除並送到英國當禮物。法國準備收下的是還立著的那一座。

著名的埃及學者與象形文字解讀者商博良（Jean François Champollion）在前往埃及進行科學探險期間，突然有了別的想法。他覺得亞歷山大港的方尖碑只屬二流，並敦促法國索要立於盧克索神廟的正門兩側，屬於拉美西斯二世的方尖碑——看起來是在對禮物挑三揀四。結果探險工作的操勞，讓原本體弱多病的商博良更加不堪負荷，最終在一八三二年以四十一歲的英年早逝。

此時法王查理十世繼位，他派出了由泰勒男爵（Baron Isidore Taylor）率領的使團，去確保禮物能換成盧克索的方尖碑。原本盧克索的方尖碑已經被埃及許諾要贈送給英國人，好在泰勒男爵與埃及共同研擬出了一道解決方案：將盧克索的兩座方尖碑贈予法國，而英國人則被另行承諾了卡奈克神廟中屬於女性法老哈特謝普蘇特（Hatshepsut）的大方尖碑。法國人覺得自己占了個大便宜，因為哈特謝普蘇特的方尖碑實在太過巨大，若不把卡奈克神廟給拆了肯定搬不出來。英國人最終連試都沒試，就此放棄。一八三〇年，法國爆發七月革命，查理十世遭到推翻，迎來了路易・菲利普一世。儘管如此，新法王也與埃及確認了送禮事宜一切照舊。

法國人（有些意興闌珊地）試著要把同樣贈送給他們的亞歷山大港方尖碑運回來，並為此派去了一艘駱駝號前往載運，但這艘船卻沒有足夠適合的裝備，而法國人想要放倒方尖碑的計畫也因為缺少木頭而難以推動。然而法國人此行的真正目的，是要把盧克索的西方尖碑給拿到手，那是埃及答應要送給法國的三座方尖碑中，在商博良眼中最美麗的一座（商博良發現盧克索的東方尖碑出現裂痕，為此提醒法國政府西方尖碑較佳）。一八三一年四月十五日，一艘大船駛離了法國的土倫港，朝著埃及而去。這艘名為盧克索號，就是為了把盧克索的西方尖碑給運回來而打造的特製駁船。這艘船必須同時應付較淺的尼羅河與塞納河，應付更加開放的水域，還得要能夠穿越巴黎的橋底，以及撐得起方尖碑的體積與重量。

負責這趟運輸作業的，是髮國工程師萊巴斯（Jean-Baptiste Apollinaire Lebas）。方尖碑的拆卸、運輸與重新樹立可是一項大工程。萊巴斯在成行前，在當年六月份會晤了埃及總督。由於個頭較矮，穆罕默德帕夏在雙方會面時逗趣地假裝看不到他。噢，他們當場肯定笑翻了吧。

萊巴斯與他的團隊面對著紛至沓來的艱困難題。事實證明，出現裂痕的不僅是東方尖碑，而是連西方尖碑也裂開了，不幸中的大幸是後者裂得較不嚴重。萊巴斯接著還得與大批屋主進行漫長的談判，以賠償毗鄰方尖碑的住家、擋住尼羅河航道的住家，或是必須拆毀的住家。後來甚至還爆發了霍亂。萊巴斯等人在種種困難中持續努力，並在一八三一年十二月將方尖碑拖上了盧克索號，但他們仍等到隔年八月的尼羅河水位上漲後，方得以駕著盧克索號出發返法。他們在這趟回程中小心翼翼，並為此放慢了航行速度，結果盧克索號直到一八三三年的十二月才抵達巴黎，接著又多等到隔年八月的河水水位下降。唯有等船隻擱淺，才能安全地搬動方尖碑。方尖碑的新基座得先行準備好，上頭用來裝飾的畫作顯示了萊巴斯是如何成功在埃及放倒方尖碑。法國人從盧克索方尖碑的原址基座取回了一塊石頭，上頭描繪的是一排狒狒以後肢站立，抬起前肢向太陽敬拜。帶回這塊石頭的原意是要裝飾新基座，但最終法國人捨棄了這個計畫，改而將舊基座的石塊送進了羅浮宮。畢竟以當時法國的清教徒氣氛，狒狒下體的描繪或許還是太露骨了些。

方尖碑被選定的新址是位於巴黎中心的協和廣場，這裡是法國近代史上一處令人情緒激動的地方。須知該廣場在一七五〇年代開闢時原本是要紀念法王路易十五，也因此他的雕像原本就放在廣場中心，直到人們在法國大革命時拉倒了雕像，協和廣場也成了處決人的刑場——法王路易十六就是在此走到人生的盡頭。埃及的方尖碑之所以被安放在此處，是因為這座紀念碑與法國動盪的近代史沒有任何牽扯，所以可以想像是個安全的選項。方尖碑在一八三六年十月二十五日被安上新基座，超過二十萬人湧入廣場來目睹完工過程。功臣萊巴斯廣獲讚揚，他在一八七三年過世後葬於巴黎的拉雪茲神父公墓（Père Lachaise Cemetery）。他的墓地也很切題地設計有一座小方尖碑。

一八四五年，穆罕默德帕夏收到了法王路易．菲利普的回禮，那是一座古董大鐘。大鐘被放進了穆罕莫德帕夏大清真寺的一座塔內，該清真寺是由這位總督委託建造，就位於開羅大城堡區內。這鐘從安裝好的第一天起就一修再修，從來也不曾正常運作過。就在我寫作本書的同時，另一座鐘正在前往埃及替換的路上。法國人從未嘗試把盧克索的東方尖碑運出埃及。一九八一年，時任法國總統的密特朗正式將東方尖碑的所有權原地歸還給埃及政府。

至於亞歷山大港的兩根克麗奧佩特拉之針，最終也以外交禮物之姿離開了埃及，只不過時間上晚了幾十年，而且目的地都不是法國。倒下的亞歷山大港方尖碑是穆罕莫德帕夏送給英國人的禮物，為的是感謝他們協助埃及擺脫拿破崙的控制。結果英國人長年都沒有興趣去收取這項禮物，因為英國政府顧慮運送巨大方尖碑的成本與後勤負擔，同時英國的埃及學者們也表達了對方尖碑品質崩壞的擔憂。當埃及總督在一八六七年把方尖碑所躺的土地賣給一名希臘商人後，其新主人堅持要將方尖碑移走。這時埃及總督才施壓英國人，要他們來把禮物搬走，但由於英國政府還是不肯買單運費，因此最終是靠著職業軍人兼旅行家亞歷山大爵士（Sir James Edward Alexander）的奔走與他皮膚病專家好友威爾森（Professor Erasmus Wilson）的出資，才順利解開這一僵局。這兩人以威爾森的資金委託英國工程師迪克森（John Dixon），請他將方尖碑運回倫敦。受託的迪克森在一八七七年來到亞歷山大港。

迪克森一行人將方尖碑裝進一艘巨大的運輸船，那是一艘浮著的鐵製圓柱體，附有桅杆跟甲板室，而船隻也恰如其分地被命為克麗奧佩特拉號，並由蒸汽拖船奧爾嘉號一路推回英國倫敦。結果災難就發生在南接西班牙且東臨法國的比斯開灣，突然降臨的暴風雨讓克麗奧佩特拉號失去控制。奧爾嘉號派出六名船員乘救生艇去接應克麗奧佩特拉號上的組員，結果救生艇翻覆反而造成六人滅頂，好在克麗奧佩特拉號的組員在棄船後平安獲救。克麗奧佩特拉號並未沉沒，而是被另外一艘船接濟，並由英國在付清了救援費之後從西班牙的港口中領回。這肯定是歷史上頭一回，有人為了救援方尖碑而付費。克麗奧佩特拉之針最終得以在一八七八年豎起在倫敦的維多利亞堤岸，置身於一群多少有點俗氣的展品之間，其左右各有一頭獅身人面像護衛，鄰近的長椅上還有更多小獅身人面像點綴。

亞歷山大港的第二座方尖碑自始至終（沒有倒下的那座），都沒有被運回法國，但倒是吸引了美國人的注意。在看到倫敦方尖碑的運輸風波在媒體上吵得沸沸揚揚後，美國人也想要弄一座方尖碑來作為自己與歐洲列強平起平坐的象徵。美國總領事法爾曼（Elbert Farman）鍥而不捨地遊說總督伊斯梅爾帕夏（Isma'il Pasha），希望他能送一座方尖碑給美國，一八七九年他終於有志者事竟成。一如倫敦的方尖碑，一位民間贊助者同意負擔拆卸與運輸成本，這人就是美國鐵路大亨范德比（William H. Vanderbilt）。埃及總督願意送禮的動機跟幾十年前的穆罕莫德帕夏類似，也是希望美國可以支持推動埃及的現代化。不過比起先前的案例，美國求取這份禮物的過程更加不順利，原因之一是隨著十九世紀慢慢前行，埃及國內對國寶的流失也產生了疑慮。

美國海軍軍官葛林吉（Henry Honeychurch Gorringe），贏得了將方尖碑從亞歷山大港運到紐約的合約。他在一八七九年十月抵達亞歷山大港後，卻遭到眾多當地人反對移走方尖碑，尤其是亞歷山大城內的外國人反對最力。為此葛林吉只得在方尖碑上升起美國國旗來宣示產權。最終他總算放倒了方尖碑，並將之送上了他特地向埃及政府購得的蒸汽船德蘇格號。方尖碑在一八八〇年七月抵達紐約，並在隔年年初被豎立在中央公園。

古希臘方尖碑在各國首都的身影，並不是沒有引發過爭議。二〇一一年，埃及當時主掌最高文物理事會的部長哈瓦斯（Zahi Hawass），就指責在紐約的方尖碑宛如棄兒，並表示如果紐約不願好好照顧文物，就會爭取將其運回埃及。美國的方尖碑復原計畫於是在二〇一四年啟動。大都會藝術博物館的策展人後來發現，紐約方尖碑劣化的主因並非紐約的環境，而是因為它曾經橫躺在赫里奧波里斯的沙漠裡好幾個世紀。

31
美國政府送給原住民酋長的和平章

西元 1837 年

1801 年的傑佛遜和平紀念章，上面有著一雙緊握的手、交叉擺放的斧頭與菸斗，外加「和平與友誼」等字樣。

我們已經在中國與日本的故事中，看到歐洲列強利用各種禮物想要發展與亞洲各帝國的關係。相形之下，歐洲人在北美卻碰上了一群文化迥異的原住民。他們在北美大陸的疆域擴張，往往伴隨著價值不高，甚至有點可有可無的外交贈禮。新荷蘭殖民地總督米紐特（Peter Minuit），就曾在一六二六年向美洲原住民購入了曼哈頓島，只花了價值僅六十荷蘭幣的貨品。

在與原住民之間不對等的禮物交換中，和平紀念章也扮演了重要的角色。這類上頭一般有著君主人像的紀念章，被十六世紀開始屯墾當地的歐洲殖民者當成給原住民的禮物，也是雙方友誼與聯盟的象徵。這項習俗被美國建國後的喬治．華盛頓政府採用，並延續至十九世紀末以前的每一任美國總統。

這些和平紀念章通常是銀質製品，章上的圖像用來突顯平等的夥伴關係。惟這段夥伴關係的時空背景是美國大舉西進拓荒的時期，宣稱要實現昭昭天命。也就是說，這段期間的美國人就是想要以東岸的定居農業為範本，徹底重塑西部的新天地，並引入各種新體制。簡單來說，這種夥伴關係完全不可能平等，因為所謂的「昭昭天命」，其內涵就包括對北美原住民土地的蠶食鯨吞。

一七九二年喬治．華盛頓和平紀念章的正面，我們可以看見兩個站立的身影，一個是美國原住民，另一個就是華盛頓，相互注視的兩人似乎流露著友善的目光。但就在圖像前景展示著兩造如何平起平坐的同時，背景卻能看到一群犁牛的圖案，那正是一幅屯墾農業在逐步西擴的景像。早期的華盛頓和平章都是手雕而粗糙。但自傑佛遜總統以降，和平章就改由美國在費城的鑄幣廠負責生產，其做工也愈來愈細緻。

一七九二年的華盛頓和平章上還存在著另一種不平等，亦即畫中的原住民只是象徵性的身影，但華盛頓卻是真有其人。紀念章與美國總統的連結從一八〇一年的傑佛遜和平章開始，變得更加明顯：此時正面不僅有總統像，還索性略去了原住民的形象。至於背面的設計則有一雙緊握的手，一邊是原住民，一邊是歐洲人，手的上方則有一對交叉的斧頭跟和平菸斗，外加「和平與友誼」的字樣。探險家路易斯（Meriwether Lewis）與克拉克（William Clark）帶足了這些和平章橫越北美，前往太平洋沿岸，展開了他們從一八〇四到一八〇五年間的遠征，期間他們習慣將和平章連同衣物跟菸草一併送出。這種設計的變體被用在了許多和平章上，直到一八四〇年代尾聲的泰勒總統任期為止。

和平章在禮物身分上的成功，很大程度要歸功於它們可以融入北美原住民社群中行之有年的習俗語境。所謂「行之有年」，是指四千年起跳——漫長的時間裡，北美原住民都有在部落群體中掛戴貝殼頸甲來作為地位象徵的風俗。和平章也以同樣的方式被原住民佩戴在脖子上，在族人眼中具有著外人向酋長致敬的意思而十分搶手。從一七九〇年代開始，和平章就分成了三種尺寸，其中愈大者愈受追捧，因為獎章愈大，就代表愈重要，懷抱著更高的敬意。和平章因此成了一種傳家寶，會在歷任酋長中代代相傳。

和平章的贈送通常發生在正式典禮中，地點要麼在美國的邊疆，要麼在首都，且通常伴隨著條約的簽訂。從美國的角度觀之，和平章是條約的視覺化象徵，而條約的容不外乎是美洲原住民出售他們的土地，提供軍事支援，或是提供毛皮等原物料。打著友誼與對等的旗號，和平章象徵的其實是美國的力量凌駕在美洲原住民之上。美國總統范布倫（Martin van Buren）手下的戰爭部長波因塞特（Joel Poinsett）今天最為人所記得的軼事，就是他是一名狂熱的業餘植物學者：他曾經寄送一種讓他在墨西哥印象深刻的植物樣本回到美國，結果在美國被取名為「波因賽提亞」（poinsettia），也就是聖誕紅。一八三七年，在頒發和平章給索克族部落酋長們的華府典禮上，波因塞特告訴酋長們說不論何時他們見到和平章，他們都要「記得你們對白人的義務，絕對不可讓白人以你們的行徑為恥」。這種說法堪稱集帝國主義、父權思想與種族歧視於一身，跟夥伴關係八竿子打不著。

美洲原住民酋長對這些和平章的理解則比較分歧。索克族部落的兩名酋長對和平章截然不同的反應，突顯了這種複雜性。索克族加上與他們關係密切的福克斯族在一八〇四年達成協議，共同放棄他們在密西西比河以東的威斯康辛跟伊利諾州土地，包括他們代代相傳在洛克河沿岸的村落。

其中一名索克族的領袖黑鷹反對一八〇四年的協議，並以一呼百諾的主戰派身分崛起。在一八一二年的戰爭中，黑鷹與英國人結盟對抗美國，更在一八三二年領著部眾回到密西西比河以東，進入伊利諾州州境，結果引發了最後一場在洛克河以東的原住民戰爭，史稱「黑鷹戰爭」。黑鷹在戰後遭到關押，並在之後的口述自傳中明確表示自己不願接受或佩戴美國頒發的和平紀念章——但他所拒絕的不是和平章的概念，而是拒絕由美國所發的和平章。他提到過自己在一八一二年的戰爭中佩戴過英國人給的和平章，並表示英國人給的承諾雖然比較少，但都有遵守，所以英國人比較可靠。反之美國人的話都說得很好聽，但最後都以食言告終。

基奧卡克是與黑鷹敵對的索克族領袖，不論是與美國打交道或對於和平章，他都採取了不一樣的立場。如果黑鷹是主戰派，那基奧卡克就是談判派。他與美國達成了一系列妥協，包括將部落一步步往西撤。不難想像的是，美國政府熱衷於與基奧卡克合作。或許基奧卡克所簽署的這些條約，以及他所收下的和平章，都是為了確保他能繼續統領族人。從現代人事後諸葛的角度來看，黑鷹反抗不平等條約的做法比較崇高，比較值得尊敬——或許也正是因為後人的這種評價，所以黑鷹的名號才流傳了下來，活在了美國開發的黑鷹直升機上，也活在四艘美國海軍船艦跟不計其數的美國球隊上。而基奧卡克只是愛荷華州的一個小鎮，而且還是在他生前就已經命名的。

然而，我們還是得將基奧卡克的行為放回當時的時空環境下來解讀，當時他得面對強大的美軍與西進的白人墾民。賣土地與將部落西撤等選擇，都是為了保存蘇克族的傳統經濟，也就是在快速更迭的地景上按照季節進行狩獵。這種傳統經濟體系，其實原本就包括要按照季節來放棄蘇克族的村落——所以如果堅持要待在白人屯墾區附近，那這種體系就會經營不下去。索克族也確實不想跑得太遠，因為他們還是希望附近就有可以做生意的貿易商跟可以取得打獵器材供應的鐵匠。若是緩緩地往西移動，保持在稍微比西進的白人墾民快一點的速度，就可以讓傳統經濟模式延續下去。

基奧卡克是索克族在一八三七年派往華府的代表團核心，他此行就是要協一眾部落領袖去領取范布倫總統頒發的和平紀念章。會有這趟活動，是出於美國時任印地安事務專員哈里斯（Carey Allen Harris）的要求，並由索克族、福克斯族、蘇族與愛荷華族的部落領袖所共同促成。美國政府辦理這活動有兩大目標，一是要斡旋出索克族、福克斯族與蘇族間和平解決爭議，另一則是要取得更多原住民的土地。第一個目標或許沒怎麼達到，但第二個目標則獲得基奧卡克的同意，他們會在先前由索克族割讓的土地基礎上，進一步往西再讓渡一百二十五萬英畝的土地。索克族為此換得了十萬美元的資金，這些錢一部分用來抵銷部落的債務，一部分作為興建水車與扶助農業的資金，還有一部分被用於部落的年金。在談判過程中，基奧卡克拒絕了美國出資提供由傳教士興辦學校，乃至於其他會導致文化變遷的提議。

在華府的愛荷華族代表質疑起索克族賣地的資格，他們主張那些地是愛荷華族傳統領域的一部分。基奧卡克反駁，說索克族已經透過征服而從愛荷華族手中取得了那些土地。美國政府選擇站在基奧卡克這邊，互許就代表他們認定跟基奧卡克比較好談，保住他對美國較為重要。

此時已經獲釋的黑鷹被基奧卡克以索克族的代表之一帶到華盛頓，據說是因為基奧卡克擔心他留在家鄉會圖謀不軌。黑鷹的一幅肖像由畫家金恩（Charles Bird King）操刀，並收錄在《北美洲印地安部落史》（*History of the Indian Tribes of North America*）這部出版品裡，畫中的他在胸前戴上了范布倫總統頒發的和平紀念章。那感覺就像他放棄了自己對美國進逼的抗拒與骨氣。

若說從美國官方的角度來看，和平章代表了原住民族對所簽訂條約的應許，那麼反過來說從美洲原住民的角度去看，和平章也同樣具體代表了白人許給他們的承諾。若從這個角度來說，原住民與美國政府的交往，其實是原住民想藉此拓展他們以互惠作為義務的社會網絡。對蘇必略湖以南與以西的阿尼斯那阿貝（Anishinaabeg）等部族來說，有必要時可以呼叫外援始終是一項重要的生存之道。畢竟他們就生活在一個就物理環境而言非常殘酷的地方，沒有外援就有在寒冬中食不果腹的風險。

一八三二年，一位名叫艾希克布格科什（Aishkebugekosh）的阿尼斯那阿貝族酋長用紅漆潑灑了他獲得的和平章、旗幟跟貝殼串珠等象徵其部落與美國結盟的信物。他藉此宣洩對美國的不滿，抱怨美國沒有依約保護阿尼斯那阿貝族不受蘇族的侵擾，他族人遇害時美國也沒有出手干預。對於和平章等外交禮物的處置，例如將其抹紅，就是用行動讓美國知道他們就是像這樣玷汙了雙向的承諾。艾希克布格科什把和平章扔到了美國代表的腳邊，懇請美國當局重新擦亮這面銀章。換句話說，他其實希望美國政府能夠重啟談判，更新協議。但這樣的希望似乎是落空了，因為對方在天黑之前就閃了人，此後也沒有開啟新一輪的談判。

說到底，對於美洲原住民而言，和平章並非只是一個飾物，或是一種伴隨條約簽署的外交禮物，而是跟紙本文件一樣同屬協議一部分的信物。一旦美國不遵守信物所乘載的承諾，那麼這銀章本身也就不具任何價值了。

32
莎拉・福布斯・波妮塔

西元 1850 年

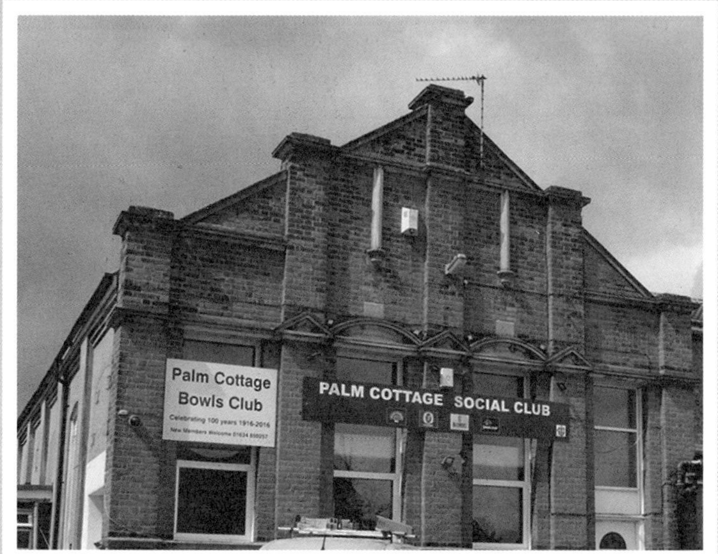

英國基林漢（Gillingham）的棕櫚屋，也就是莎拉・福布斯・波妮塔從 1855 到 1861 年的家。

這是一則為了拯救人命而收下外交禮物的故事，也是一則維多利亞時代中期的英國懷抱熱忱對抗奴隸貿易，以及慈悲的英國女王如何無微不至地照顧一名西非約魯巴族（Yoruba）少女的故事。這還是一個突顯了維多利亞時代中期的文化優越感與女權發展，如何與今日世界格格不入的故事。

故事要從福布斯這名皇家海軍青年艦長跟他的波妮塔號說起。一八四〇年代尾聲，波妮塔號在西非執行反奴隸貿易的任務。福布斯在其非洲冒險的記述中提到，他們在一八四八年只花了短短六個月就抓到了六名奴隸主。一八四九年，他抓住了機會，陪英國駐達荷美王國的新任副領事到王都阿波美（Abomey）覲見國王。

在他所著的《達荷美與達荷美人》（*Dahomey and the Dahomans*）中，福布斯描述國王蓋佐（Ghezo）是個「會欺壓鄰國的可怕暴君」，一個以奴隸貿易來支撐經濟且窮兵黷武的國家元首。對蓋佐來說，他可以定期透過固定於每年十一或十二月發動的掠奪戰爭來獲取奴隸。蓋佐的上位，靠的是巴西奴隸販子索沙（Francisco Félix de Sousa）支持他在政變中推翻他的弟弟。在索沙死後不久，英國便派出福布斯加入的使團，希望能施壓蓋佐終止奴隸貿易。

福布斯想替出使的探險隊進行裝備，但這件事有其挑戰性。當地的通貨是寶螺貝殼，他便事先兌換了價值五十英鎊的貝殼，結果數量多到他需要雇用五名女性挑夫才能帶得走。他為此行另外購置了五十加侖的蘭姆酒，結果又需要十名挑夫來運送。福布斯對蓋佐宮殿的第一印象，坐實了他對這名國王的看法，原來宮牆頂端都裝著骷髏頭。使團繼續前進，卻在讓蓋佐國王同意終止奴隸貿易的目標上無功而返。交換禮物是此次出使的一大要務，也是福布斯心中的一大累贅，他抱怨交換禮物「麻煩得要死，當地整個經濟體系都是由捐贈構成，而捐禮物的人都期待能從中獲利，或至少要能回本，於是怎麼樣都不滿意」。新任副領事很遺憾地在行程中一病不起，不久後便撒手人寰。

隔年福布斯收到達荷美國王的邀請，原來是蓋佐要他出席一年一度的「達荷美週年慶」，當中有一系列為時數週之久的慶祝活動，包括祭拜先王與閱兵遊行，以及致贈禮物給國王，再由國王分發給老百姓。其中拜祭先王的環節需要以活人獻祭，而祭品就是倒楣的奴隸，他們會被斬首了結性命。與福布斯同行的是貝南灣暨比亞法拉灣領事畢克洛夫特（John Beecroft），這人早在前一年被任命為領事前就已在當地出名。

福布斯對達荷美慶典的描述重點，在於他嘗試透過閱兵遊行來確認蓋佐的兵力，以及推估舉辦相關活動的總花費。英國代表團嘗試說服國王蓋佐，說棕櫚油貿易會比奴隸貿易更加有利可圖，但這位國王並不為所動，依舊堅稱他的子民是戰鬥民族，生性不宜務農。福布斯記下了自己在這場人祭慶典中的小小勝利：他與畢克洛夫特聯手救下了被挑選為活祭品的三個人，代價是一人一百元。除此之外，福布斯本人還多拯救了一名奴隸少女，其年齡約在八歲上下。她出身於歐克歐丹村（Oke-Odan）的貴族，隸屬於約魯巴族的部落。歐克歐丹村在一八四八年被蓋佐出兵占領，當時是有內奸開門讓敵軍進入有圍牆的村子。女孩的雙親跟許多村民一樣死於達荷美人的屠戮，兄弟姊妹則下落不明。女孩的傳記提到，福布斯能夠說服蓋佐饒過這孩子，是靠敦促蓋佐將她送給維多利亞女王當成外交禮物。福布斯自己在《達荷美與達荷美人》書中講得更為直白：那孩子就是蓋佐送給福布斯本人的外交禮物，而他在考量過使團當下所處的環境後，判斷這孩子最好能取得皇家財產的身分。不論哪一種說法更貼近事實，可以確定的是福布斯收下這份外交禮物之舉救了女孩一命。福布斯離境時帶上了女孩，並安排她在奈及利亞的巴達格里（Badagry）由英國海外傳道會施以浸禮。她的新名字叫莎拉·福布斯·波妮塔，姓氏中融入了福布斯的人名跟波妮塔號的船名。

福布斯在一八五〇年七月回到英格蘭，隨後致函海軍部部長，向上級長官報告了達荷美國王所送的禮物。在他收到的回覆中，海軍部表示女王陛下很樂意安排少女後續的就學與前途。在福布斯的陪伴下，少女莎拉於一八五〇年十一月九日在溫莎城堡被呈給了維多利亞女王。她似乎讓女王一看就滿意，福布斯因此在回憶錄中提到了她的過人之處：「她是天才中的天才，如今她的英語已經十分流利，還展現了在音樂上的長才。」莎拉被安排住在溫莎城堡不遠處的溫克菲爾德宮（Winkfield Place），與福布斯一家同住。女王陛下會負擔她的一切開支，並交由王室帳房總管菲普斯爵士（Sir Charles Beaumont Phipps）全權處理，而菲普斯爵士的妻子瑪格莉特則會負責照料莎拉的起居。

女王三天兩頭就來探看這孩子，並喚她為莎莉，明顯很開心有她作陪。但莎拉在英國的身子卻很虛弱，冬天一到就時常生病。一八五一年，女王決定莎拉應該在非洲接受教育，就是希望暖和一點的天氣可以讓她好起來。女王會做成這項決定的另一個原因，或許是福布斯少校在那一年前往非洲的旅途中傳來了死訊。維多利亞時代中期的英國，致力於「基督教化」非洲的工作，而莎拉作為其中一員被派到了英國海外傳教會在獅子山首都自由城的女子學院。女王陛下寄了書籍與劇本等禮物給她，而穿著講究的莎拉在校內也備受尊重。出於某種沒有揭露的原因（但可能跟莎拉在獅子山很寂寞有關），瑪格莉特·菲普斯在一八五五年致函校方，建議將莎拉送回英格蘭。

由於福布斯的遺孀已經遷居蘇格蘭，返回英國的莎拉就被安排了一個新家：在肯特郡基林漢的棕櫚屋，她會在那裡跟舒恩牧師（Reverend James Frederick Schoen）同住。舒恩牧師的家庭被認為適合莎拉，一大原因是他有過在非洲傳教的經驗。今天的棕櫚屋有一個聯誼會，還有招牌寫著這裡也是梅德韋聽障俱樂部、棕櫚屋滾球俱樂部與基林漢游泳世界俱樂部的總部。英國廣播公司也在屋外掛了一塊不大的銘牌，上頭載明這裡從一八五五到一八六一年是莎拉·福布斯·波妮塔的家。

莎拉在舒恩家度過了一段快樂的時光，只可惜她的身體狀況還是非常不穩定。她恢復了面見女王的慣例，並與女王所出的愛麗絲公主相交為友。習於社交的她，曾在一八五八年出席了維多利亞長公主與普魯士王子腓特烈·威廉（後來的腓特烈三世）的大婚。此時莎拉本人的終身大事，也開始讓她身邊的人傷起腦筋。女王盼著莎拉能夠有個好歸宿，但跨種族結合並不在當時的選項之內。維多利亞女王與菲普斯女士於是希望莎拉能夠接受戴維斯（James Pinson Labulo Davies）的求婚，因為戴維斯剛好是獅子山出生，又有一對約魯巴族的雙親，而且他的雙親都是由皇家海軍所搭救的奴隸貿易受害者。戴維斯在英國海外傳教會在自由城的學校念完書，加入了皇家海軍，接著成為商船船長，發展出了在西非從商的興趣。而他不久前才喪偶。

只可惜莎拉似乎沒有愛上戴維斯，甚至還決心要拒絕他提出的婚事。不過女王與菲普斯女士似乎已經決定要讓莎拉看見戴維斯的好，為此不惜降低她在英國的生活滿意度。莎拉從舒恩家被送去跟布萊頓的兩個老太太同住，其中一人是菲普斯女士的親戚。莎拉並不喜歡被哄說要去陪兩個老人家解悶，直言自己的落腳處是個「悲涼的豬圈」。隨著艾伯特親王（維多利亞女王丈夫）在一八六一年十二月辭世，莎拉開始不再堅持忤逆女王的心意。她於是同意了跟戴維斯的婚事。兩人的婚禮作為當時的社交盛事，辦在了布萊頓的聖尼古拉教堂，現場冠蓋雲集。莎拉則由她在達荷美的救命恩人福布斯的兄弟，託付給了戴維斯。

新婚後的小倆口搬到了自由城，莎拉在那裡的女子學院任教。維多利亞女王同意擔任莎拉第一個孩子的教母，並理所當然地將孩子命名為了維多利亞。女王提供了一筆資金，還給莎拉送去了純金的浸禮用品組。小家庭之後又搬遷到了奈及利亞的拉哥斯，生下了老二跟老三。壞消息是莎拉的身體狀況每況愈下，還被診斷出罹患肺結核。她被送到葡萄牙西南方的離島梅德拉靜養，但還是在一八八〇年撒手人寰。她的長女維多利亞不時會去探望她的女王教母，後來則嫁給了約翰·蘭德（John Randle）這名活躍於拉哥斯政界的西非大醫師。

莎拉·福布斯·波妮塔的人生短暫卻精采。差點被人祭的她被人救下，並因此成了國禮，然後被救了她的英國人塑造成一個樣板。英國人讓她融入維多利亞的上流社會，代換掉了她原本的西非文化背景，再讓她去代言大英帝國對非洲大陸的道德感化。她的生平一而再再而三被作家與廣電媒體拿來當作創作素材，洗白著大英帝國的黑歷史。英國廣播公司在二〇一六年製作的節目《黑人與英國：一段被遺忘的歷史》（*Black and British: a Forgotten History*）中，活躍於電視圈的歷史學者歐盧索加（David Olusoga）就講述了莎拉的故事，而這也是棕櫚屋前那幅銘牌的由來。莎拉的故事還出現在莎娣·史密斯（Zadie Smith）在二〇一六年的小說作品《搖擺時代》（*Swing Time*），書中的敘事者會去莎拉當年成婚的教堂外面幽會。

33
美國總統的堅毅桌

西元 1880 年

橢圓形辦公室中，從堅毅桌下探出頭來偷看的卡洛琳與凱莉．甘迺迪。*

* 譯註：卡洛琳是甘迺迪總統的女兒，凱莉是甘迺迪總統之弟羅伯．甘迺迪的女兒。

接下來要講述的，是外交禮物界的傳奇故事：一份精挑細選的禮物，經過重新改造後變成另一份同樣合適的禮物，象徵著英美兩國關係的回溫。但這份禮物的誕生，卻源自於一場失敗與悲劇。

堅毅桌被當成禮物的故事，得從英國心心念念的一件事說起：英國人長年想找到一條穿過北極海並連結大西洋與太平洋的西北航道，好縮短與中國通商的距離。這是當時英國人的一項執念，極圈的地名無一不對應著那些功敗垂成的人名：哈德遜灣的亨利．哈德遜（Henry Hudson）、弗羅比舍灣的馬丁．弗羅比舍（Martin Frobisher）、巴芬島的威廉．巴芬（William Baffin）。一八四五年，英國海軍部正在規劃他們最新一次的西北航道探險，他們的隊長人選是約翰．富蘭克林（John Franklin）。富蘭克林原本不是英國的首選。他是極地探險的老將，許久以前有過兩次陸路探險的資歷。但他如今已年近六旬，體態也有點走樣，畢竟他不久前都還在擔任范迪門斯地（今澳屬塔斯馬尼亞州）總督。他的優勢是忠實與膽識，而且深得下屬信賴，再加上他的悍妻珍．富蘭克林夫人（Lady Jane Franklin）以極高的政治手腕為夫婿不遺餘力地遊說爭取。這趟任務主打兩艘耐用的船隻，分別是幽冥號（Erebus）與恐懼號（Terror），兩艘船都有充分裝備可以應付航程。一八四五年七月，探險隊抵達了巴芬灣，在那兒遇到了兩艘捕鯨船，然後就此消失在世人的視野。

隨著英國國內對富蘭克林探險隊的下落愈來愈擔心，一趟兵分三路且海陸並進的救援任務就在一八四八年展開。但他們沒能找到任何關於富蘭克林的蛛絲馬跡。富蘭克林夫人四處奔走，一方面對官方進行遊說，一方面號召輿論支持救援工作，結果是找到富蘭克林成了英國舉國上下的念想。風靡一時的民謠《富蘭克林夫人的悲歎》（*Lady Franklin's Lament*），透過對探險隊失蹤之謎的描述，描繪了當時英國人的心情。這首曲子啟發了後來的民謠，成了英國民謠樂團 Pentangle 與英國民謠歌手馬汀（Martin Carthy）精美錄音的主題，也為巴布狄倫的歌曲《巴布狄倫之夢》（*Bob Dylan's Dream*）提供了旋律與若干歌詞。一八五〇年，或受海軍部或受民間之託，超過五支英國探險隊共計十一艘船隻出發去搜救富蘭克林與他的隊員，其中一支隊伍還是由富蘭克林夫人自掏腰包。

第一支搜救隊是由柯林森中校（Richard Collinson）率領的奮進號（Enterprise）為主，皇家海軍上尉麥克盧爾（Robert McClure）所率的調查者號（Investigator）為輔。他們的任務是從太平洋端進入北極。柯林森生性謹慎，麥克魯爾則天不怕地不怕，兩人在太平洋分道揚鑣後，實質上變成了兩支各自為政的隊伍。日後麥克盧爾將會成為英國國會官方認證的首位西北航道發現者，只不過能跟他搶這頭銜的對手其實很多，包括富蘭克林。事實證明，所謂西北航道並不如英國人所想像的那麼了不起，主要是西北航道不是只有一條，但當中沒有哪一條不迂迴，不危險，不受限於季節，更沒有哪一條具有商業價值。

一八五〇年出發的另一支救援探險隊，是由奧斯汀（Horatio Austin）率領的四艘船隊。其中作為旗艦的皇家海軍堅毅號，就跟奮進號與調查者號一樣，都是特別針對極探險地進行裝備的帆船，不僅木材經過強化，內部還有由火爐供熱的暖氣系統。

除此之外，急於找到夫婿的富蘭克林夫人也致函美國總統泰勒，敦促他派出美國探險隊。泰勒似乎被富蘭克林夫人的懇求感動，或者是受到美國說不定能發現西北航道的吸引，便開口要求國會出錢派隊救援。美國國會原本非常擔心救援的成本，但船運商人葛林奈爾（Henry Grinnell）及時買下了雙桅橫帆船前進號（Advance）與救援號（Rescue），並將這兩艘船借給美國海軍，組成另一支由海文上尉（Lieutenant Edwin De Haven）指揮的探險隊。

在一八五〇年出發尋找富蘭克林的搜救探險隊實在太多，他們甚至不時會在極地相遇。事實上當三名富蘭克林探險隊員的墓碑在比奇島（Beechey Island）上被發現時，在場的就有三支不同的探險隊。這個發現雖然令人難過，卻無法對整支富蘭克林探險隊下落提供線索，各路探險隊的搜救只能以失敗作收。這場搜救也產生了另外一個問題，那就是並非所有船隻都順利返航。柯林森的奮進號與麥克盧爾的調查者號也都音訊全無。

這下子壓力大了，因為人們要拯救的已經不只是富蘭克林，而是還要拯救去找富蘭克林的人。一八五二年，探險老將貝爾區爵士（Sir Edward Belcher）率領一支新的救難隊出發，但這人缺乏對極地探險的經驗與熱情，而且個性剛愎自用。這支隊伍共有五艘船，其中一艘就是堅毅號，這回改由能幹的凱勒特上校（Captain Henry Kellett）指揮。貝爾區爵士的船隊分成兩組，他自己帶兩艘船前往威靈頓海峽（Wellington Channel），凱勒特則率兩艘朝梅爾維爾島（Melville Island）前進，剩下的第五艘船北極星號則留在比奇灣當補給站。隨著船隻遭到冰層凍住，船員們只好分頭乘雪橇深入極地搜救。一八五三年，堅毅號終於救到了麥克盧爾的調查者號隊員，此時他們已經在冰雪中受困了三年，隊員們的狀況相當惡劣。

到了一八五四年春天，酗起酒且迫切想離開極地的貝爾區，拋棄了他被凍在冰中的船隻，並下令要凱勒特比照辦理，對此凱勒特非常生氣。隊員們帶著被救起的麥克魯爾船員，靠雪橇抵達了唯一沒有被冰凍住的北極星號。在日後對棄船艦長進行的軍法審判中，麥克盧爾受到了褒揚，凱勒特洗刷了清白，而貝爾區雖然也獲判無罪，但法庭只是一聲不吭地發回了他的軍官配劍。他餘生將再無海軍艦艇可以指揮。

同年十月，哈德遜灣公司的探險者瑞伊（John Rae）來到倫敦，帶來了有關富蘭克林探險隊下落的消息。他從北極圈附近的因紐特人處取得了各種物品，包括上頭看得到幽冥號指揮官姓名字首的銀匙，還有銘刻著「約翰・富蘭克林 KCB」字樣的銀盤（KCB 代表爵級司令巴斯勳章）。瑞伊的二手描述顯示富蘭克林的船隻毀於冰塊擠壓，隊員被迫改以雪橇往南前進，但飢餓慢慢地要了他們的性命。這項發現最具爭議的一點，是因紐特人觀察到遺體呈現破損狀態，表示部分隊員最後可能被逼到食人。維多利亞時代的英國，特別是富蘭克林夫人，都對這種指控怒不可遏。瑞伊領到了確認探險隊命運的懸賞，但代價是他成了在十九世紀英國的主要探險家之中，唯一一位沒有被封為爵士的人。二十世紀的人骨碎片分析，確認了疑似食人的咬痕確實存在，顯示瑞伊傳遞的訊息很可能是真的。

瑞伊提交的證據，加上克里米亞戰爭的爆發，以及柯林森的奮進號在歷經五年探險的折磨後才於一八五五年返英，在在都讓繼續派出救難隊的動力大減。但一八五九年一支由麥克林托克（Francis McClintock）率領的隊伍，仍舊成功在極地的石塔中找到了一份手寫訊息：那是一八四八年四月二十五日由富蘭克林探險隊所留下，確認了富蘭克林已經在一八四七年六月身亡，同時卡在冰塊中的驚恐號與幽冥號也已經在一八四八年四月二十二日被拋棄。

一八五五年秋天，在歷經了失望的漁獲季後，美國捕鯨船喬治亨利號在返航回到康乃狄克途中，遇上了當年被遺棄的皇家海軍堅毅號：這艘船飄流到了凱勒特拋下她的一千兩百英里外。捕鯨船長巴丁頓（James Buddington）決心把堅毅號這個價值不菲的打撈品帶回港口，問題是他船上的組員只有二十六人。所幸經歷一番艱困的掙扎，兩艘船都撐過了暴風雨的襲擊並成功返航。堅毅號在以捕鯨為業的小鎮上成為了觀光景點，甚至連替遊客準備的觀光列車都應運而生。問題是這艘船之後該怎麼辦呢？

一八五〇年代，英美關係出於各種原因而相當緊張，這包括遠西地區的海上邊界劃定，還有英國在中美洲的利益問題。葛林奈爾作為富蘭克林美國救援隊的金主，又是富蘭克林夫人的朋友，看到了一個可以利用堅毅號促成英美關係破冰的機會。葛林奈爾寫信給美國國務卿，提議讓美國政府向喬治亨利號的股東們買下堅毅號，把船修好，再作為外交禮物歸還英國。維吉尼亞州參議員梅森（James Murray Mason）促成了國會法案來授權這項計畫，並為此撥款約四萬美元。堅毅號在布魯克林海軍船塢修復完成，接著揚帆橫越大西洋，在一八五六年十二月十二日抵達了英國港都樸茨茅斯，之後就是在正式移交前的各種慶祝與設宴。維多利亞女王在親赴考斯（Cowes）造訪了船隻，並接見了美國船員。雖然不少人希望看到堅毅號繼續在極圈服役，但該船再也沒有離開英國，並於一八七九年退役。

堅毅號退役後，部分船身上的木材便被挪為他用，間接示範了外交禮物的創意可以產生多大作用：僅僅靠著一份禮物，就鞏固了英美的雙邊邦誼，只因為這東西讓人聯想起收禮者多年前的善意與慷慨。一張令人讚嘆的辦公桌，就此誕生在肯特郡的船塢裡，這張桌子大約有六英尺寬跟四英尺長，成為維多利亞女王要送給美國總統拉海斯的禮物。該桌的設計結合了各種突顯兩國友誼的意象，包括兩國的旗幟，以及與極地探險有關的場景。一面黃銅銘牌記錄了這張桌子既是一份贈禮，也是「一項紀念品，紀念堅毅號帆船成為禮物背後的初衷、禮節與溫情」。堅毅號船身的木材還另外打造成幾張較小的桌子，其中一張被送給了葛林奈爾的遺孀，以褒揚他致力於搜救富蘭克林的付出。

一八八〇十一月，堅毅桌被送到美國總統海斯手上。此後桌子就被安放在總統辦公室，並被後續多數的美國總統所使用：堅毅桌只有在一九六三到一九七七年間不在白宮，而是在史密森尼博物館參加巡展。堅毅桌曾以白宮內的不同部門為家，並於一九六一年第一次被送進橢圓形辦公室（即總統辦公室），當時是作為第一夫人賈桂琳．甘迺迪的白宮復原計畫一環，她是在廣播室中發現了這張老舊的桌子。堅毅桌曾經在不少歷史經典畫面中軋上一角，一張一九六三年的照片裡，就可以看到甘迺迪總統年幼的兒子乘著父親在上方桌面辦公之際，從桌子的腿部空間隔板中探出頭來。

堅毅桌逐漸演化出了不同的功能，每一任總統皆對其進行了不同的修改，以符合各自的需求。腿部空間的隔板是由小羅斯福總統訂製，為的是遮住他小兒麻痺的腿部輔具。該面板上有著代表美國總統的紋章，所以讓堅毅桌的美國味因此變得更加濃厚。堅毅桌會在某些時期被額外墊高，例如在雷根總統任內，主要是他發現堅毅桌腿部空間的頂端太矮，會卡到他的腿。堅毅桌如今被擺在橢圓形辦公室內，從送禮者的角度來看，一份外交禮物找不到比這更完美的「定位」了。

堅毅桌作為外交禮物的成功，啟發了更多類似的餽贈。一九六五年，時任英國外長哈洛德・威爾森（Harold Wilson）就將堅毅號上的鐘贈予了當時的美國總統詹森。堅毅桌還啟發了英國首相戈登・布朗（Gordon Brown）在二〇〇九年會晤美國總統歐巴馬時的禮物選擇，其細節我們會在本書的最後一章講到。總之，本章的故事見證了一場極地悲劇是如何催生出一份禮物，而這份禮物又是如何見證了英國與美國之間的邦誼長固。

34
自由女神像

西元 1884 年

自由女神像。

說自由女神像是全世界最有名也最好辨認的外交禮物，或許並不過份。這座雕像當年的正式名稱是「自由照耀世界像」，如今已經成為美國與美國價值的象徵。只不過這份禮物的誕生，其實不是由政府，而是由民間的私人主導。從發想到揭幕的漫長過程中，這份禮物的意義也歷經了許多變化。對促成這份禮物的不同參與者來說，自由女神像也有著各自非常不一樣的面貌。

自由女神像固然是許多人共同推動完成的計畫，但這項禮物的起源其實可以追溯至兩名法國人身上：拉布萊（Édouard René Lefebvre de Laboulaye）與巴托爾迪（Frédéric Auguste Bartholdi）。

拉布萊是法蘭西公學校的比較法學教授，對美國十分憧憬。他在美國身上看到了一套穩定的民主模式，與長年專制且偶爾爆發暴力革命的法國經驗形成了強烈對比。當時法國像他這樣的人並不算少，最著名的就是曾經親身參與美國獨立戰爭的法國將領拉法葉侯爵，他後來在法國推動溫和派政府可謂不遺餘力；另一個代表人物則是托克維爾（Alexis de Tocqueville）這名外交家學者，他以《民主在美國》（*De la démocratie en Amérique*）一書，揭櫫了以尊重他人權利為前提下的個人自由，究竟有著何等的重要性。

拉布萊利用他在法蘭西公學校的講課時間，研究了美國憲政體制的優點，其講課內容後來也成為他那部《美國史》（*Histoire des États-Unis*）三冊套書的基礎。他逐漸成為知名的美國之友。美國駐巴黎總領事非常肯定他關於美法交往史的文章，將之四處發放，而拉布萊也在一八六四年獲頒哈佛大學的榮譽博士學位。他甚至為了宣揚美國的美德，而寫了一本叫作《在美國的巴黎》（*Paris en Amérique*）的幻想小說：故事中的巴黎市透過靈媒德林姆（Jonathan Dream）的力量被傳送到麻塞諸塞州。拉布萊在小說中的分身勒菲弗博士先是嘲笑在地人，後來卻慢慢懂得欣賞美國的德性，尤其是在地社群的凝聚力。儘管對美國充滿熱情，拉布萊這輩子卻從來沒有去過美國。

以自由立國的美國，卻有著「奴隸制度」與「種族隔離」這兩項汙點。這也是為什麼聯邦政府與林肯總統的最終勝利，對拉布萊來說無比重要，因為那證明了民主政府可以在面臨重大威脅時堅守自身原則。美國的領袖以普世框架打造出了一套政治體系，有意識地提供了民主政體的模範給其他國家效法。從這個角度來看，一七七六年七月四日的美國《獨立宣言》便是以人權為核心，一種放諸四海而皆準的主張。而林肯總統在一八六三年的《蓋茨堡演說》也同樣是以訴諸全人類的觀點，在重新定義美國內戰。那一仗考驗的不只是美國，而是在考驗世界上「所有基於此等構想而令人致力奉獻的國家，能不能千秋萬載」。

說到構想，自由女神像的概念起源，經常被追溯至一八六五年那場由拉布萊作東，辦在他凡爾賽附近家中的晚宴。那天他的座上賓就是來自法國阿爾薩斯地區一名年輕雕刻家，巴托爾迪。據說拉布萊在席間反覆提議，可以用某種公共碑塔來彰顯美國對於自由原則的堅定信念，而且可以由美國兩國共同打造，以象徵兩國人民在美國獨立戰爭中並肩作戰的情誼。這段自由女神像的典故，源自巴托爾迪自身的回憶，其出處是一八八五年用來在美國為雕像基座募款的宣傳手冊。最早提及自由女神像計畫的書面資料，只能追溯到一八七一年巴托爾迪或拉布萊的書信之中。也就是說，即使拉布萊真的在一八六五年晚宴中提過自由女神像，他們在接下來的五六年內似乎也沒有任何行動。

對法國而言，一八七〇與一八七一是非常難熬的兩年。一八七〇年的普法戰爭，以對法國而言羞辱的敗戰告終，甚至連巴托爾迪的家鄉阿爾薩斯都因此落入德意志人的新帝國之手，拿破崙三世的法蘭西第二帝國也因此崩潰。隨之而來的，就是戰後的社會動盪。巴黎人民公社的極端革命政府控制了法國首都，直到在一八七一年五月的「流血週」被法軍驅逐為止。就是在這樣的時空背景下，拉布萊與巴托爾迪構思出了他們的自由女神計畫。巴托爾迪在一八七一年六月來到紐約，身上帶著拉布萊的介紹信當護身符。在這次的深度訪問中，巴托爾迪選中了紐約港的貝德羅島（今自由島）作為豎起神像的理想位置。

事實證明，要在美法兩地累積各界對計畫的支持，再為巴托爾德規畫的巨大雕像募得所需鉅款，是一條漫漫長路。為了籌措募款，拉布萊在一八七五年成立了法美聯盟，其成員來自於政壇的溫和派共和黨人。作為一項贈送給美國的禮物，法方將負擔雕像本身的成本，而美國只要負責基座的興建費用。拉布萊與巴托爾迪原本希望雕像可以趕上美國獨立一百週年，也就是一八七六年，但事實證明這個目標太過好高騖遠。到了那一年，巴托爾迪只來得及在費城舉辦的百年國慶展的最後幾個禮拜，趕出了神像右臂與火炬，但這已經讓展場的參觀人潮絡繹不絕。觀眾看得津津有味，甚至還爬上火炬四周的陽臺去體驗。展完的右臂與火炬被送到紐約的麥迪遜廣場，然後又越過大西洋被送回法國，並在那兒跟慢慢成形中的雕像會合。

如果右臂與火炬是給美國民眾的開胃菜，那法國人自己嘗鮮的部分就是自由女神的頭部，場合是在一八七八年辦在巴黎的世界博覽會。當時法國出現各種募款活動，包括出售自由女神像的小型陶土複製品，上頭還有巴托爾迪的簽名；還有一場夜間巴黎歌劇院的夜間音樂會，主打作曲家古諾

（Charles Gounod）為募款量身打造的清唱劇《自由照耀世界》（La Liberté éclairant le monde）。

由於雕像本體實在太過巨大，其募款與建造實在曠日費時，以至於好幾名計畫的關鍵人物都沒能活著看到計畫實現。主工程師歐仁（Eugène Viollet-le-Duc）在一八七九年辭世後，改由以創新造橋技術聞名的土木工程師艾菲爾（Gustave Eiffel）接手。一八八三年，拉布萊也撒手人寰，他身為法美聯盟負責人的角色落到了雷賽普（Ferdinand de Lesseps）的頭上。雷賽普是舉世聞名的蘇伊士運河開發者，還開了另外一家公司並自任總經理，想在巴拿馬複製在埃及的壯舉。自由女神像首先在法國組裝，然後在一八八四年七月四日這個具有特殊意義的日子裡，由雷賽普代表法美聯盟委員會將之移交給時任美國駐法大使莫頓（Levi P. Morton）。移交典禮辦在巴黎的加吉特與高賽爾公司（Gaget, Gauthier and Company）工作坊現場，而莫頓在致詞中表示他收下的這座雕像「不僅是藝術品，還是法國人民堅定友誼的紀念碑」。

除了巴托爾迪、雷賽普與法美聯盟的委員會會員，參加這場活動的還有法國政府的高階代表。根據一封莫頓寄給美國國務卿弗里林海森（Frederick Frelinghuysen）的信，時任法國總理費里（Jules Ferry）曾在活動前向莫頓保證，說法國政府「無意自外於這場偉大的宣言」。法國政府希望讓世人看到他們也認同巴托爾迪，為此還將協助提供把自由女神像運送到美國的船隻。

基座的問題還有待解決。法美聯盟委員會的紐約分支正在努力募款，希望籌措基座的興建資金。由於自由女神像是一件象徵性作品，難以獲得那些希望能夠具體描繪出美國建國英雄模樣的民眾產生共鳴。除此之外也有某些人質疑，為什麼一項發想於海外的雕像會需要美國人幫忙出資。

此時跳出來解圍的，就是著名報人普立茲（Joseph Pulitzer）。普立茲透過《紐約世界報》舉辦了一場深具號召力的募款活動，引發廣大讀者的遐想——他公開承諾會把贊助者姓名登出來，而且不限金額大小。這背後還有政治運作的考量，因為身為民主黨支持者的普利茲，希望藉此將活動主導權從共和黨主導的法美聯盟手中搶過去。普立茲的募款方式，同時也是在將自由女神像的定位，從法國富翁送給美國富翁的禮物，改成了法國民眾送美國百姓的禮物。

一八八五年六月，自由女神像以零件狀態抵達了美國紐約市，等到隔年四月基座終於完工後，自由女神像的組裝工程才正式開始。最終自由女神像在一八八六年十月二十八日一場由美國總統克里夫蘭主持的典禮上，被獻給了美國。

這項打造自由女神像的計畫，一路上總共受到了四項動機的影響，而這四項動機的重要性從計畫的發想到實現，歷經了不同程度的起起伏伏。最重要的動機，就是要褒揚美國的政治成就，因為美國提供了穩定的民主政府給世界當典範。不過具體而言是自由女神像的哪一個面向最能代表這項政治成就，就不太好說了。

假設自由女神像的構想真是誕生於一八六五年，也就是林肯遇刺那年拉布萊家中的一場晚宴，那就有可能是受到廢除奴隸制的啟發。拉布萊是法國反奴隸制協會的主席，而自由女神腳邊那條被打破的腳鐐，就可以被理解為擺脫奴役的解放。巴托爾迪拿給拉布萊過目的初代雕像設計圖裡，有著更明顯的腳鐐設計，除了腳邊，女神左手中也會握著斷鍊。據說拉布萊建議把腳鐐換成一塊石板，上頭寫著「一七七六年七月四日」，因為他認為腳鐐太讓人聯想到掙脫奴役的過程，而不是自由的永恆。若此說為真，那麼廢除奴隸制雖然是自由女神像想傳達的一部分訊息，但隨著南北戰爭結束且逐漸遠去，這項訊息的強度只會愈來愈弱。

第二項動機與前一項有關，也就是鼓吹法國也採行與美國類似的政府形式，但這就牽涉到自由女神像所欲發揚的自由是哪種自由。巴托爾迪所描繪的自由女神，與德拉克羅瓦（Eugène Delacroix）在一八三〇年那幅著名油畫《自由引導人民》（*Liberty Leading the People*）中所呈現出的自由形象，可以說有著天壤之別。德拉克羅瓦的自由是革命化身的袒胸女子，頭戴法國革命分子最愛的自由之帽，率領著民眾衝鋒。巴爾托迪的自由女神則有著沉穩可靠的形象，同時也脫去了自由之帽。這便是拉布萊心目中的自由，代表著共和主義保守路線的自由，而這路線不僅反對君主制，也反對激進左派。也就是說，自由存在於極權主義與無政府主義的中間地帶。此時的法國剛經歷過拿破崙三世的專制獨裁，緊接著又是巴黎人民公社的革命與混亂，這兩種體驗都讓「美國經驗」在拉布萊等溫和派自由主義者眼中，顯得魅力十足。

第三項動機是突顯法美兩國的緊密關係，提醒人們勿忘法國在美國獨立戰爭中扮演的角色。當時的時空背景是法國擔心自己正在流失在美國的影響力，而且英國與德國正在崛起。美國在一八七〇年的普法戰爭中較青睞普魯士的理念，同時大規模的德裔移民赴美，也使得美國境內的德裔遊說團體日益強大。貿易關係是一項重要考量，畢竟法美聯盟在大西洋兩岸的高層都非常在意商業利益。雷賽普就認為，自由女神像可用來確保美國對其巴拿馬運河計畫的支持。

就藝術層面來看，這座新古典主義的雕像並不算什麼曠世巨作，這點巴托爾迪自己也不否認。

但她無疑是工程上的傑作，艾菲爾藉由掛著銅質薄板的鐵骨框架，展現了其高超的工藝創新技術。自由女神像因此可以說是法國工商業界的名片，展現法蘭西的創業才華與技術造詣。

我們可以在雕刻家巴托爾迪的早期生涯中，看見影響這座雕像的第四項動機。巴托爾迪一直都對巨型雕刻感興趣，尤其是在一八五〇年代的埃及之行後，當時他被門農巨像（Colossi of Memnon）迷得神魂顛倒。巴托爾迪決心自己創造巨像。他於是在一八六九年回到埃及，向總督伊斯梅爾帕夏（Isma’il Pasha）提議在新蘇伊士運河入口處興建一座巨大雕像。他的設計靈感是來自一名女性埃及佃農，她的形象就是一座身穿袍子與高舉火炬的燈塔，照亮來往的海上交通。巴托爾迪甚至連作品的名字都取好了，就叫作「埃及帶來光給東方」。只不過埃及的這位總督無權撥出預算，所以這項計畫後來並無進展。

巴托爾迪後來盡了各種努力，就是要淡化胎死腹中的埃及計畫跟自由女神像的關連。這並不令人意外：在替自由女神募款的過程中，要是被人知道巴托爾迪的雕像設計是把埃及的失敗計畫拿來回收再利用，那肯定會是一場公關災難。話說回來，他對自由女神的設計顯然反映了一些埃及農婦的元素。巴托爾迪想要打造巨像的野心與私心，就這樣變成了推動自由女神計畫的其中一項動機。

自由女神可以一次兼顧這麼多不同的目標，仰賴她極具象徵意義的形象色彩。除了左手石板上寫著一七七六年七月四日這個日期外，自由女神身上並沒有一翻兩瞪眼的美國元素，所以如何解讀都可以見仁見智。自由女神後來確實成了美國的象徵，惟自由女神如今所象徵的概念，跟當年她的創造者們所懷抱的理念，兩者之間並不完全是一個等號。

自由女神像傳達的一項訊息，是在肯定美國所培育與保障的自由，但這一點也成為美國早期許多利益團體的明顯箭靶，畢竟美國有很多族群並不覺得自己有享受到什麼自由。紐約州女性參政權協會會長莉莉（Lillie Devereux Blake）就曾有感而發地說：「在女性沒有政治自由的土地上，樹立起以女性形象所設計的自由雕像，我對此唯一的驚嘆與感佩，全都來自男性所展現的雙重標準。」不少華裔美國人也覺得美國沒什麼自由好讚揚，因為一八八二年的《排華法案》關上了華工移民的大門。華裔美國人邵崧波更在一八八五年投書《太陽報》總編，抗議自己被要求捐款興建自由女神像的基座，以便美國可以吹捧一份許多美國人（包括他在內）享受不到的自由。

不過在整體上，自由女神像受到的美譽還是多於毀譽。一八八三年，詩人艾瑪·拉撒路（Emma Lazarus）為基座募款活動寫了一首十四行詩，《新巨人》（*The New Colossus*），詩中將自由女神像重新定義為一個象徵，象徵著美國就是移民們的機會之地。自由女神在詩中呼喚著舊世界：「給我你的倦者，給我你的窮人，給我你抱團取暖而渴望自由氣息的大眾。」巴托爾迪曾認為美國是一處避難所，讓在母國遭到迫害的人能有一個新的歸宿。他在許多場合重複闡述這項理念，並認為這正是自由女神像的意義所在。這種詮釋很快就壓倒了自由女神像與溫和派共和主義或是與法美關係的複雜聯繫。如今她就位於紐約港的入口，成為迎接新移民與引導新移民進入美國的明燈。

二〇〇五年五月，喬治亞共和國總統薩卡希維利（Mikheil Saakashvili）送給美國小布希總統一禎照片。那張著名的照片攝於二〇〇三年的喬治亞玫瑰革命，上面有一名示威者手握一尊小小自由女神像。巴托爾迪的雕像已然是自由的象徵，而這對其創造者而言，不啻是一項驚人的成就。

35
東京送給華府的三千零二十棵櫻花

西元 1912 年

美國華府的櫻花季，用盛開提醒人們這是 1912 年來自日本的禮物。

華盛頓特區的潮汐湖畔周圍種滿了櫻花，使當地成為華府的著名景點。每年春天的美國國家櫻花節，那裡就會化身為獨樹一幟的風景。透過水池反射來取景華盛頓紀念碑的無數照片，都自動加上了櫻花構成的相框。這些樹飄洋過海來到美國的故事，就像自由女神像一樣，讓我們看到影響外交禮物誕生的人物，是如何從政府內部擴散到政府外部，範圍愈來愈大。送禮國的一名著名化學家跟一名市長在這份禮物的從無到有上發揮了大用；而收禮國也有三個人在遊說讓櫻花來到華府的過程中扮演要角，其中一人是平民百姓，一人是政府官員，還有一位是總統夫人。

這個平民百姓叫作伊萊莎（Eliza Ruhamah Scidmore），是愛荷華州出生的記者暨旅行文學作家。她有一個在亞洲擔任外交官的兄弟喬治，最終順利升任美國駐日本橫濱的總領事。因著這層淵源，伊萊莎在一八八五年帶上母親，第一次造訪了她日後會一再造訪的日本，而她立刻就迷上了這個東方國度。一八九一年，她出版了一本旅遊書，書名叫《日本，人力車旅情》（*Jinrikisha Days in Japan*），字裡行間滿溢著對日本與日本國民的傾慕之情。她開始熱烈稱讚日式觀念與日本文化，據說日語「つなみ」（津波）一詞會變為英語外來語「tsunami」，就要感謝伊萊莎的手筆。伊萊莎最傾慕的一項日本文化，就是「はなみ」（花見），也就是賞花，準確來說是欣賞稍縱即逝的櫻花之美：那是幾百年來日本人每逢春天的一大盛事。從一八八五年她首次赴日後，伊萊莎就開始遊說在華盛頓特區的公共建築辦公室沿著波多馬克河兩岸栽植櫻花樹。

就像櫻花樹一樣，她的遊說行動並沒有立刻結出太多果實，但這項把櫻花樹引進華府的倡議將吸引到第二個關鍵人物的支持，而這次登場的是一名政府官員，名叫大衛（David Fairchild）。大衛是亞歷山大・貝爾（Alexander Graham Bell，就是發明電話的人）的女婿，在美國農業部擔任種子與植物引入科的科長。美國政府擔心農作物的種類過於單一，因此大衛的任務就是要引進世界各地的植物來促進美國農業產出的多元化。他從印度引進了芒果，從中國引進了黃豆，還在埃及考察了棉花的種植技術。

一如伊萊莎，大衛也瘋狂愛上盛開的日本櫻花，並在一九〇二年訪日時蒐集了大約三十種櫻花。有部分美國園藝學者認為，華盛頓的氣候對日本樹種而言太過嚴峻，但大衛決心證明櫻花樹也可以在美國東岸生生不息。他在馬里蘭州一棟名為「林中」的宅邸內栽種了櫻花樹，並雇用一名日本園藝師來協助他照顧這些嬌客。一九〇八年的植樹節（四月最後一個星期五），他邀請了市內的學童來領取櫻花樹，並請小朋友們將之帶回母校種植。大衛在那天活動尾聲的致詞中提議，希望能在波多馬克河的新生地上種植櫻花樹（他當時已經與伊萊莎交換過意見）。

故事的第三名主角就此登場，她就是美國總統塔夫脫的第一夫人，海倫（Hellen Herron Taft）。華府在二十世紀初最為人詬病之處，就是貴為一國的首都，其公共空間卻索然無味，為此密西根州參議員麥克米蘭便在一九〇二年推出了一項針對華府的「碑塔中心開發計畫」，希望美化白宮、阿靈頓公墓、國家廣場（華盛頓紀念碑前的大水池）、聯邦三角歷史景區等由官署跟紀念建物構成的首都中心。海倫身為第一夫人，責無旁貸地挑起了波多馬克公園這塊半荒地的開發計畫，希望為市景美化計畫盡一份力。她在一九〇〇到一九〇三年偕擔任總督一職的丈夫住過菲律賓，當時她就愛上了馬尼拉倫禮沓公園（今黎剎紀念公園）那令人心曠神怡的親水環境。

伊莱莎寫信給海倫，介紹了透過公共認捐取得資金以在波多馬克公園內種植櫻花樹的方案。與此同時，大衛則聯繫了新任的公共設施辦公室長官寇斯比（Spencer Cosby），表示願意為該區提供五十棵櫻花樹。分頭行事的這兩人都獲得了正面的回應：他們的提案都符合第一夫人對波多馬克公園的願景。海倫曾在前往菲律賓與丈夫會合時路過日本，雖然沒能親眼見證日本的櫻花季，但她無疑十分心儀日本文化。

就在這個節骨眼上，日本正式登場。日本此時正在找機會報答美國斡旋出一九〇五年《樸茨茅斯條約》，讓日俄戰爭畫下句點的恩情。如今貴為總統的塔夫脫當年曾以戰爭部長一職對此出力甚深，且曾於一九〇五與一九〇七年兩度訪日。故事的化學家在此登場，那就是駐美的日籍化學家高峰讓吉。高峰讓吉靠著分離高峰澱粉酶這種酵素的專利而致富，但他最著名的成就其實是從動物腺體中分離出腎上腺素。除此之外，他也致力於強化日美友好關係，並在得知美國第一夫人有意引進櫻花後，立刻提議要贈送兩千棵櫻花樹。這項提議也獲得東京市長尾崎行雄的同意。

於是，這些樹就藉由越洋貨輪運過了太平洋，再靠鐵路從美國西岸橫越到東岸，最後在一九一〇年一月抵達華盛頓特區。接下來發生的事情，突顯了美國農業部內部的多頭馬車。當初大衛想要引進世界各地的新植物，但馬拉特（Charles Marlatt）所率的昆蟲局則擔心櫻花會夾帶外國病蟲害進入美國。而在檢查過這些樹木後，馬拉特給出的報告結論是這批貨感染了「你想像得到的幾乎每一種蟲害」，於是下令把這些樹一把火全燒了。這份外交禮物的觸礁，間接促成了美國在一九一二年制訂出《植物檢疫法》，旨在為外國植物的進口建立更結實的法律架構。美國政府也新成立了聯邦園藝委員會，擔任植物檢疫法的執法單位，並由馬拉特出任首任主委。

這兩千棵樹的下場雖然讓各界下不了臺，所幸處理得宜的外交書信往來及時撫平了波瀾。日方也決定記取教訓，決定改以東京市政府的名義，再一次捐贈櫻花樹給華府，而且數目加碼到三千零二十棵。日本人這次非常小心地在培育過程中用上了科學監控，希望盡可能降低樹株染病的風險。這批樹木在一九一二年的情人節當天由橫濱港出發，而且除了要給華府的份，船上還載了一批數量相近且是要給紐約河濱公園的櫻花樹。這次的櫻花樹漂亮地通過檢疫考驗，有關單位全都鬆了一口氣。

一九一二年三月二十七日，在一場沒有敲鑼打鼓的典禮中，第一夫人海倫與日本大使珍田捨巳伯爵的夫人聯袂在華府潮汐湖畔種下了最初的兩棵櫻花。從這個低調的起點出發，櫻花樹慢慢成為了華府一片廣受民眾愛戴的風景。到了一九三八年，這片櫻花受到的擁戴之高，還使政府移除部分櫻花樹來建立傑佛遜紀念堂的決定引發眾怒。在史稱「櫻花樹叛亂」的事件中，一群女性示威者為了阻撓施工，跑到了預定工地，並用鎖鏈把自己鎖在一棵櫻花樹上。據稱這場叛亂很快就被平息，靠的是一杯接一杯的咖啡招待，讓喝下咖啡的示威者不得不為了找廁所而離開現場。公園處的官員堅稱這些樹只是要被移植而不是砍除，只不過有些樹確實在遷移的過程中消亡。

二次大戰開打後，櫻花作為美日友誼的象徵就變得十分尷尬。一九四一年的珍珠港事變後，華府就有四棵櫻花樹遭到民眾破壞洩憤。美國官方也開始改口說這些樹來自「東方」，而不是日本的櫻花。直到戰後，櫻花季活動才逐漸演變成一種十分講究的節慶。作為美國首都行事曆上的一樁大事，櫻花季適足以突顯美日關係的回溫。

櫻花作為一份禮物的成功，催生出美日兩國之間一系列類似的饋贈交流。在大衛的策畫下，美國人給東京市的回禮則是在視覺上比較樸素的山茱萸與山月桂。一九六五年，日本政府又送了一次櫻花樹給華府，這一次數目多達三千八百棵，而且是都在美國培育。當時的第一夫人是綽號「小瓢蟲」的詹森夫人（Lady Bird Johnson）。她與日本大使夫人透過種樹的活動，一起重現了一九一二年的往日時光。一九八二年，美國農業部的植物學家還策畫出了一個「以花會友」活動，由兩國學童挑選在地的樹種來進行交流。

有趣的是，美日之間的櫻花交流，並不是只有日本送美國。日本在一九一二年送給美國的櫻花是以吉野櫻為大宗，結果這些吉野櫻在二次大戰與戰後重建中遭到重創。一九五一年，美國官員應日本之請，提供了從原始吉野櫻樹上摘下的枝條，藉此來協助東京荒川的櫻花種群復育。同樣的饋贈在一九八〇年代又重複了一次，主要是荒川改道讓東京需要更多的櫻花樹來補充。

二〇一二年，適逢日本首次致贈櫻花樹給美國的一百週年，美國宣布了「山茱萸樹的友誼之花計畫」。這項官民合作的計畫，將會由美國民眾寄出三千株山茱萸樹到日本，以表達美國對日本當年慨贈櫻花的感念。

透過每年春天那令人驚鴻一瞥而意猶未盡的幾週，華府櫻花證明了自己身為一份外交禮物的成功。畢竟在過去的一百年來，它撐過了兩國關係的起起落落，讓日本的文化與慷慨，能夠一年一度地在美國國都重現於大家眼中。

36
希特勒的跑車

西元 1935 年

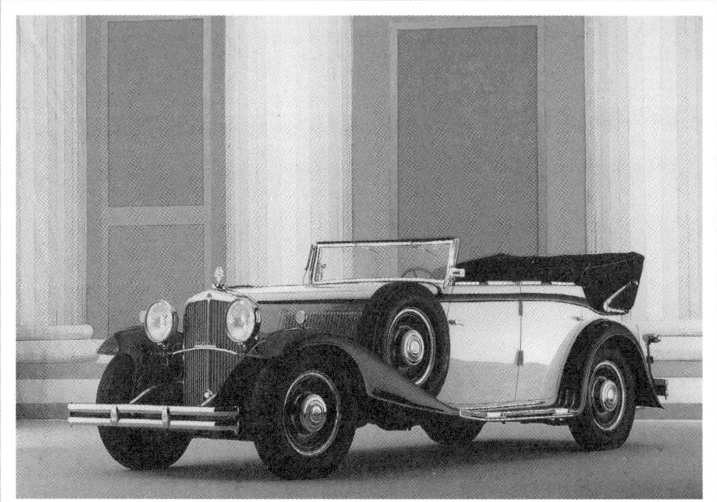

邁巴赫 DS-8 齊柏林敞篷車。

帕蒂亞拉（Patiala）是印度旁遮普省的土邦，崛起於蒙兀兒帝國衰敗後的十八世紀。該邦以富饒著稱，既是源自於肥沃的土壤，也是因為有英國的支持。帕蒂亞拉邦也是一八五七年印度大兵變時支持英國的一方。

九歲的辛格（Bhupinder Singh）在一九〇〇年父親死後繼位為帕蒂亞拉大君，他日後還會成為著名的板球與馬球贊助者，同時也會在一九一一年親率史上第一支印度板球隊巡迴英格蘭，並由他擔任隊長。他在政治上甚具影響力，從一九二六到一九三一年間，他都以院長身分主掌王公院這個由英王喬治五世開辦於一九二〇年的論壇機構，同時也是一個讓各印度土邦統治者可以跟殖民政府溝通的發聲管道。對大英帝國忠心耿耿的辛格曾在一次大戰期間幫助英國招募錫克人。不過比起這些，他最出名的軼事是性喜鋪張。一九二八年，他曾委託法國珠寶商卡地亞為他打造了帕蒂亞拉項鍊，總計用上了驚人的兩千九百三十顆鑽石，其中一顆還是當時全世界第七大。他也對豪車有特殊的鍾愛，他的勞斯萊斯不是一輛，而是一個車隊。

這名大君在歐洲王家圈子裡頗負盛名，並在一九三五年出訪了德國一趟。根據他孫子的回憶，辛格請求面見元首，對此希特勒勉為其難地答應會很快見他一面。結果兩人顯然一拍即合，因為這理應簡短的一面變成了一頓午飯，而且會面一路持續到接下來的兩天。在最後一場會晤中，希特勒送了很多國禮給大君，包括幾把德國手槍，還有邁巴赫跑車一輛。

這並非普通的跑車，它可是一九三三年份的邁巴赫 DS-8 齊柏林跑車。車名中的傳奇德國飛船，並不是叫好玩的：齊柏林伯爵（Count Ferdinand von Zeppelin）曾找來著名的德國汽車設計師邁巴赫，協助打造飛船的引擎。邁巴赫在齊柏林飛船公司的老家腓特烈港（Friedrichshafen）蓋了座工廠，著手用驅動過齊柏林飛船的引擎開始生產汽車，所以排氣量高達十二公升的邁巴赫 DS-8 才會乘載著這別具意義的齊柏林標籤。這部跑車是在一九三〇年的巴黎車展中首次亮相，並自此限量生產到一九三九年，才因為工廠轉作軍用而停產。

希特勒送給帕蒂亞拉大君的齊柏林車長達五公尺半，且國家禮車的車體可以容納七名乘客。水箱護罩前有兩盞探照燈，其中一盞亮代表大君在車上，另一盞亮代表大君夫人在車上，兩盞一起亮就是大君夫婦都在車上。

希特勒贈送這大禮的動機，應該是想要在發動戰爭前夕確保大君站在德國這邊，或至少保持中立。若真是如此，那此舉顯然一點效果都沒有。大君始終是同盟國的支持者，只不過他沒能活著看到二戰開打，因為他一九三八年就過世了，年僅四十六歲。對於大君的繼任者，也就是他的兒子來說，這輛車的來源顯然令他十分尷尬。車子運到印度後，就被眼不見為淨地打入冷宮，閒置在帕蒂亞拉的莫提巴格宮（Moti Bagh Palace）車庫。辛格的孫子日後回憶，說後來有個薩達爾（領袖的尊稱）跑來要買車，他父親就順勢把這輛燙手山芋轉送出去了。他父親當時還說，這輛車是非賣品，但他要是不嫌棄就當禮物收下吧。

新車主最終也把車子再度轉手，然後就這樣轉賣了好幾手，其中一任車主想要一輛比他平日代步的車要靈活一點的座駕，所以他把國家禮車的車體改成了兩人座的敞篷構型。舊車體於是進了德國紐馬克（Neumarkt）的邁巴赫汽車歷史博物館。以其嶄新的敞篷車面貌，這台新邁巴赫出現在了二〇一五年的丹麥拍賣會上，起標價落在兩百三十萬到兩百七十萬英鎊之間。

這個故事在南亞的另一隅還有個小插曲：希特勒還在別處複製了這個用豪車來攏絡親英統治者的策略，希望他們改投德國或至少保持中立。這則插曲傳自尼泊爾，但相關的事實卻不清不楚。在這份禮物送出了數十年後，疑似當事車輛的出土引發各界媒體的大肆報導與一團混亂，沒有人確切知道收禮者是誰，也沒有人知道該車如今流落何方。

這一切都要從一場大屠殺開始說起。二〇〇一年，尼泊爾國王畢蘭德拉（King Birendra）與大部分的尼泊爾王室成員在加德滿都的納拉揚希蒂王宮遭到槍殺身亡。嫌犯被指認出是畢蘭德拉的兒子，王子迪潘德拉（Prince Dipendra），原因是他被禁止跟他喜歡的姑娘成親。據稱是酒後亂性才殺了親人，再把槍口對準自己。在社會暴動四起與外界對官方說法的質疑聲浪中，畢蘭德拉那沒有人望的弟弟賈南德拉（Gyanendra）接掌尼泊爾王位。挾著要求恢復民主制度的民意，加上有毛派共產黨叛軍撐腰，尼泊爾政府的態度愈來愈強硬，新國王終於被迫退位。二〇〇七年，尼泊爾國會宣布將諸皇宮還給社會大眾。

納拉揚希蒂王宮被順利改建為博物館。根據媒體報導，賈南德拉的祖父特里布萬國王（King Tribhuvan）有一名高齡九十四歲的前情婦還獲准留在王宮園區內，畢竟她已無家可歸。但尼泊爾官員在清查王宮物品時，發現的可不是只有老國王的老情人，而是還有一輛生鏽的一九三九年份賓士，據稱是希特勒送給老國王的禮物。媒體報導還暗示，這輛車曾經由老國王一路使用到一九五五年去世為止，後來則是被地方上的一間工程學院拿來訓練技工，最後就被擱置在王宮中的一處車庫裡擺爛生鏽。尼泊爾政府原本打算修復該車，再將其置於新博物館中展覽。

結果有關這輛賓士車的媒體報導，引發鄰國印度媒體的軒然大波。高齡九十二歲的老太太嘉納克（Janak Rajya Laxmi Shah）與其親戚紛紛投書印度媒體，他父親就是曾在二戰之前擔任尼泊爾總理的拉納（Juddha Shumsher Rana）。這些回應可歸納為兩點：第一，希特勒的跑車不是送給國家元首特里布萬的禮物，而是要送給總理拉納；第二，這輛車目前已不在尼泊爾，而是在印度，因為她父親在一九四五年從尼泊爾來到印度時也把車子一併帶來了。車子所在地是個羅生門其實並不奇怪，畢竟這事歷經了好幾代人，還涉及了尼泊爾國王跟拉納總理家族的傳承。但我們終究無法確認哪一邊所說的才是真相。印度媒體的報導並沒有提及嘉納克手上有沒有實車存在，但納拉揚希蒂王宮裡那台賓士車的年份「一九三九年」也顯得不太合理：在那個戰雲密布的一九三九，尼泊爾高層真的會在這個節骨眼上還接受希特勒的收買嗎？要是他們真的收下這份禮物，他們又是怎麼把納粹的車子運過英屬印度？

說到這輛車子的運送，只會產生更多謎團。要知道在一九五六年之前，尼泊爾出了首都加德滿都後基本上沒有柏油路。要送給尼泊爾政治菁英的車子往往得由六十名左右的挑夫挑在巨大的竹編擔架上，再沿山徑通過吉德朗村（Chitlang），如此才能送達王城。那一幕肯定相當壯觀。

希特勒送的賓士真是這樣被送進加德滿都嗎？希特勒贈送這份禮物的意圖應該會是慫恿尼泊爾不要加入同盟國陣營，若是如此，那一如他送車給帕蒂亞拉大君一樣，元首又失敗了。尼泊爾真的不可能加入希特勒嗎？我想是的，畢竟尼泊爾從一八一四到一八一六年的廓爾喀戰爭以來，就一直是英國的親密盟友。當二戰於一九三九年九月爆發時，尼泊爾立刻就在爆發當月宣布支持同盟國。

今天的納拉揚希蒂宮博物館可以讓我們一窺尼泊爾王家的宮廷生活模樣。導覽行程會帶你走過眾多各司其職的房間，不少都有著令人想像不到的專屬功能，像是專門慶祝生日的宴會廳，而且還是皇太后跟王儲獨享。那裡還有巨大的古董電視機，有填充的老虎標本，有達官貴人來訪的留念照片（包括年輕時的安妮長公主，也就是英國女王伊莉莎白二世的獨生女），還有剝落的花卉圖案壁紙。但就是看不到賓士車。確實，希特勒送給尼泊爾的禮物陷在太多的迷霧之中，這份禮物究竟存不存在其實都很難說。

37
史達林格勒之劍

西元 1943 年

史達林格勒之劍的呈交。

史達林格勒之戰是人類戰爭史上極為殘酷的一場戰役，一提起這個名字，人們就會聯想到覆蓋著白雪的廢墟市景與挨家挨戶的近距離巷戰。從一九四二年八月到德國第六軍團在一九四三年二月二日投降為止，約莫有兩百萬人死在這場漫長的戰役之中。史達林格勒之戰象徵著二次大戰的重大轉捩點，見證了納粹德國在東線戰場的戰局逆轉。經此一役，英國對其俄國盟友感激莫名，希望能拿出一份禮物來表揚史達林格勒的守軍。這份外交禮物的特別之處，就在於它試圖同時影響收禮國與送禮國的態度。我們今天會記得這份禮物，主要是經由一部文學作品，而這部文學作品描寫這份禮物的角度，其實跟當年送禮者的初衷大相逕庭。

這份被選上的禮物，是一把要代表英王喬治六世的榮耀之劍。英國首先進行了一場由金匠崇拜公司（即金匠同業公會）主辦的設計競賽，並由英王親選獲勝的作品。最後獲獎者是一名叫作格倫道爾（Gleadowe）的前牛津大學斯萊德講座的美術教授，他曾經在海軍部任職。他創造了一把強大的禮劍，一把需要雙手持劍，雙面開刃的長劍，全長逾一點二公尺，靈感來自於十字軍騎士的武器。這對於緊抱無神論的蘇聯來說，其實是一項相當有趣的選擇。

按照格倫道爾的設計，一整批工匠紛紛投入了這把劍的製作工作。威爾金森刀具公司負責打鐵，該公司日後會轉型成生產不鏽鋼剃刀的知名廠商，但在二戰期間則是替英軍特種部隊生產費賽二氏戰鬥刀。據說年屆八旬的鐵匠畢斯利（Tom Beasley）這位曾替五任君主製作過禮劍的業界傳奇性匠人，還被從醫院病床上請來監工。

負責處理刀劍上金銀裝飾的，是一位名叫杜賓（Leslie Durbin）的銀匠，他師承了當時英國銀飾設計的第一人蘭姆斯登（Omar Ramsden）。杜賓當時還是皇家空軍的下士，因此被授予無限期的公假來製作這把劍，而這項資歷也成了他得以在戰後平步青雲的最佳宣傳。杜賓執行這項任務的場所並不豪華，不過是南倫敦的一處庭院棚屋，地點就在他以前就讀中央工藝美術學院時的家教老師家裡。杜賓替這把劍打造的特色，包括顯眼的十字護手，左右兩端都有著豹頭裝飾，至於握把上則縛有金線，握把的底部則是岩水晶，頂端附有代表英格蘭的金玫瑰。這把劍集各種巧思於一身，讓人能同時聯想到英國與蘇聯。劍鞘上看得到英國皇家的紋章、王冠與徽號，但也有三顆琺瑯製的紅星。劍鞘尾端的銀點上有火焰，象徵著在火海中燃燒的史達林格勒。

劍刃上有句銘文，同時刻著英文跟俄文，寫著「給心堅如鋼的史達林格勒市民，以表英國人民的敬意——英王喬治六世謹贈」。心堅如鋼的比喻不僅是在指涉這把劍的鋼刃，也是因為在俄文裡，「格勒」是城，「史達林」則是鋼，因此以蘇聯領導人史達林命名的史達林格勒就有「鋼鐵之城」的意思。英國這份禮物既是要送給史達林格勒市民，也是要拍史達林的馬屁。

這把劍初期的製作是以祕密為之。其存在要到六月份才由英國外交部發表，而一經公開，它就立刻被英國用來對國內民眾宣傳他們與蘇聯結盟之穩固。工匠作業的新聞片段被播映到英國各地的戲院，當中也包括畢斯利受訪的影片。十月，這把劍製作完成，計畫要在呈送給蘇聯之前，先對英國民眾進行了巡迴展覽。第一站是倫敦的金匠公會總部大廳（金匠崇拜公司所在地）及維多利亞與艾伯特博物館，接下來則在聯合王國各地巡迴，每個城市只停留一天，並有杜賓隨行。所到之處大排長龍，有估計顯示單日觀賞人潮約在三萬人次之譜。

最具震撼力的展場，或許非西敏寺莫屬。寶劍現身這座宏偉教堂一事被英國傳記作家伊夫林·沃（Evelyn Waugh）寫成一段重要段落，載入了其二戰作品《榮耀之劍》三部曲中的第三卷《無條件投降》（*Sword of Honour: Unconditional Surrender*）。該書講述主角蓋伊（Guy Crouchback）作為古老天主教貴族家庭的一員，在二戰時的各種所穫。伊夫林描述了一大群以女性為主且衣衫襤褸的群眾，眾人在緩緩移動的人龍中排著隊，都是為了一睹寶劍的風采。進入教堂後，那種崇高的氣氛讓人自發地安靜下來，而寶劍就像是躺在那兒供人瞻仰的軀體。雖說也有不少人專程前來感受工匠藝術之美，但大部分人所感受到的都是英國透過這把劍對盟友俄羅斯表達的感佩。蓋伊兩者皆非，他驅車從西敏寺前經過，只是要去吃午餐。

蓋伊懷著上戰場殺敵的熱情入伍。對他而言，希特勒與史達林簽署條約結盟一事*已經讓敵人是誰一目瞭然，而這也讓他有了奮戰的目標。新的英蘇同盟令他不滿，因為他完全不覺得跟不信上帝的蘇聯結盟有什麼光榮可言，史達林這傢伙在英國搖身一變成了和藹可親的「喬瑟夫叔叔」，讓他火冒三丈。三部曲名為《榮耀之劍》，其實是在說反話。隨著三部曲的劇情推進，讀者一方面會看到曾經讓蓋伊投筆從戎的動機消失得無影無蹤，另一方面也會認識到伊夫林筆下另一個更深沉也更嚴重的時代危機：貴族傳統價值的流失，以及有才能者出頭天的大勢所趨。當然，這倒也不是說故事裡那位努力往上爬的髮型師楚林默（Trimmer）是什麼有能之士就是了。

帶著藏不住的興致，伊夫林藉著故事中的美軍中尉之口，在蓋伊的午餐對話中引入了一則讓英國新聞界忙番天的小小爭議，那就是劍鞘上的紋章是否上下顛倒了（如果有人把劍佩戴在身上的話）。

致贈寶劍的場合被選在一九四三年十一月的德黑蘭會議，那是一場美英蘇三巨頭齊聚的戰略會議，會中美國總統小羅斯福與英國首相邱吉爾承諾會另闢對抗納粹德國的第二戰場。史達林格勒之劍的呈送是在十一月二十九日，地點就在蘇聯駐德黑蘭大使館的國宴廳。在一支英國儀隊與若干名蘇聯士兵的觀禮注目下，邱吉爾將寶劍致贈給史達林。抱病參加的小羅斯福則躬逢其盛，得以欣賞了史達林之劍一番。典禮尾聲，該劍被史達林傳至伏羅希洛夫元帥（Marshal Voroshilov）手中。接下來的實際情況眾說紛紜，新聞影片也十分模糊，但盛傳的版本是伏羅希洛夫元帥似乎吃了一驚，握住了寶劍，導致劍身掉出劍鞘。至於元帥有沒有順利接住掉落的劍身，那就真的是言人人殊了。

在一九四四年，克林姆林宮的一場典禮中，這把劍又被轉交給史達林格勒的民眾，並由市議會主席代表接受。至於把這把史達林格勒之劍確確實實交到史達林格勒市民手中的任務，則落到了另一名蘇聯高階將領的身上，他就是布瓊尼元帥（Marshal Budyonny）。這把劍日後還一度以英蘇關係曾經春暖花開的見證者之姿，隨著冷戰文物展而回到娘家英國，如今它的歸宿則是史達林格勒防衛戰全景博物館，成為館中來自各方致敬該城奮戰精神的光榮禮物與展品之一。二〇一八年的俄羅斯世足賽，英國隊在伏爾加格勒（Volgograd，原史達林格勒）展開了與突尼西亞的小組賽首戰，當

＊ 譯註：指一九三九年希特勒入侵波蘭前與蘇聯簽訂的《德蘇互不侵犯條約》，原本預定在一九四九年到期，但事態發展使其在一九四一年遭到撕毀。

時英國媒體就曾搬出史達林格勒之劍的歷史淵源作為英俄友好的象徵，藉此證明英國球迷會在當地受到熱烈歡迎。

38
世界上最著名的聖誕樹

西元 1947 年

倫敦特拉法加廣場上的聖誕樹。

說起世界上最出名的聖誕樹，就不能不提起矗立在倫敦市中心特拉法加廣場上，奧斯陸自一九四七年起每年都會送給英國首都的聖誕樹。作為一份外交禮物，奧斯陸的聖誕樹有兩項與眾不同處。首先，它是一份傳達謝意的禮物，所以沒有回禮的問題，至少挪威人這邊沒有這樣的期待。此外，它也是一份積年累月下逐漸變成年度傳統的禮物。既然是傳統，就會有人引頸期待，期待這份禮物肩負著為世人揭開耶誕季節序幕的任務。

這棵樹起源於二次大戰最黑暗的歲月。一九四〇年四月九日，納粹德國發動了威瑟演習行動（Operation Weserübung），無預警入侵丹麥與挪威。雖然奧斯陸於當天陷落，但國王哈康七世（King Haakon VII）與挪威政府則搭乘專用列車逃離了首都。他們被迫北上，最終抵達了挪威最北端的特羅姆瑟（Tromsø）。挪威反抗軍與英法加波蘭的援軍都不足以抵擋德軍攻勢，不久法國淪陷，於是盟軍決定從挪約撤退。挪威國王與政府也決議流亡海外，才能繼續與德國侵略者及他們的魁儡政權對抗。

挪威國王與政府在六月七日登上了皇家海軍艦艇德文郡號（HMS Devonshire），撤離了特羅姆瑟，在倫敦組成了流亡政府，直至一九四五年二戰結束。挪威政府辦公處就在倫敦中部肯辛頓區的肯辛頓宮花園十號，那裡原本是他們的駐英公使館。國王哈康七世成為了身陷德國占領區內挪威人的一盞燈塔。就號召力而言，國王比以挪威工黨成員為主的流亡政府大得多。國王的代號H7也成為了挪威反抗軍的象徵。

哈康七世原本就與英國的關係匪淺。他的妻子是維多利亞女王的孫女威爾斯的莫德公主

（Princess Maud of Wales），但她很不幸在一九三八年一次腹部手術後死於心臟衰竭。哈康七世與王太子歐拉夫（Crown Prince Olav）在流亡初期是白金漢宮的座上賓，但在倫敦大轟炸開始後就搬到了伯克郡（Berkshire）。透過英國廣播公司，他的演說觸及了挪威百姓。當國王結束了為期五年的流亡生涯，在一九四五年六月乘皇家海軍諾福克號（HMS Norfolk）回到家鄉，接受狂喜的鄉親們歡欣鼓舞的迎接時，他內心對英國有著說不出的感激，畢竟在漫長的德國占領期間，是英國這個盟友給了他跟他的政府一個落腳之處跟雪中送炭的支持。

這份感激化身為一九四七年的一棵聖誕樹，在倫敦中心的特拉法加廣場上矗立了起來。這樣一份外交禮物，有著顯而易見的魅力：象徵著歡慶與新生，在戰後百廢待舉的英國引發了共鳴。常綠的針葉樹是挪威的象徵，並且讓人想起了哈康國王在流亡倫敦期間收到的那些挪威聖誕樹。第一棵樹的點燈儀式辦在聖誕節前夕的一九四七年十二月二十二日，主持人是基伊（Charles Key），英國首相艾德禮內閣中的建築工程部部長，與會的其他政要則有西敏市市長跟挪威駐英大使。

從這一年開始，這樣一份禮物每年都會收到一次。聖誕樹的修剪、運輸、豎立與點燈慢慢上了軌道，有了固定的時間表，儀式與儀式間也產生出某種節奏。這份禮物選用的是一種雲杉，產自奧斯陸瑪卡（Oslmarka），也就是圍繞著奧斯陸市區的森林，那兒也是奧斯陸市民平日休閒娛樂的好去處。奧斯陸市的都會環境署負責選出要送到倫敦的樹，最理想的規格是要有二十一公尺高，樹齡在六十到一百歲之間。潛在的候選人會提前幾年就被列管，然後開始進行相關作業，為了大日子做好準備。

砍樹本身就是要行禮如儀的一項大典，通常會由來者是客的西敏市市長跟東道主奧斯陸市長共同主持。樹的運送近年來都是由丹麥老牌物流業者聯合輪船公司服務，先從挪威的布雷維克（Brevik）送到英國的伊明漢姆（Immingham），再走陸路到倫敦。等到樹在特拉法加廣場上就定位，另一支團隊就會接手進行裝置。重頭戲是樹的點燈。現在的點燈儀式是辦在每年十二月的頭一個星期四，比起一九四七年時早了很多。西敏市市長、奧斯陸市長與挪威駐英大使會輪番致詞。攝政大廳的救世軍樂團負責演奏聖誕音樂，聖馬田教堂的合唱團則會領唱耶誕歌曲。在長短剛剛好的倒數之後，聖誕樹就會大放光明。樹會作挪威式裝扮，相當樸素簡單，上頭只會有成串的白燈由上而下通過樹身，最頂端則放上一顆白色星星。這份禮物在二〇二〇年仍按計畫送出，並未因新冠疫情而停止，只不過點燈儀式首次改採隔空的方式進行。主持的西敏市市長與挪威大使坐在黑色皮革扶手椅上，市長會按下桌上一個綠色箱子上的紅色按鈕，點亮聖誕樹。

挪威送給英國的聖誕樹禮物，並不是只有特拉法加廣場的那一棵而已。挪威其實是送了一系列聖誕樹給英國各地，反映出英挪兩國在地方層級上四處可見的連結。像是泰恩河畔的紐卡索（Newcastle upon Tyne）就每年都會收到來自其姊妹市挪威卑爾根（Bergen）的聖誕樹。這些傳統有的比特拉法加的聖誕樹年輕很多，例如英國的亞伯丁（Aberdeen）是在一九七〇年代才第一次從挪威姐妹市斯塔萬格（Stavanger）收到聖誕樹，且此事直到二〇〇五年才成為一項年度傳統。由挪威外交部捐贈聖誕樹給英國外交部的做法，則要遲至二〇一六年才開始。

雖說這些追加的聖誕樹都打著感謝英國戰時支持的旗號，但他們較近期的起源與地區性質的脈絡顯示著禮物背後不同的動機。像蘇格蘭的奧克尼群島就會每年從挪威收到兩棵聖誕樹，其中一棵樹來自挪威霍達蘭郡（Hordaland County），並自一九八三年起就放在柯克沃爾（Kirkwall）的聖馬格努斯大教堂外。從該主教座堂在一九八七年慶祝八百五十週年開始，來自費亞拉歷史學會（Fjaere Historical Society）的第二棵樹則會被放在座堂內部。這兩份禮物更強調地方性的連結。費亞拉的聖誕樹不只是要紀念挪威與奧克尼島的連結，更是要感念一名叫作柯爾森（Rögnvald Kali Kolsson）的聖人，據說他就是出生於費亞拉。柯爾森在一一二九年被任命為奧克尼與謝特蘭伯爵，卻在當地與親戚起了衝突，因為對方也聲稱爵位的所有權。在柯爾森勝出後，他建起了教堂來紀念被殺害的叔叔馬格努斯。二〇一九年，奧克尼群島的議會議長前往挪威參加費亞拉聖誕樹的砍伐典禮，當時他曾表示自己能夠置身於柯爾森走過的森林，於他意義非凡。

隨著二戰距今愈來愈遠，與特拉法加廣場那棵聖誕樹有關的討論與公開資訊也開始被添加了更多不同的色彩。人們依舊會提到英國在戰時對挪威的援助，但往往更強調兩國當下的夥伴關係，例如英國皇家陸戰隊在北挪威進行冬訓，或是兩國在再生能源上的共同發展。

一年一度的性質，讓倫敦的聖誕樹成為了英挪兩國友誼長存的強大象徵。每年的樹木被送抵特拉法加廣場的那一幕，對許多英國人而言已經是聖誕節必備的節目。由此人們對此引頸期盼，所以也只有樹到了，聖誕節的歡慶才算是真正展開。與禮物樹相關的活動早已深植於英國民眾的意識中，就像在二〇〇八年，兒童電視節目《藍彼得》主持人阿金霍勒爾（Andy Akinwolere）不小心弄掉了要放在樹頂上的星星，而這件事也成了英國人的共同回憶。

禮物如此受到矚目，確實也讓送禮方感受到壓力。眾人會提前開始臆測今年的禮物樹長什麼模樣。挪威森林那一棵二十公尺高的雲杉，可不是英倫諸島上家家戶戶門前那些金字塔形的矮冬瓜。禮物樹看起來比較瘦長，比較稀疏。二〇一九年的禮物樹飽受網路鄉民出征，就是因為據稱品質不佳。結果反倒是這棵樹自己救了自己，靠的是它新辦的推特帳號「@trafalgartree」上的一句留言：「我以為我把山精（troll，也有網路酸民之意）都留在了挪威。」

不過，特拉法加廣場的禮物聖誕樹其實也沒什麼好抱怨的，因為真正辛苦的是可憐的索特蘭（Sortland），這座極圈以北的小鎮已經好些年都得送聖誕樹給英國港都格里姆斯比（Grimsby）。二〇一八年那棵似乎未老先衰，以驚人的速度掉起了針葉，導致格里姆斯比議會只得另找一棵在地樹木頂替。據當地媒體報導，索特蘭市長在事後捎來了道歉信，並在信中表示他們這個小鎮過去十五年都很開心地提供聖誕樹給格里姆斯比。這項傳統的起源，其實是冰島航運業者埃姆史基普（Eimskip）當年的一句豪語，他說只要索特蘭鎮送一棵，他們就也送一棵給英國。然而，隨著時間一年年過去，索特蘭發現要找到合適的樹愈來愈不容易，畢竟雲杉並不原產於極圈，所以這份禮物將難以無繼。這個例子倒也說明了一件事，那就是這類禮物樹很多都有著想做公關的運輸物流業者在幕後。

固然有部分禮物聖誕樹給人添了麻煩，或是引發爭議，但整體而言它們仍不失為是高度成功的外交禮物，成功將國家之間的友好關係昇華成一項傳統。這種良好效果也引發了某些國家仿效，如拉脫維亞就每年送聖誕樹給英國的外交部，並放在具有歷史意義的蘭卡斯特府（Lancaster

House）。說起有著二戰淵源的年度禮物，還有個例子是荷蘭王室，他們每年都會贈送鬱金香球莖給加拿大，以感謝加拿大曾經庇護過荷蘭王儲朱麗安娜一家（朱麗安娜在戰後即位為荷蘭女王）。

考慮到特拉法加廣場上的挪威聖誕樹，其實是一份可以讓人露出笑容的禮物，這樣的結果其實也不錯。

39

報答馬歇爾計畫的感恩列車

西元 1949 年

感恩列車的一節車廂。

二次大戰的遺緒，就像一道落在歐洲大陸上的陰影。我們看到一座座被炸毀的城市與工廠，看到正常貿易的受到中斷，還可以看到千百萬人流落到歐洲各地的難民營裡。惡劣的天氣帶來了字面意義的雪上加霜，尤其是一九四六到一九四七年的冬天格外嚴寒。一九四七年六月五日，美國國務卿馬歇爾（George Marshall）在哈佛大學的畢業典禮上宣布了利用美援來振興歐陸經濟的計畫。隔年這項願景就會開始落實，正式成為有名有姓的「歐洲復興計畫」，也就是大家熟知的「馬歇爾計畫」。這項計畫也說到做到，自始至終提供歐洲約一百二十億美元的援助。美國官方相信經濟穩定是政治安定的前提，只有經濟無虞，歐洲才能免於戰爭跟赤化的侵襲。

當時歐洲大陸一片飢腸轆轆，糧食援助就成了最優先任務。一九四七年十月五日，美國總統杜魯門以廣播向美國民眾呼籲，強調西歐的糧食危機十分緊急，敦促美國人發揮人飢己飢的情操略作犧牲，以便政府能向歐洲盟友伸出援手。美國老百姓收到的請求，就是在餐桌上稍事撙節，包括週二不吃畜肉、週四不吃禽肉跟雞蛋，然後每天省下一片麵包。為了推動全國性的糧食節約政策，美國還為此組成了一個由美國商人拉克曼（Charles Luckman）執掌的公民食糧委員會。

當時有一位報紙專欄作家皮爾森（Drew Pearson）指出，公民糧食委員會的工作理念固然崇高，卻不太可能在美國老百姓之間產生共鳴。與其空喊要老百姓少吃一點，他認為更應該動之以情，讓民眾親眼看看自己的犧牲達成了什麼效果。

以愛出風頭聞名的皮爾森，決定用他在全美國連載的專欄「華府旋轉木馬」來當發聲工具，他在十月十一日給拉克曼的公開信中提議，可以讓一輛「友誼列車」開過美國的中心地帶。這台列車上會沿路接收老百姓捐贈的食物，藉此在歐洲急需救援之時展現美國的善心。皮爾森話也說得明白，他認為這輛列車就是與蘇聯爭奪西歐民心的宣傳戰一環。他比較了蘇聯小麥在馬賽港卸貨時的熱鬧場面跟美國糧食抵達利哈佛港時的冷清氛圍，很擔心美國會在這場二戰延長賽中敗下陣來。其實美援的食物數量要大得多，但蘇聯搶到了更多鋒頭。

友誼列車的提案以驚人的速度化為現實。皮爾森動員了有力人士來支持這項計畫，他找來了製片廠華納兄弟之一的哈利・華納（Harry M. Warner）來擔任他倉促組成的國家友誼列車委員會主委。這項提議也獲得拉克曼與公民食糧委員會採納，於是到了十月底，預定路線沿線的鐵路公司都已承諾要共襄盛舉，而且分文不取。一九四七年十一月七日，從計畫提出算起還不到一個月，火車已經在洛杉磯蓄勢待發，各方可以說展現了極高的效率。火車出發前還舉辦了一場好萊塢大遊行，著名影星約翰・韋恩、伊莉莎白・泰勒與瑪琳・奧哈拉皆在出席的影星之列，而從這一點也能看出這次活動的核心就在於宣傳。隨著火車往東穿越美國，列車車廂的節數就愈來愈多，真正反映了美國人對這項活動與活動理念的堅定支持。堪薩斯州賽吉威克郡（Sedgwick）的孩子們靠著跑腿與蒐集廢紙，湊足錢買了一整車的小麥。賓州一名六歲男童把零錢包在一張便條裡，便條上寫著要買蛋糕送給歐洲的小男生或小女生。

列車在十一月十五日抵達賓州的匹茲堡，受到了跟全國各地大致相同的歡迎。只不過出席的人數比預期中略少了一點，只有五百人左右，而這是因為那個寒冷夜晚飄著綿綿的細雨。即便如此，列車仍在那一晚加裝了五節車廂，每一節上面都寫著「匹茲堡援助朋友的食糧」，而且是用法文與義大利文寫成，畢竟法義兩國是這批美援要協助的主要對象。車上載滿了委員會指定的主食，從小麥到煉乳一應俱全。

火車抵達紐約，迎接它們的是百老匯的五彩紙帶大遊行。十二月七日，美國航運公司的美國領袖號滿載著捐贈的糧食從紐約啟航駛向法國北部的利哈佛港，並為了此行將船名特別改名為「友誼輪」。進一步的糧食補給則分三艘蒸汽船送達法國與義大利。在法國，當地一個友誼列車指導委員會集合了「美國援法」（American Aid to France）等地方團體，開始協助分配捐贈的食物，獲贈者包括學校、孤兒院與老人安養院。為了促進法國民眾對這項活動的認知，法國當局也籌措了一輛象徵性的法國版友誼列車。這輛列車從巴黎出發，並在聖誕夜駛抵馬賽港。

並非所有事情都一帆風順。法國一場倉庫大火在一九四八年一月燒毀了大量捐贈的貨品，且據信是共產黨支持者所為。但整體來說，友誼列車仍廣受歡迎，畢竟此舉在大西洋兩岸都斬獲了不少正面曝光。作為一份禮物，友誼列車的特點就在於其是由非政府單位主導。不僅計畫發想源自於體制之外，在執行面上也是發生在美國與歐洲盟國的民眾與民眾間，而非政府與政府間的互動。友誼列車訴諸民間的計畫與執行，就是為了跟蘇聯的官方行動做出區隔，讓歐洲人看看一群生活在民主社會裡的自由百姓，可以做到什麼程度的善舉。

一年多後，友誼列車激發了來自法國民眾的回應。據說一名叫作安德烈・皮卡（André Picard）的法國老兵暨鐵道工人想到了一個點子，可以對美國用友誼列車送來糧食一事表達謝意。他提議法國也搞一輛列車來載送回禮，而這項提議也獲得法國官員接納。法國的「感恩列車」（Merci

Train）應運而生。

感恩列車的設計概念，是要鼓勵法國民眾捐贈具有實用價值或能代表心意的回禮給美國各地的民眾。禮物的重點是要有人味，為此所有回禮上都有標籤註明捐贈者的姓名，許多甚至還附上了捐贈者的手寫留言。這些各式各樣的禮物有的價值不菲，有的令人莞爾，有的觸動人心。法國總統奧里奧爾（Vincent Auriol）捐贈四十九只昂貴的塞夫爾瓷瓶；一名少女提供了一幅畫，上面有顆黃色的愛心，象徵著美國人的善心；還有一對夫婦送出了在一戰中陣亡兒子的軍服。這些回禮被裝進了四十九節車廂，對應美國當時的四十八州加一個聯邦特區，其中第四十九節車廂將由哥倫比亞特區（華府所在地）跟夏威夷（譯按：此時尚未成為美國第五十州）共享。在別具意義的一項設想中，這些車頂加蓋的車廂被取名為「四十與八號」，理由是它們的原始設計是用來供四十人與八匹馬搭乘。當然所謂的別具意義，不光是因為討喜的四十八正好是美國當時的州數，更是因為這些在一九四〇年代尾聲已經是古董的車廂曾經於兩次大戰中載送過美軍，因此對美國父老而言充滿了感情與記憶。這些車廂甚至有一批由美國老兵於一九二〇年成立在法國的同名組織「四十人與八匹馬協會」，協會成員就叫作「四十與八」，這就等於法國有現成的美國組織可以支持這項活動。裝飾這些車廂的除了法國各省的紋章，還附有感恩列車的徽章，上頭描繪的是與一戰戰場相關的花朵，為的是強調這活動與老兵的聯繫。

一九四九年二月二日，蒸汽動力的法籍貨輪麥哲倫號在熱烈歡迎中駛進了紐約港，空中有美國空軍伴飛，水面上則有消防艇與小型船隻組成的艦隊負責噴射歡迎水柱。麥哲倫號載來了四十九節車廂，每節車廂載有五噸重的禮物。這些車廂被分別送往了各州，只可惜兩國的軌距不同使得感恩列車不能自發行駛，而只能被放到火車板車上或一般的卡車上運送。致贈儀式在全美各地都有法國與美國的地方官員出席，且經常附帶歡迎民眾的遊行。

對於禮物的分配，各州有各州的辦法。在北達科他州，詹姆斯鎮的殘疾兒童學校收到了大部分的玩具，書籍則去了北達科他大學圖書館，州立歷史學會則接收了禮物的餘項跟車廂本體。其他州則把禮物分配給更多單位或個人，有的甚至還為此舉辦樂透。某些比較昂貴的禮物則被獨立處理。一九四九年九月，布魯克林博物館舉辦了「法國時尚優雅兩百年」展，展品主幹是四十九個各約六十公分高的娃娃，重點是這些娃娃都身著完美無瑕的法國衣裝，讓人得以一窺法蘭西在十八與十九世紀的時尚。

感恩列車大部分的禮物流落何方，如今已幾乎不可考，僅有的例外是那些博物館的藏品，以及那些列車車廂本身。靠著「四十人與八匹馬協會」的努力，許多車廂得以修復並顯眼地展示在它們的母州：四十九節車廂中只有六節下落不明，其他都好端端地待在鐵道博物館或適宜的場所，繼續讓人把法國用禮物傳送的友誼銘記在心頭。這實際上成為了一個禮物本身消失無蹤，但包裝紙仍保存良好的罕見案例。

感恩列車還證明了一件事，那就是禮物可以對送禮與收禮者以外的第三方產生影響。英國並沒有經由美國的友誼列車取得糧食，但他們畢竟是馬歇爾計畫最大的受惠國，所以法國的感恩列車讓英國官方的顏面有點掛不住。確實有一些英國官員不怎麼欣賞法國人的做法，甚至有人說法國人這麼做「有點蠢」，但也有人擔心法國搶先一步的回禮會陷英國於不義。

英國外交部的派奇爵士（Sir Edmund Hall-Patch）就主張，英國應該也要構思一份禮物來回應美國的援助。他提議拿出《大憲章》的一份抄本到美國巡迴，最後再將這份自由的偉大象徵送到美國國會圖書館收藏。只是此議最終還是窒礙難行，因為想打《大憲章》抄本的主意，就需要動用英國國會的立法權，而手握各抄本的機構誰也不願割愛。最終英國政府決定採用由外交部官員馬金斯爵士（Sir Roger Mellor Makins）提出的辦法，那就是建立聲望崇高的獎學金來造福美國的頂尖留學生。馬歇爾獎學金就此誕生，至今仍歷久不衰。

美援的其他受惠國也送上了謝禮。義大利鑄造了四座銅像置於華府阿靈頓紀念橋的入口處；荷蘭贈送了有四十九個小鐘的編鐘，立於阿靈頓國家公墓的旁邊。感恩的心，可以化為亙久的贈禮。

40
史達林的天文館

西元 1949 年

史達林格勒（今伏爾加格勒）天文館。

一如史達林格勒之劍，我們下一則故事的禮物也是送給史達林格勒。兩份禮物看上這座城市，都跟史達林格勒藉由英勇堅守而扭轉了二戰局勢有關，也跟城市名字源自蘇聯領導人史達林有關。但兩份禮物的相似性也就到此為止。新的故事關乎一場生日派對，但不是普通的生日派對——蘇聯民眾、盟國與世界各地理念一致的機關團體成員，都得在這場派對的強力鼓勵下，用大量的禮物表達對他們蘇聯領袖的摯愛。

一九四九年十二月二十一日，那天是史達林的七十歲大壽，也是他個人崇拜的巔峰。此時他在國際間仍舊享有二戰勝利國領袖的尊榮，也依舊是全球社會主義國家的共主。蘇聯成立了一個專責委員會來負責祝壽大典的籌辦，主委是什維爾尼克（Nikolai Shvernik）——他頂著蘇聯最高蘇維埃主席團主席的頭銜，其實只是蘇聯有名無實的國家元首。祝壽的廣告天天登在黨報《真理報》上，每天都有兩百則左右的數量，直到一九五一年仍然居高不下。這就導致了一個很荒謬的現象：史達林的七十一歲生日在一九五〇年就這麼無聲無息地過去了——報上幾乎隻字未提，只因為他前一個生日的祝賀還沒刊登完畢。

生日慶典的高潮，是一場辦在莫斯科大劇院的盛會，與會的有各個社會主義國家的領導人，慶典內容則是一篇接一篇對蘇聯領袖的歌功頌德，但他老人家只是有一搭沒一搭地聽著。一名叫娜塔莎的少女身穿少年先鋒隊的制服，朗誦了用各種好話串成的詩句，再給史達林送上花束。娜塔莎是史達林貼身祕書波斯克列貝舍夫（Alexander Poskrebyshev）的千金。很多人都納悶少女在送禮時的感受，因為史達林要麼主動批准，要麼默許少女的親生母親在一九四一年遭到處決，理由是她與史達林的政敵托洛茨基有牽連。

既然是生日，禮物當然至關重要。慶典參加者會收到一個禮盒，裡頭裝著禮袍、拖鞋與一組「莫斯科」牌的盥洗用品，而整場生日活動的重頭戲就在於由感恩戴德的社會主義世界「自發性地」回禮給領導人。莫斯科好幾間機構被選中要舉辦展覽來展示史達林收到的各種生日禮物，主場地是普希金美術博物館——館內員工驚恐地發現，上頭的意思似乎是這個生日禮物展要無限期辦下去。這個禮物展最後實際上辦到了一九五三年，因為史達林就死在那一年。從成千上萬樣寄自蘇聯國內各地與國外的禮物中，博物館員工只有十天拼湊出一場展覽，並預計展出八千筆展品。事實上，展覽本身就是給史達林的生日禮。

史達林把他七十大壽收到的禮物拿去展覽，為的是彰顯各界、各國對這位蘇聯領導人的感謝，感激他為大家帶來了社會主義。這些生日禮物的價值對史達林而言不在於金錢，而在於其獨特性。這些禮物往往是手作產品，往往可以反映出送禮者的職業。那當中有好幾幅史達林的肖像，他的面容或被繪製於帆布上，或被織在地毯上，甚至被刻劃在飯米粒上。白俄羅斯作家貝勒維奇（Anton Belevich）的《禮物》一詩，就描述了一處集體農場勞工為史達林製作的禮物，每一份都對應著他們每個人的職務。有個小男孩當時曾經發誓他要趕快長大，這樣才能早日成為蘇聯的大英雄，作為給蘇聯領導人的生日禮物。這些禮物強調製造過程中所投入的心血，為的是讓蘇聯的計畫經濟體系與資本主義的西方形成對比。阿爾巴尼亞木材工人的慶生禮物，便是發誓要達到原訂產量目標的百分之兩百一十。除了娜塔莎獻花的那次，史達林鮮少被鏡頭拍到親自接受禮物。大部分時候，他的禮物都是由官員代收，像集體農場的場長就會需要做這種事。史達林也從來不曾去看過在普希金博物館的生日禮物展，而他之所以不去確認收到了禮物，有可能是要讓蘇聯人民與衛星國感到虧欠——畢竟史達林送出的社會主義大禮，可不能這麼便宜就讓這些生日禮給打發了。

史達林索討生日禮的做法，有其國際政治面向上的考量。禮物展本身就是按地理區域規劃的，蘇聯的加盟共和國、社會主義國家，還有這以外的國家，都各自有獨立展區。史達林有意藉此展現史達林在全世界都廣受景仰。中國共產黨中央委員會主席毛澤東也去了莫斯科給史達林祝壽，當時距離他宣布中華人民共和國建國還不到三個月，而這也是他的頭一回出訪。毛澤東此行的重要目的是希望能與蘇聯締結盟約，畢竟在當時的時空背景下，中國的經濟是百廢待舉，而蘇聯卻是一個超級強權。史達林對此很是謹慎，他擔心與中國結盟會賠上蘇聯戰後在遠東地區的收穫，也擔心這會引起美國的干預。也因此，在毛澤東這趟漫長的出訪中，中蘇兩名領導人的關係就顯得相當尷尬。儘管如此，雙方還是在一九五〇年情人節簽署了一份《中蘇友好同盟互助條約》，但這份條約似乎不如毛澤東期待的那樣有用。毛澤東在史達林生日大會上的發言獲得全場起立鼓掌，此外他送給史達林的禮物則是中國皇家風格的大花瓶。

隨著冷戰現實慢慢取代了二戰同盟，史達林生日禮物展的主辦單位也開始把較早之前的禮物搬出來重新包裝，藉此維持「萬國來朝」的榮景。蘇聯駐美大使代史達林在一九四二年收下的美國原住民頭飾，就這樣子被趕鴨子上架，成為了禮物展中的一員，上頭還寫著史達林已經被任命為「印第安族的榮譽酋長」。至於西歐的「禮物擔當」則是由各國的共產黨擔任，法國共產黨還自行籌辦了他們的史達林禮物展，獨挑大梁的禮物包括信奉社會主義的現實主義畫家弗熱隆（André Fougeron）的畫作，而他們的作品也在展出結束後送到了遠在東方的莫斯科。

對於在中歐的蘇聯衛星國而言，送禮給史達林的年度大拜拜正是對其表忠與融入蘇聯的良機。這一點在東德身上看得最為清楚，那兒在戰後立刻遭蘇聯占領的歷史經驗，對當地民眾造成了極大的創傷，由此德國人與俄羅斯人始終保持著一種相互猜忌的關係。當東德於一九四九年十月正式成立，新的領導班子就得找機會展現其對社會主義的忠心耿耿，而為史達林的七十大壽做準備就是這份忠誠要接受的第一場考驗。只要成功，東德就能順利從蘇聯占領區轉型成蘇聯陣營的成員之一。

東德慶祝史達林生日的方式，就是把他描繪成社會主義的贈予者、幫助德國擺脫納粹主義的解放者，以及德國民族的友人——而且國際主要領導人之中只有他堅定支持德國統一。時任部長會議副主席、日後成為東德總理的烏布利希（Walter Ulbricht）就在莫斯科大劇院的盛會中致詞時，形容史達林是「德國民眾最好的朋友」。一面訴諸德國的民族主義，一面又強調蘇聯的霸主地位，這中間的自我矛盾就被輕輕帶過。在那個特別的日子，新東德的領導階層就會動員民眾為史達林祝壽，而祝壽的另一項社會功能正是以對蘇聯領導人的個人崇拜為核心，讓民眾學會官方的敘事。在當年東德各地的群眾集會中，幾乎都能看得到這樣的風景。

東德籌備史達林生日活動的另一項重點，就是鼓勵民眾送生日禮物給史達林。東德領導層當時宣布，東德全體人民將會「捐贈」給史達林一項很特別的禮物，那就是一座天文館，而且預定要落成在史達林格勒。新任東德總統威廉·皮克（Wilhelm Pieck）在恭賀史達林生日快樂的電報中，宣布史達林格勒已經雀屏中選為天文館的預定地，因為那裡肩負著蘇聯領導人的名諱，也因為領導人的英明神武讓那裡打贏了一場偉大的勝仗，「結束了德國歷史上一頁悲傷的篇章」。作為一份禮物，這座天文館將標誌著兩個民族友誼的全新開端。

選擇建館於史達林格勒，象徵著對德國二戰罪行的補償，也代表德國想要重啟雙方友誼的宣示。然而，東德會選擇天文館這麼特別的禮物，還另外隱含有一層動機。負責提供天文館光學元件的企業，就是知名的蔡司公司（Carl Zeiss），而該公司早在十九世紀就已是生產科學儀器的佼佼者。一九一三年，慕尼黑德意志博物館館長米勒（Oskar von Miller）提出了一項要求，希望有人能協助他設計出天文室：這項要求促使蔡司公司發展出一種可以描繪夜空的科技，而且還能以三維空間的形式呈現。一九二四年，該公司在吉納工廠屋頂打造了他們第一座天文館，這同時也是世界上第一座測地線圓頂建築。短短幾年內，這類天文館便已在德國各地乃至於德國以外興建而成，包括一九二九年建在莫斯科的一座。

到了二次大戰的尾聲，蔡司公司的部分廠區被西方盟軍遷移到了巴登－符騰堡邦（Baden-Württemberg），但公司的其餘營運仍留在東德的吉納。東德高層贈送天文館這份禮物，背後因此還有一項附加任務，就是要展示東德的科技水準優於蘇聯。換言之，這份禮物偷偷地質疑了史達林以蘇聯優越性為中心的世界觀。這座天文館同時也是一張發給整個社會主義國際圈天文專家的名片。

興建需要時間，所以等到史達林格勒天文館開幕之際，人間已經來到一九五四年，而這就讓該天文館違反了一項生日禮物鐵則：一定要在壽星還活著的時候送到人家手裡，結果史達林早在前一年就已經嚥下了最後一口氣。這座天文館的建築集新古典主義風格、大型柱廊與圓頂頂端的和平女神像於一身，完全是史達林主義風格的體現——而這也代表這棟建築物在啟用的同時，就已經完全過時，但這並不影響該天文館恪盡職守就是。事實上，它直到今天都還在將宇宙的奧妙傳授給年輕一輩的德國人。

41

一碗酢漿草

西元 1952 年

2006 年，美國總統小布希由愛爾蘭共和國總理埃亨獻上一碗酢漿草。

一如挪威奧斯陸市送給英國倫敦的聖誕樹，本章故事裡的禮物也是一年一度，而且還有固定的日期。那就是送給美國總統的酢漿草，而這原本只是駐美大使固定會給白宮的禮物，並無可掛齒之處，後來卻搖身一變成了愛爾蘭共和國總理一年一度在聖派翠克節前後訪問華府時的亮點。這份禮物的重要性會這樣扶搖直上，全都是因為收受雙方都體認到這麼做符合自身利益。

約翰．赫恩（John Hearne）的半身像穿戴著領帶與西裝，英挺帥氣地立於他位於愛爾蘭沃特福（Waterford）的家鄉。這座半身像揭幕於二〇一七年，也就是愛爾蘭立憲八十週年紀念之際，以表彰赫恩當年以法務專家的身分對愛爾蘭憲法草案做出的貢獻。這也是赫恩最重要的歷史定位。新憲法背後的政壇推手瓦勒拉（Éamon de Valera），就曾在憲法副本的手寫致詞中稱讚赫恩是愛爾蘭憲法的「締造者與起草人」。作為一名公僕，赫恩在當時的所扮演角色並未被多加強調，他的貢獻日後能浮出水面，靠的是歷史學者的深入挖掘。赫恩後來在代表愛爾蘭共和國的外交生涯中表現卓著，這包括他從一九三九年起擔任駐加拿大渥太華大使，一九五〇年起擔任共和國首任的駐聯合國大使（由於愛爾蘭在一九四九年才廢除君主制，所以其前任的職銜都是特命全權公使）。

在當年，要代表愛爾蘭共和國派駐在美國首都華盛頓，並不是件理所當然的事情。赫恩必須面對美國對愛爾蘭的兩大不滿，一是愛爾蘭在二戰時保持中立，另一則是愛爾蘭拒絕加入成立於一九四九年的北約。在這樣的背景下，赫恩體認到進行文化外交的重要性，還有善用愛爾蘭裔社群的政治影響力來尋求突破的重要性。聖派翠克節對愛爾蘭裔美國人來講是年度最大慶典，聖派翠克遊行也是紐約的盛事，連美國總統杜魯門都在一九四八年共襄盛舉。赫恩還發現，如果能將愛爾蘭對主保聖人的紀念提升到全美政治領袖都參與的格局，就有機會對兩國關係創造莫大的裨益。而在當時被稱為聖派翠克拿來教導聖父、聖子、聖神三位一體概念的三葉草，也就是酢漿草，就成了最完美的敲門磚。

一九五二年的聖派翠克節，赫恩送了一小盒酢漿草給杜魯門總統，外加在一則訊息中遞出希望兩國關係繼續穩健發展的橄欖枝。這是一份低調的國禮。杜魯門當時人不在華府，所以酢漿草並非親自交給他本人。就許多方面來看，這份禮物的妙處是在隔年才發酵，而那時白宮已經有了一位新總統艾森豪。赫恩請求面見總統，好呈交作為聖派翠克節禮物的酢漿草。他的請求獲准，畢竟送酢漿草在去年已有先例。一項年度傳統於焉誕生。

第一場由愛爾蘭總理而非由駐美大使致贈酢漿草的儀式，發生在一九五六年，當時適逢愛爾蘭總理柯斯泰羅（John A. Costello）出訪華府。愛爾蘭總統奧凱利（Seán T. O'Kelly）則在一九五九年獻上這份榮耀，同樣是乘他訪美期間。就算送的人不一樣，但這些酢漿草的本質並沒有多大改變，依舊是愛爾蘭駐美大使的贈禮，致贈典禮規格的高低仍取決於時任美國總統與愛爾蘭的聯繫，還有他們當時對愛爾蘭議題的關心程度。好比到了甘迺迪主政時期，酢漿草這份禮物的致贈典禮就獲得比較多媒體關注，畢竟甘迺迪家就是愛爾蘭裔的第四代移民。而到了詹森總統的任內，這項典禮又開始沉潛。卡特總統某次甚至還把這事委由副總統處理，因為他當時正忙於中東問題。雷根總統時期則迎來了酢漿草典禮的另一個高峰，他甚至曾在任內出訪愛爾蘭去進行尋根之旅。他去到了蒂珀雷里郡（Tipperary）的巴利波倫村，那兒是他曾祖父在一八二九年受浸禮的地方。兩任愛爾蘭總理豪伊（Charles Haughey）與費茲傑羅（Garret FitzGerald）都在雷根總統任內贈送過酢漿草。

一年一度由愛爾蘭總理本人親送酢漿草給美國總統，是在柯林頓總統任內訂下的規矩，主要是高調辦理該儀式同時符合美愛兩國的利益。柯林頓希望利用聖派翠克節的活動來突顯他對北愛爾蘭和平進程的承諾；而在愛爾蘭這方，駐美大使加拉格（Dermot Gallagher）則主張酢漿草典禮讓愛爾蘭這樣的小國獲得一個獨特的機會，讓總理每年都至少可以跟美國總統單獨見上一面，這一觀點也獲得時任總理雷諾茲（Albert Reynolds）的認同。

經年累月下來，酢漿草典禮不僅參與者的層級愈來愈高，就連典禮本身也愈來愈講究。如今贈送酢漿草已經只是華府政壇參與聖派翠克節的系列活動一環。某名前英國駐美大使回憶，說在柯林頓時代的聖派翠克節活動「會讓華盛頓政壇癱瘓整整兩天」。白宮舉行完酢漿草典禮後，中午還會由眾院議長在國會山莊設宴，並由美國總統與愛爾蘭總理聯袂出席午餐會。晚間白宮還會另行接待。

雖說不是每一位柯林頓的後繼者都比照辦理，但酢漿草典禮的規模大致上都有一定的水準。這是因為這項活動持續滿足了愛爾蘭與美國政府的施政目標。對愛爾蘭共和國來說，這項活動代表了與美國總統有著深入互動的機會，光這一點就羨煞駐美使節團的各國成員。對美國總統來說，這也讓他有機會在面對國內強大的愛爾蘭裔遊說團體時，顯得更有說服力。

就連禮物本身也與時俱進，不再只限於酢漿草，而是連裝酢漿草的水晶碗也成了禮物的一部分。如今每年該碗的生產資格都會經過招標，從愛爾蘭的多家業者中徵選而出，碗身設計更已成為愛爾蘭文化外交的平臺。二〇一六年，時任愛爾蘭總理肯尼（Enda Kenny）選在復活節起義（譯按：由愛爾蘭共和派在一九一六年發起的武裝起義，意欲結束英國統治，讓愛爾蘭成為獨立共和國）的一百週年時，送給歐巴馬滿滿一碗酢漿草，碗上就有著以該場起義為主題的蝕刻花樣：碗上的都柏林郵政總局是當時起義領袖們的總部，而文字段落則出自《共和國宣言》。

若按照美國國務院禮賓處對外國政府餽贈物品給聯邦雇員的年度申報資料來看，酢漿草典禮所贈禮物的價值每年都有很大的波動。在小布希與歐巴馬擔任總統的十六年當中，價值最低的是二〇〇一年送給小布希的沃福特水晶碗，價值僅二九五美元，最貴的則是二〇一五送給歐巴馬的禮物，總價高達一萬零五百六十六美元，這波禮物還包括刻有詩人葉慈金句的水晶碗跟一本葉慈詩集。這十六年間有好幾年看不到水晶碗的價格申報，表示禮賓處認為那些碗連申報禮物的最低價值門檻都沒達到。這些水晶碗最終的歸宿就是美國國庫，但似乎在總統任期內可以留在白宮——據說雷根就拿了其中一只碗去裝他愛吃的豆狀軟糖，也就是俗稱的雷根糖。

在小布希與歐巴馬總統任期的十六年間，國務院只有一次提出了對酢漿草的估價：那是二〇〇七年。那年除了愛爾蘭總理送給小布希的沃福特水晶碗被估計價值三百五十美元以外，酢漿草也被估了個五美元。當白宮在二〇一〇年傳出酢漿草被公事公辦地「依照美國特勤局政策處理」的消息時（編按：當時酢漿草一被傳到歐巴馬手中，就被特勤人員一把搶走，並按明文規定將之送進焚化爐），還在當時的愛爾蘭媒體間引發了小小的騷動。《愛爾蘭觀察家報》（*Irish Examiner*）下了這麼個標題：「酢漿草在白宮引發焚化爐驚魂。」

經過這些年，致贈酢漿草的典禮已經慢慢發展出一套模式，例如美國總統與愛爾蘭總理會很有默契地打上應景的綠色領帶，然後藉著雙方共同的歷史與文化連結相互送暖。小布希的一名前文膽曾投稿《紐約時報》抱怨，這項傳統讓一年一度的酢漿草演講成了文膽的一大挑戰，那名文膽抱怨：「究竟有多少種不同的辦法，可以既收下同一碗酢漿草，同時又能誇讚同一批尊貴的愛爾蘭人民？」或許最出人意料的地方在於，赫恩在一九五二年的一個發想，居然給了愛爾蘭共和國幾十年跟世界第一強國領袖單獨開高峰會的機會。誰想得到不起眼的酢漿草居然有這麼大的本事。

42
伊莉莎白二世的天鵝

西元 1957 年

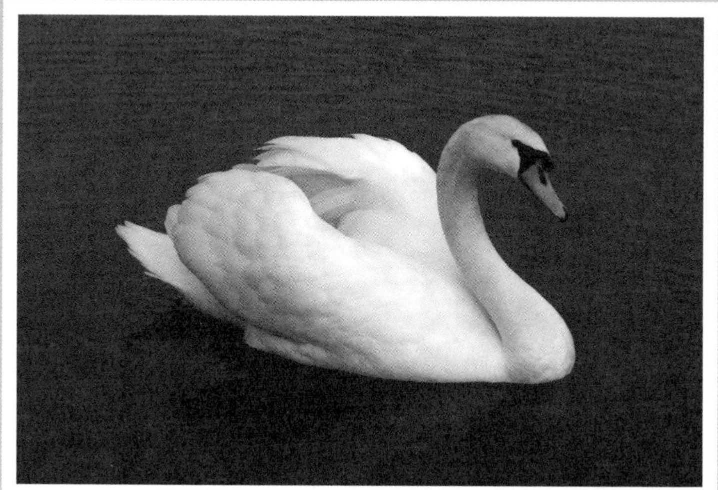

啞音天鵝。

英國女王伊莉莎白二世擁有各式各樣的頭銜，她是英聯邦（大英國協）的元首，是英國的三軍統帥，是信仰守護者，甚至還是蘭卡斯特公爵。這當中比較另類的頭銜，應該要算是「天鵝領主」——這個古怪的稱號告訴我們，這種有王者之風的禽類跟不列顛王家之間幾百年來的緊密關聯。正是因為這層關聯，英國多年來的外交禮物才會常常跟天鵝扯上關係，特別是「啞音天鵝」（又稱疣鼻天鵝）。啞音天鵝有著一身白色的羽毛跟橘色的嘴喙。你在課本裡看到過的天鵝長什麼模樣，啞音天鵝就長什麼模樣，而且牠們的原產地就是英國。

從中世紀以來，天鵝在英國就會讓人聯想到貴族，並且也被認為是奢侈品。牠們之所以貴氣，可能是源自於牠們的優雅與美麗，孤高的性格，又或者是飼養的高難度所致。一直到十八世紀，天鵝都是一種高檔的食材，尤其聖誕節最受歡迎。但到了十八世紀以後，天鵝肉在美食界的地位就一落千丈，部分原因或許是牠們據說並沒有多好吃。

游在開放水域的野生天鵝均歸英國王室所有，是王室最晚自十二世紀起就享有的權利，而且英國君主也可以將飼養天鵝的特權授予他人。但到了十五世紀，王室似乎擔心起天鵝的所有權在社會上太過氾濫，恐降低其稀有性，因此在一四八二年愛德華四世統治期間，一項關乎天鵝的法律開始施行：宗旨就在於確保擁有天鵝繼續是少數人的專利。具體而言，該法律規定只有每年土地價值都在五馬克以上的人才有養天鵝的資格。這項財富門檻已經足以篩選掉「自耕農或一般農夫或其他身分地位還不到的個人」，進而避免天鵝落入這些人手裡。天鵝的嘴喙會被做上標記，藉此表示主人的身分，而擁有天鵝標記的權利不僅所費不貲而且數量有限。事關天鵝的訴訟會在名為「天鵝會堂」的特別法庭中進行審理。

到了今天，英國君主只剩下某一段泰晤士河的野生天鵝所有權，主要是方便他們舉辦一年一度象徵性的「天鵝普查」。為期五天的這項傳統，會由穿著傳統飾物的「天鵝普查員」乘木製小艇朝上游而去，當中某些人代表英國國君，其他人則代表在十五世紀獲得擁天鵝權的倫敦市釀酒業者與洗染業者同業公會。在一九九三年之前，負責籌辦這個典禮的是女王天鵝總管，而在一九九三年後，天鵝總管的職責被一分為二，分成了天鵝看守員與天鵝標註員。今天的天鵝普查除了熱鬧好玩以外，也有一個重點是動物保育，過程中天鵝會被捕捉與清點，一一測重後再檢查有無受傷的痕跡。

但本章故事的起點並不在英國倫敦，而在大西洋另一端位於佛羅里達州的萊克蘭（Lakeland），這是一座人口略多於十萬人的小城市。地如其名，Lakeland 就是湖泊之地，市區內滿布著許多湖泊，大部分都是被水填滿的磷礦坑。長期以來，讓天鵝可以在這些湖泊中暢遊成了萊克蘭市的驕傲傳統。該市最早的天鵝棲息紀錄可以追溯到一九二三年，傳統上在地居民有責任照顧這些天鵝。但天鵝面對犬隻與鱷魚的攻擊可以說毫無抵禦之力，因此萊克蘭的天鵝一度在一九五三年絕跡。此時登場的是皮克哈特夫婦這兩名住在英國的萊克蘭鄉親，先生羅伯是在一處美國空軍基地服役。苦於家鄉已無天鵝的皮克哈特太太，意外得知英國的野生天鵝皆屬於女王陛下所有，就決定要上書女王來索取一對天鵝。秉持「有問有機會」的古訓，這位太太果然皇天不負苦心人，收到了一封回覆說女王已經同意捐贈一對啞音天鵝給萊克蘭市，前提是該市可以負擔將天鵝送至佛羅里達的三百美元運費。

運輸成本差一點就搞砸了萊克蘭天鵝大作戰。該市一開始的募款行動據稱只湊到七塊美元，而媒體的相關報導又導致佛州的聖彼得堡市跟奧蘭多市也加入戰局，競相爭取那對女王的天鵝。所幸前來萊克蘭觀光並迷上當地的帕默洛伊女士（Mrs Randle Pomeroy）拔刀相助，全額提供了三百美元的運費。裝箱的一對天鵝在一九五七年二月九日抵達佛羅里達，並被安置在莫頓湖（Lake Morton）的籠中圈禁。但隔天早上，居民卻發現兩隻天鵝已經破籠而出，母鵝在莫頓湖近處游泳，公鵝去探索起了佛羅里達州，並在翹家四天後被捕。公鵝被帶回來與母鵝重聚的那天，很剛好就是情人節。

萊克蘭的天鵝自此生生不息，鵝口數已經在近年來多到必須「外銷」，以免鵝口過剩。二〇二〇年十月，萊克蘭市宣布以天鵝樂透的方式出售三十六隻天鵝，每隻售價四百美元。買家必須保證提供良好的水源並支付每年的獸醫費用。從這費用也可以看得出來，當年女王陛下確實是相當慷慨（當然，皮克哈特太太有理有據的上書也是功不可沒）。從英美關係的角度來看，這也算得上是一次很划算的公眾外交：負有禮物身分的天鵝及其後代，在佛羅里達的鄉親父老面前彰顯著英美兩國的友誼。

伊莉莎白二世另一筆以天鵝為籌碼的禮物外交，發生在一九六七年。當時為了慶祝加拿大聯邦成立一百週年，名義上身為加拿大國家元首的女王陛下，就從泰晤士河送出了六對由女王天鵝總管精選出的啞音天鵝，送到加拿大首都渥太華。這不是英國王室第一次送啞音天鵝給加拿大。過去還有兩次成對天鵝被贈送送給加拿大的紀錄，一次是喬治五世在一九一二年所送，另一次則是愛德華八世在一九三六年贈予的禮物。一九六七年五月，天鵝抵達渥太華，並在檢疫過後將其中的八隻野放到了麗都河（Rideau River），剩下來的則繼續待在利特里姆（Leitrim）郊區樹苗苗圃裡的「天鵝之家」。當女王與菲利普親王在七月一日蒞臨加拿大參加加拿大百年國慶時，天鵝們都已經各就各位地有了歸宿。

天鵝的人氣沒有令人失望，同時牠們也順利地繁衍生息。到了一九七〇年代初，鵝口數已經來到四十隻。出於擔心天鵝數量過多，市政府只得私下調查將天鵝轉送的相關禮數。答案據說是天鵝轉送無妨，但這些鳥兒就不能再打著王家禮物的名號了。隨著時間一年年過去，渥太華市府開始不堪飼養天鵝的維持費。渥太華的嚴酷氣候，意味著天鵝飼養得花一大筆錢：因為他們每年都得按時以人工方式把鳥兒帶出河中，送到樹苗苗圃中的過冬區避寒。然而，天鵝之家每況愈下的飼養狀態也讓媒體戲稱那裡是「鵝塔那摩」，也就是天鵝版本的「關塔那摩」，也就是那座因美軍虐待戰俘而惡名昭彰的基地。直到二〇一五年，才確認新的過冬處得要搬到魁北克的薩法利野生動物園。

雖然渥太華的天鵝仍有許多人崇拜，但也有開始有批判的聲浪說這些啞音天鵝是一群入侵物種。同時還有人看不慣為防止天鵝脫逃並與外界的原生物種競爭而將牠們剪羽，因為那牽涉到動手術移除天鵝的羽梢，使牠們失去飛行的能力。時至二〇一九年，隨著市府減鵝省錢的努力奏效，天鵝的數量終於下降，官員開始建議把剩下的天鵝也安置到薩法利野生動物園。至本書出版前，法庭（也就是天鵝會堂）還沒有決定好渥太華王家天鵝的命運。

英國王室與啞音天鵝的緊密關係，或許也可以解釋為什麼天鵝會一邊被伊莉莎白二世選為她送人的禮物，一邊又被別人選為送給她的禮物。一個有趣的案例發生在一九五二年，當時加拿大資源與開發部跟卑詩省地方政府聯合送出了五隻黑嘴天鵝。這項禮物證明了一項送禮的重要原則：你只能送自己已經擁有的東西。

當時還是公主的伊莉莎白在夫婿陪伴下，於一九五一年代表臥病在床的父王前往加拿大巡遊。某一天，當他們抵達愛德華王子島首府夏洛特鎮時，加拿大資源與開發部部長溫特斯（Robert Winters）宣布公主將獲贈六隻黑嘴天鵝。這種世界上最大的水禽得名是因為其嘹亮的叫聲，牠們也是加拿大的原生物種，因此非常適合作為國家代表。唯一的問題是，溫特斯部長手中沒有這六隻黑嘴天鵝。加拿大野生動物局於是就接下了這項讓部長不要失信的重要任務。

負責任務的官員是馬凱（Ron Mackay），他是一名海軍出身的老兵，半路出家後重新受訓為卑詩省的野生生物學家。馬凱知道想捕捉到黑嘴天鵝，最好的地方就是一處名符其實的僻靜湖泊，就叫作寂寞湖（Lonesome Lake），位置在溫哥華西北方兩百五十英里處。馬凱為什麼會知道寂寞湖有機會抓到黑嘴天鵝呢？這要拜一名加拿大奇人愛德華茲（Ralph Edwards）所賜，他被為其立傳者稱為「寂寞湖的魯賓遜」。顧名思義，愛德華茲在一九一二年棄絕了文明，在荒郊野外給自己搭了間小木屋，而他的新家也是瀕危的黑嘴天鵝的重要過冬處（只是當時還不為人所知）。在得知天鵝的事情後，加拿大野生動物局便招募愛德華茲成為鳥類看守員，並提供他穀物來作為天鵝的副食品。經年累月，這些野生天鵝開始慢慢被馴化。

一九五一年，馬凱飛到寂寞湖，同行的還有同事蒙羅（David Munro），這兩人就跟愛德華茲聯手打造了一處長方形的天鵝陷阱，上頭有個線一拉就會倏地關上的機關門。此時愛德華茲已在這個杳無人煙的地方成家，餵食天鵝的工作已交到他成年的女兒楚蒂手上。楚蒂就從十二月到一月份持續餵養天鵝，好讓鳥兒習慣陷阱，直到馬凱與蒙羅在二月初重返當地。二月七日，楚蒂順利引誘了七隻幼鵝與一隻成鵝進入陷阱，但門才一放下，一大兩小的天鵝就成功脫困。最後，相較於原先答應女王的六隻黑嘴天鵝，他們只抓到了五隻，而且這五隻天鵝拼命想掙脫陷阱的嘗試驚動了外頭的天鵝群，結果牠們全都離開了覓食區。隨著氣候愈來愈惡劣，馬凱與蒙羅只能帶著五隻天鵝撤退。

這五隻天鵝被空運至英國的格羅斯特郡（Gloucestershire），並在當地的塞文河野鳥信託保護區裡住了下來。兩隻母鳥中的一隻沒能存活，但其他天鵝算是安然無恙。英王喬治六世已在該年二月離世，因此伊莉莎白公主此時改以伊莉莎白女王二世的身分收下禮物，並在四月二十五日造訪天鵝。捕捉天鵝有功的楚蒂收到了女王的感謝信，但據說她始終內疚於自己背叛了天鵝們對她的信任。

43

一英畝英國土地

西元 1965 年

位於英國蘭尼米德（Runnymede）的甘迺迪總統紀念碑。

曾經有個說法是，每個人都會記得聽說美國總統甘迺迪遇刺時，自己當時人在哪裡。他的死之所以會如此讓人難忘，不光是因為他的殞命方式實在太不尋常，更是因為世界各地有如此多人寄託在他生命上的希望。甘迺迪是當時美國歷史上最年輕的總統，而且是由當時美國歷史上最年長的總統艾森豪手中接下大位，因此他象徵的正是世代交替與政治改革。甘迺迪集個人魅力、英俊外表與演說能力於一身，同時也相當貼近庶民文化，是一個承諾會拿出行動並展現幹勁的領袖。在冷戰的最高峰，他以總統的高度秉持著和平的願景：「不光是美國人的和平，而是全人類不分男女的和平；不光是我們這一代人的和平，而是未來世世代代的和平。」

一九六三年十二月五日，也就是甘迺迪遇刺後的兩週，英國下議院在經過討論後達成了跨黨派協議，決定替這位已故的美國總統建立紀念碑。反對黨領袖哈洛德·威爾森（Harold Wilson）提議英國可以建一座實體的紀念碑，也可以對甘迺迪在各領域上的貢獻表達敬意，包括感念他促進世界和平。杜倫郡（Durham）議員潘特蘭（Norman Pentland）則提議，可以考慮把紀念碑建在華盛頓鎮，因為作為美國國父家族的發祥地，這裡天生就有著與美國的連繫。東布拉德福德選區（Bradford East）的議員麥克李維（Frank McLeavy）則認為，英國可以成立紀念甘迺迪的獎學金來造福美國留學生。

一九六四年，時任英國首相休姆爵士（Sir Alec Douglas-Home）宣布成立委員會來討論紀念碑的形式。他指派的委員會主席是曾任駐華府大使的法蘭克斯勛爵（Lord Franks）。還記得我們在前言中提過的那盒蜜餞是誰要的嗎？就是這位大使。首相在三月二十五日聯絡下議院，回報了委員會的結論：英國的紀念方式應該盡量生活化，並且會分成兩部分進行：第一部分會是在倫敦西邊的蘭尼米德劃出一英畝土地，上面搭設紀念碑的基座與階梯；第二部分會是一筆獎學金，供英國年輕人前往甘迺迪的母校哈佛大學就讀，或是前往麻省理工學院留學，藉此來感念甘迺迪對於促進國際間相互理解的貢獻。

為了讓委員會決議生效，首相休姆必須再成立一個委員會，而這次他指派的主席是也當過英國駐美大使的馬金斯爵士（Sir Roger Makins）。接著，倫敦市長同意將為紀念碑募款列為其市長任內的政策。

甘迺迪獎學金至今仍運作得有聲有色，且已經累積出極具看頭的校友芳名錄，上頭有前影子財政大臣兼英國電視實境秀《舞動奇蹟》參賽者波爾斯（Ed Balls）、前英國央行行長莫爾文金（Mervyn King）、上訴法院大法官瑪莉雅登夫人（Lady Justice Arden）等。但本章重點卻在於紀念的第一部分：那一英畝英國土地。

一九六四年，英國國會通過《甘迺迪紀念碑法案》（Kennedy Memorial Act），將該土地順利轉交給美國，管理責任便落到了甘迺迪紀念基金會的董事身上。這塊土地原本是英國王家在蘭尼米德的一部分領地，而在一般狀況下，管理王室財產的皇家財產局有責任在產權移轉時爭取最好的價格——就算要用送的，也得換得皇家財產局的最大利益。正是因為這一點，這塊土地的捐贈才需要動用到國會立法權，只有國會法案的地位足以將土地產權由英國王室轉移到基金會董事的名下。《甘迺迪紀念碑法案》還闡明了這塊土地雖然送給美國，但英國並未放棄其主權，而只是在英國的法律下將土地交由基金會董事管理。

英國會捨棄華盛頓鎮而選上蘭尼米德作為實體紀念碑的所在地，是經過深思熟慮的結果。蘭尼米德沿著泰晤士河而生的著名草原，曾是英格蘭的約翰王在一二一五年六月十五日簽署《大憲章》的地點。此後八百年間，《大憲章》一步步被視為保證個人權利不受暴政侵犯的重要基礎。

蘭尼米德的草原與周遭的山丘散落著紀念碑與雕像，褒揚著《大憲章》中可以看到的諸多理想。有一尊在二〇一八年加入的雕像叫《寫於水上》（Writ in Water），是旨在保護古蹟的英國國民信託委託藝術家沃林格（Mark Wallinger）與章魚工作室聯手完成。位於山坡上一棟外貌嚴峻的無窗圓形建築裡，可以看到一個圓形的房間中間有個池子，池子四周圍了一圈《大憲章》第三十九條左右顛倒的條文。若要閱讀這些文字，就只能讀水面上的映影：「非經其同儕或本國法律之合法審判，無一自由人得被拘捕、監禁、褫奪權利或財產，被宣告為非法或遭到放逐，乃至於以任何方式被剝奪其地位。」

一九六四年，蘭尼米德草原上已經有許多紀念碑。草原本身已經在一九二九年由費爾黑文夫人卡拉（Cara, Lady Fairhaven）贈送給英國國民信託，以紀念她的議員先夫。卡拉委託盧提恩斯爵士（Sir Edwin Lutyens）設計了一組有陡峭屋頂的房舍，其中一間如今成了那片地產的辦公室，另一間則是茶室。在草原上方古柏斯丘的丘頂，是揭幕於一九五三年的四方形皇家空軍紀念碑，而這觸動人心的無名塚所緬懷的，是英聯邦空軍超過兩萬名在二戰中捐軀的男男女女。

蘭尼米德格外適合作為甘迺迪紀念碑的所在地，是因為英格蘭《大憲章》揭櫫的原則也同樣見諸於《美國憲法》與《權利法案》。空軍紀念碑的建築師莫夫爵士（Sir Edward Maufe）受美國律師協會之託，設計出了獻給《大憲章》的紀念碑，並置於能俯瞰草原的山丘上。這座紀念碑致贈於一九五七年，是一間希臘風格的圓頂古典祠堂，中央的花崗岩柱上刻著這樣的字句：「僅以此紀念《大憲章》，以及其所象徵的法治與自由。」紀念碑地上的銘牌紀錄著美國律師協會的回訪，而上頭使用的語言適足以訴說一群朝聖者的精神與心聲：「今天，美國律師協會故地重遊，並再次宣誓忠於《大憲章》所表彰的各項原則。」不遠處，一棵用英國在新世界首處殖民地維吉尼亞州詹姆斯鎮土壤所種下的橡樹，正在紀念著美國憲法兩百週年。此處的牌匾昭示著「具體表現在美國憲法中的自由與公義理想，可以在英格蘭法律的傳承中上訴到《大憲章》」。

甘迺迪紀念碑就位在《大憲章》紀念碑不遠處的緩坡林地，該紀念碑是由地景建築師傑利柯（Geoffrey Jellicoe）操刀設計，每塊石頭都因其蘊含的象徵意義而重如泰山。呼應著《大憲章》紀念碑，甘迺迪紀念碑的整體呈現是以朝聖為主題。紀念碑的設計宗旨，是讓人彷彿在閱讀英國佈道家班揚（John Bunyan）一六七八年的名作《天路歷程》。訪客進入時會先穿過一道木質的大門，迎面而來的則是一條花崗岩方形鋪石的路徑，每一塊鋪石都代表無數的朝聖者。沿著那條路徑拾級爬坡而上，共有五十階，每階對應美國的一州。在通過朝聖之路的上坡考驗後，訪客即可到達紀念碑中心，那兒有一塊七噸重的長方形石塊來自美國波特蘭，其銘文書寫著「這一英畝英國土地」是給美國的贈禮，也是對甘迺迪的紀念，文中還納入了甘迺迪就職演說的段落：「讓每一個國家知道，不論他們對我們心懷善意或惡意，我們都會不惜任何代價，不畏任何重擔，不懼任何艱難，支持每一個朋友，反對每一位敵人，只為了確保自由的生存與發展。」在右手邊，另一條路通往的是兩張石座，供人心曠神怡地俯瞰底下的草原。部分的紀念碑則象徵著精神的翻新。

甘迺迪紀念碑因此是一份向其紀念者致敬的外交禮物。在送出這份禮物的過程中，英國政府也希望能藉此突顯兩國之間的特殊關係，畢竟那是英國戰後外交政策的基石。紀念碑揭幕於一九六五年五月十四日，在場見證的有女王陛下，英國首相哈洛德．威爾森，美國國務卿魯斯克（Dean Rusk），以及甘迺迪總統的遺孀跟孩子。致詞不僅褒揚甘迺迪總統的願景與成就，也強調兩國共同的傳承，乃至於《大憲章》所奉為圭臬的自由價值。甘迺迪紀念碑作為一份國禮，其設計不僅是為了榮耀甘迺迪總統，也是要勾勒出兩國的親密友誼跟世界觀。作為禮物第二部分的甘迺迪獎學金，則確保了資源會長期投入兩國關係。這座紀念碑因此是一份源遠流長的贈禮，即使時間不斷流逝，甘迺迪總統的評價史觀不斷更新，它依舊堅守著它所宣告的，致敬與結盟的意涵。

44
來自月球的岩石

西元 1969 年

馬爾他的阿波羅十一號月岩。

哥佐自然博物館位於一棟雅緻的十七世紀石灰岩建築內，基本上是一座可俯瞰維多利亞市的要塞，而維多利亞市則位於馬爾他群島第二大島哥佐島上，正是該島小巧的首府。這是一間相當傳統的博物館，展示櫃上的標籤不是寫著「各種石英」、「鞘翅目」，就是「雙殼綱」。你還能看到館內有一張來自委內瑞拉的鱷魚皮，以及各式各樣的鳥類標本。

拱門狀的入口大廳展示著石筍與鐘乳石，後方的一個展示櫃裡有張小型的木檯，上面放著迷你的馬爾他國旗。國旗上是半球型的壓克力圓頂，裡面有著看起來像是黑色顆粒的東西。木檯的基底尚有兩則銘文，一則寫著：「我們的國旗由阿波羅十一號帶到了月球上，又帶了回來。而這塊月球表面的碎片，則是由第一次載人登陸月球的組員帶回地球。」另一段銘文則註明了這份禮物的贈送者，是「由美國總統尼克森致贈給馬爾他人民」。

阿波羅十一號在一九六九年七月的登月任務，伴隨著其指揮官阿姆斯壯（Neil Armstrong）那句對全球廣播的「人類的一大步」名言，不啻是一九六〇年代的標誌性瞬間。這項任務完成了甘迺迪在一九六一年說要在十年內送人上月球的願景，至今都是各地領袖特別鍾愛的宣言。隨著阿波羅十一號的成功，美蘇的太空競賽也劃下句點。尼克森總統會老把這項功績掛在嘴邊，或許並不令人驚訝。

一九六九年十一月，尼克森總統下令太空總署在全球一百三十五國舉辦展覽，就連美國每一州或海外領地都要各辦一場。每一場都採用標準規格：一面國旗或州旗，總重零點零五公克的四小粒月球岩石，放在具有放大鏡效果的壓克力圓頂內。每個國家都會收到一模一樣的銘文，只有委內瑞拉明顯例外，因為阿波羅十一號忘記帶該國國旗上太空，美國太空總署只得在阿波羅十二號任務時補帶了一面上去——但是委內瑞拉收到的禮物卻刻意沒有標上阿波羅十二號的字樣。

作為一份外交禮物，這些小小的月球紀念品為尼克森總統創造了可觀的優勢。首先，登月任務捕捉了全人類的目光，這樣的禮物對收禮者來說也是炙手可熱。尼克森贈送的這樣禮物還有一項用處，那就是彰顯美國科技實力與在登月競賽上的勝利——或許只有在莫斯科才不管用。

這些禮物的效果之卓越，讓尼克森食髓知味，後來又再搞了一遍。第一波的月球岩石是為了慶祝第一次登月任務，第二波禮物則是祝賀最後一次登月任務。

這第二份月球岩石其實是精心準備的公關贈品。隨著阿波羅十七號的登月任務即將結束，太空人塞爾南（Eugene Cernan）就在月球漫步接近尾聲時發表了演說，主題是他的太空人同事兼地質學家史密特（Harrison ‘Jack’ Schmitt）剛從月球表面撿起的一小塊岩石。塞爾南說那是一塊「非常特別的岩石」，是由許多大小、形狀與顏色不一的小塊石頭組成。那些小塊可能來自月球各處，慢慢才組合成一整塊岩石，「就像深具一致性且能和平共處一樣」。塞爾南聲稱自己希望與世界各國分享這塊岩石，因為它是一塊「人類的象徵，象徵著我們未來能在和平與和諧中共同生活」。除了聽起來有點嬉皮風格的和平宣言之外，這段話也對一塊石頭寄予了太龐大的壓力。

這塊月岩被取了一個無聊的名字，叫做「樣本七〇〇一七號」。它被拆解為小碎片，每一片都被組裝成類似於阿波羅十一號月岩的禮物。禮物中有著上過月球的國旗，也有木檯與壓克力圓頂。這些禮物又再一次被送到世界各國、美國各州與領地的博物館裡。只是這回送禮的背景已是非常不同：阿波羅十一號的禮物是在全世界都很興奮於人類首次登月的心情中送出，而阿波羅十七號的禮物早已沒有相同的受歡迎程度，畢竟阿波羅任務早已因為成本高昂而開始縮減規模，計畫中原訂的十八、十九與二十號任務更是慘遭撤銷。一九七三年三月二十一日，尼克森將這份禮物送給各個外國元首，並在信件中宣稱這是阿波羅登月任務的完美句點。他將這次任務形容成一場國際聯合行動，卻也明說執行者就是美國。他最後還獻上了崇高的祝福：「既然各國人民可以齊心協力達成人類的太空夢想，那我們就沒有理由不能齊心協力達成人類在地面上和平相處的夢想。」

只不過，這些月岩禮物的後續發展，顯示人類終究沒有達成在地表上和平相處的夢想。遺憾的是，更現實的考量占了上風。這些月球岩石一旦被當成禮物送出，太空總署也就難以追蹤這些禮物的下落，這一點與之前其他阿波羅任務所送出的禮物明顯不同。阿波羅十七號帶回的月球岩石中，雖然有不少是在世界各地的博物館中展出，但不乏有不在博物館內且下落不明的例子，有些甚至還被拿去兜售牟利。有兩名美國公民致力於追蹤這些禮物的去向，試圖讓它們回歸官方收禮者的手中。這兩人背景各異，一位是太空史學家波爾曼（Robert Pearlman），他所架設的網站中整理了所有已知被贈送出去的月岩；另一位則是從太空總署退休的月岩獵人蓋瑟茨（Joseph Gutheinz Jr）。

早在太空總署任職期間，蓋瑟茨就曾嘗試解決自第一次登月以來就有的假月岩交易。第一筆登記在案的詐騙交易出現在一九六九年，當時一名邁阿密主婦花了五美元給一名挨家挨戶推銷的業務員。為了逮住兜售假月岩的小販，蓋瑟茨於一九九八年在《今日美國》報紙上刊登了「徵求月岩」的釣魚廣告，假裝自己是某個有錢客戶代表。果然有人咬餌上鉤，結果對方要賣的居然不是假月岩，而是真貨。賣家是一位名叫羅森（Alan Rosen）的美國人，身分是一家果汁公司的水果採購員，而他要出售的則是尼克森總統當年贈送給宏都拉斯的阿波羅十七號月岩。據說他是向宏都拉斯的一名退役上校購買，而那名上校又宣稱這東西是來自當年被推翻的前總統阿雷亞諾（López Arellano）。

羅森據稱索價五百萬美元，這五百萬除了是賣尼克森總統的名號，還有轉售的潛力。羅森堅持要買家拿出財力證明才肯繼續交易，但這並沒有讓蓋瑟茨的臥底行動難以為繼，因為他很幸運地有來自德州的愛國商人兼億萬富翁支持，而且那人不是別人，正是曾經競選過總統的科技富豪裴洛（Ross Perot）。雙方安排在北邁阿密海灘的一家餐廳碰面，月岩就在那裡被臥底的海關官員給逮個正著——逮捕理由是月岩被非法進口到美國。*二〇〇四年，美國將那塊月岩歸還給時任宏都拉斯總統馬杜洛（Ricardo Maduro），如今則被展示在宏都拉斯首都裡。

賽普勒斯的那一份阿波羅十七號月岩也同樣命運多舛。一九七〇年代的塞普勒斯是一個是非之地，希臘裔與土耳其裔的塞普勒斯社區間的緊張關係逐漸升溫。在塞普勒斯首都尼克西亞，美國大使館一直沒敢把月岩拿出來送給該國總統，因為他們擔心在展覽中使用塞普勒斯的官方國旗會觸怒親希臘的統派，卻又沒辦法辦一場讓兩派勢力皆大歡喜的致贈典禮。賽普勒斯的局面在一九七四年政變後快速惡化，總統馬卡里歐斯（Makarios）下臺，取而代之的是一個與希臘軍政府過從甚密

* 譯註：該臥底行動被取了個很稱頭的名號叫「月蝕行動」。

的統派人物。為了與之對抗，土耳其隨即出兵賽島，使得這個島國一分為二。由於希臘裔不滿美國沒有出手阻止土耳其入侵，所以聚眾至美國大使館前抗議，結果導致美國大使戴維斯（Rodger Davies）不幸遭狙擊手擊斃。在後續的亂局中，這顆代表親善的月岩似乎被遺忘在美國大使館中，直到大使的兒子在父親身故後多年才發現。他最終也在勸說之下，將月岩交還給太空總署。

送給尼加拉瓜獨裁者德瓦伊萊（Anastasio Somoza Debayle）的阿波羅十一號月岩，運氣也沒有比較好。這塊石頭似乎是被一名哥斯大黎加傭兵給順手牽羊，再被轉賣給一名浸信會傳教士寇茲（Harry Coates）。寇茲又再賣給了拉斯維加斯的傳奇賭徒斯圖帕克（Bob Stupak），據說一口氣賣了一萬美元加二十萬股斯圖帕克賭場的股份——顯然寇茲對賭博世界有著很不傳教士的興趣。斯圖帕克死後，這份禮物才透過太空總署之手被歸還給了尼加拉瓜政府。

過去這幾十年來，政治局勢愈是動盪的國家，月岩的下落就愈不清楚。像是阿富汗與利比亞的月岩流向就完全成謎，部分月岩也有較為不幸的命運。馬爾他的阿波羅十七號月岩在二〇〇四年於一間博物館中遭竊，愛爾蘭的阿波羅十一號月岩在一九七七年於都柏林天文臺的一場火災後，似乎被跟瓦礫一起清除乾淨——那珍貴的小小月岩一共四粒，如今合理推測是躺在了都柏林垃圾掩埋場的一隅。好消息是，絕大部分的親善月岩都一如馬爾他的阿波羅十一號月岩，好端端地陳列在世界各地的博物館內，繼續讓年輕一輩獲得太空探險的熱情陶冶。即便沒有完全達到太空人塞爾南當年的期待，但這些親善月岩大致上仍舊展現了外交禮物的價值所在。

45
中國的熊貓外交

西元 1972 年

1972 年尼克森訪中後，用來把中國大熊貓運回美國的木箱。

上野動物園的歡迎群眾內，也加入了日本政界的菁英，包括東京市長與內閣官房長官二階堂進。紅毛猩猩美代子拉開了綵球，掉出來的布匾上寫著「歡迎大熊貓康康與蘭蘭」。背後的布簾打開，出現的便是兩頭看起來很好抱的明星動物。

一九七二年十一月四日，這場大熊貓正式入園典禮過後沒過幾天，全日本民眾就得以親眼目睹這種動物。上野動物園的嶄新「熊貓門」前大排長龍，日文漢字的羅馬拼音叫作「Pandamon」，乍看之下就像是把英文裡的「panda」（熊貓）跟「pandemonium」（大騷動）組合起來，造出了新字「pandamonium」，畢竟現場人潮真的是一團亂。光是大熊貓預計要跟日本民眾初見面的第一天上午，就招來了將近兩萬人排隊，隊伍長度超過一公里。就算排到了隊伍最前頭，遊客也只能在大熊貓前停留幾秒鐘，不然就等著被後面催。這種「社交焦慮」的壓力之大，讓熊貓蘭蘭在三天後差點崩潰昏倒。在這之後，大熊貓的「接客時間」就適當地縮短了。

在中國漫長的熊貓外交史上，東京上野動物園的康康與蘭蘭只是其中小小的篇章。早在一千多年前，唐朝就送過兩頭大熊貓給當時的日本。中華人民共和國則是在毛澤東當家時開始擁抱大熊貓作為尊榮不凡的首選外交工具。熊貓之所以能夠勝任外交工作，靠的是三樣法寶。首先，大熊貓顯然就等同於中國，因為你在世界上其他地方都找不到熊貓，所以把大熊貓當成中國的活體名片肯定不會出錯。再者，熊貓的可愛無人能比，一顆心再怎麼冷冰冰，牠也有將之融化的本領。第三，你幾乎無法在中國以外看到這麼可愛的生物，所以大熊貓出了中國後格外搶手，堪稱動物園的金雞母。靠著這三樣特點，熊貓作為一份外交禮物可以說無往不利，沒有哪個國家不歡迎，悄悄地傳達中國的軟實力。

中華人民共和國早期的熊貓外交，特別瞄準美國與蘇聯這兩大強權，主要是中國也想躋身強國之列與兩國平起平坐。毛澤東送出的第一頭熊貓是一九五七年送給莫斯科動物園的平平，兩年後又追加了一隻安安。熊貓愛取疊字名顯然是中文的習慣，疊字代表幼小，代表可愛，就好像熊貓本身還不夠可愛似的。排在美蘇之後的是北韓，該國從一九六五到一九八〇年間共收到了五頭熊貓。

在眾多禮物熊貓當中，最出名的莫過於一九七二年送給美國的那兩頭。那年二月，美國總統尼克森歷史性地出訪中國，之後華府便收到了玲玲與興興，而第一夫人派特．尼克森也在四月二十日出席了新「熊貓屋」的啟用典禮。事實上，派特．尼克森正是這次熊貓贈禮的源頭。據說她在北京晚宴上正好坐在中國總理周恩來的對面，當她注意到桌上菸盒的熊貓圖案後，就隨口說了一句這動物有多可愛，希望請東道主送她幾隻。這則故事還有另一個版本（我想真實性應該比較低），說的是第一夫人其實是在跟周恩來要根菸，但通譯翻錯了，結果菸沒要到，卻要到了兩頭熊貓。很多人不知道，但尼克森總統其實送了兩頭麝牛當作回禮。

尼克森總統應該不曾懷著討貓熊的心情去中國，但後來的其他人可就不好說了。對後來造訪中國的政治人物來說，熊貓的吸引力除了可愛，更重要的是象徵受到中國重視。收到熊貓，就代表在中國的眼裡，你跟美蘇等超級強權一樣重要。

日本首相田中角榮在一九七二年九月訪中，那同樣也是一次歷史性的訪問。這兩國從二戰之後關係就不曾好過，此前日本在對中華人民共和國的政策上始終跟在美國身後，但尼克森出訪北京徹底打破了這一點。尼克森也在一九七一年推出了所謂「尼克森震撼」（Nixon Shock）經濟政策，具體措施包括放棄美元的金本位制，加徵百分之十的進口附加費，這些都對出口導向的日本經濟構成了巨大挑戰。田中首相因此認為日本必須追求與中國的關係正常化。他此行的政治目標可見於之後的聯合聲明：聲明以雙邊關係正常化為前提，主要精神則是中國同意放棄向日本求償二戰損失，而日本則對中華人民共和國在臺灣地位上的立場表達了「理解並尊重」。

熊貓也在田中角榮的希望清單上。在暗示中國可以考慮動物外交這件事情上，東京的上野動物園也推了一把：他們在田中角榮出訪前送了一對黑天鵝與黑猩猩給北京動物園，北京動物園則回以黑鶴與黑鸛。結果日本如願以償，內閣官房長官二階堂進在外交會談後的實況轉播中宣布日本人民將獲得中國人民致贈一對大熊貓。對此日本的回禮則相對不起眼，他們回贈給北京動物園一對長鬃山羊。

日本內部旋即上演了激烈的熊貓爭奪戰，而上野動物園最終擊退了京都、大阪等地的動物園脫穎而出。至於日本的國家航空公司日本航空，也是先挺過了同業全日空的競爭，才能獲得把熊貓載回日本的殊榮——全日空當時強勢主張他們載過上野動物園的動物到北京，所以在這方面比較有經驗。大熊貓也代表著大商機。日本玩具廠商在康康與蘭蘭抵達東京後的前三個月，就以熊貓主題商品累積了超過一百億日圓的業績。某種程度上來說，大熊貓比《中日聯合聲明》更加象徵了兩國關係的改善：這種動物的呆萌感足以讓人完全忘記兩國過去剪不斷理還亂的衝突與爭議。

但康康與蘭蘭其實還身負一項不能明講的任務，那就是產下熊貓寶寶。中國當禮物送出的熊貓通常都是一公一母，就像諾亞方舟那樣。可以想見，日方會何等期待熊貓繁殖，因為這不僅有助於數量稀少的熊貓存續，更能為負責的動物園創造莫大的商業利益。畢竟要說有什麼動物能比大熊貓更可愛，也就只有熊貓寶寶了。只不過事實證明，熊貓寶寶不是你想生就能生。母熊貓每年只排卵一次，而且排卵時只有一到三天可以受孕。而且母熊貓在野外往往可以在排卵期跟數頭公熊貓交配，但動物園裡的母熊貓顯然做不到這一點。各家動物園都拚了命要模擬熊貓繁複的求偶儀式，但圈養熊貓的生育紀錄就是不太好看。

蘭蘭最終還是懷上身孕，但很不幸死於懷孕引發的毒血症。康康也年紀輕輕就過世了。此後從一九七九到一九八二年，每位訪中的日本首相都把取得新熊貓視為重要目標，而這也就是飛飛與歡歡會來到上野動物園的原因。但園方很快就發現這兩頭熊貓互看不順眼，為此他們想到的辦法便是人工授精。園方先給飛飛打了鎮靜劑，然後從牠身上取得了精液。歡歡產下了三隻小熊貓，但剛生完就不小心壓死了一隻。

熊貓外交至今依舊是中國展現軟實力的一張王牌，但他們給出熊貓的方式則已然不同於過往。從一九八四年以來，中國已經不再把熊貓直接送人，而是改以租借的方式提供。會如此改弦易轍，原因或許有二。首先是保育的考量，因為熊貓不只是中國的動物代言人，也是整體野生動物保育運動的象徵。英國倫敦動物園曾在一九五八年透過動物掮客購得一頭名為姬姬的熊貓，世界自然基金會的前身世界野生生物基金會就是受了姬姬的啟發，才選擇以熊貓當作組織的標誌。熊貓在一九八四年被列入《瀕危野生動植物種國際貿易公約》，也就是受到最高管制的類別，而此舉有部分就是在回應世界自然基金會——該會的調查顯示，野生熊貓的數量比過去推測的更為稀少。光是把熊貓當外交禮物送出去，似乎就已經不符合保育的大前提。第二項因素是鄧小平在一九七八年掌權後，結合社會主義意識形態與市場經濟的改革開放，就讓中國出現了尋租獲利的這種資本主義模式。

說得更明白一些，中國在一九八四年就是把租車的概念套用在熊貓身上，由中國把熊貓短租給動物園，例如北美的廣大市場。但這做法很快就又引發了保育上的爭議，因為租借熊貓很難符合《瀕危野生動植物種國際貿易公約》的要求，畢竟該約只容許科研用途的動物貿易。一九九四年，中國改推行以合作育種為框架的修正方案。新方案將租借時間大大拉長，一般會到十年，總租金金額則會達到千萬美元之譜。這些租金收入撐起了由世界自然基金會與中國官方聯手規劃的大熊貓管理計畫，該計畫的核心就是要成功繁殖圈養中的大熊貓，而且經由該計畫在海外誕生的幼熊會被視為中國財產，並按租約在四歲時送回中國。二〇〇八年的中國汶川大地震後，該育種計畫更是大肆擴張，藉由增加的經費來重建被震壞的臥龍自然保護區與繁殖研究中心，同時也用來重新安置該中心的熊貓。

雖然熊貓改成了只租不送，但中國也不是誰來都租，因為這種租約是要在政府的層級上簽訂。從動物園的角度來看，租借熊貓是一項需要謹慎評估的商業企劃，因為牽涉到簽訂租約、建造貓熊房舍與採購大量食物級嫩竹等昂貴成本。中國方面則認為熊貓租借是一種外交提案，所以經常將熊貓租賃包裹在重要的貿易協議談判中。我們或可將熊貓租借理解為中國所謂「關係」體系的一環。

在中文的語境裡，「關係」就是透過雙向許諾與信任來建立起有建設性的互動。以熊貓外交為例，雙方可以先一起照顧熊貓，慢慢再將雙向承諾擴展到經貿關係。

在中國的外交場域上，熊貓早已不是原本單純的吉祥物，而是兼具商業、動物保育與外交工作的存在。說到底，熊貓的用途可以如此廣泛，總歸還是一個原因：沒有人能抗拒熊貓的魅力。

46

影響選舉勝敗的鑽石

西元 1973 年

法國總統季斯卡，1975 年。

外交禮物往往更多是為了滿足送禮方的目的，我們也已經看過收禮方可能存在哪些風險。例如禮物與賄賂的分野，就存在著滿是雷區的灰色地帶，不同的政治文化通常也會有不同的解讀。

判斷兩者差異的大方向是，禮物的價值愈高，收禮方被認為是賄賂的風險就愈高，若是禮物並非來自朋友或盟友，那麼收禮方的風險也會更加提升。比方說，中非共和國總統卜卡薩（Jean-Bédel Bokassa）據說曾在一九七〇年代初送了好幾次鑽石給時任法國經濟與財政部長季斯卡（他後來成為法國總統），而這風險就不是普通的高。這類禮物激發了一樁史稱「鑽石事件」的政壇醜聞，也造成了季斯卡在一九八一年的法國總統大選中落敗。

鑽石事件的遠因，一部分可以追溯回法蘭西第五共和最初幾十年間與非洲的政治關係，一部分則牽涉到季斯卡個人對於中非共和國的興趣。在撒哈拉以南的非洲殖民地紛紛獨立的浪潮中，法國與這些新興獨立國家發展出了一種特殊關係，也就是法國總統往往會與這些新國家領導人有密切的私交。你可以想像這是一種家族式的國家集團。

這種集團關係讓法國在一塊地理區域內享有無人可出其右的影響力，而這種影響力又保證了法國作為世界強權的地位。至於這種紐帶提供給新興非洲國家的好處，則是法國的財政援助、技術協助與軍事保護。這種特殊的國與國關係是在戴高樂總統任內所打造出來，且是由總統辦公室親自處理法國的非洲政策，這使得總統本人與非洲事務產生了密切關係。這麼一來，對那些想爭取法國援助的非洲國家領導人來說，法國總統的動向就成了必須關注的焦點。在戴高樂與其繼任者龐畢度（Georges Pompidou）時代，協助總統執行非洲政策的左右手，就是權傾一時的非洲暨馬達加斯加事務祕書長佛卡爾（Jacques Foccart）。

到了季斯卡任內，佛卡爾已被換成了季斯卡的人馬儒爾尼亞克（René Journiac）。儘管儒爾尼亞克在官僚體系中相對資淺，這也間接說明了季斯卡想以總統之尊強力主導非洲政策的決心。法國這種在撒哈拉以南的非洲政策上定於總統一尊的狀態，自然會產生風險，時常導致法國元首與有爭議性的非洲領袖在私人層面上牽扯不清。中非共和國又讓這種風險更上一層樓，主要是季斯卡個人對該國特別有興趣，事實上他曾好幾次私下前往當地去進行大型動物的狩獵之旅。

除此之外，中非共和國統治者的人品問題，也讓法國總統暴露於更大的風險之中。卜卡薩是法軍的老兵，在印度支那打過仗，拿到過英勇十字勳章與法國軍團榮譽勳章，以上尉軍階退伍。在中非共和國於一九六〇年獨立後，卜卡薩身為新總統達科（David Dacko）的親戚，被託付以為國建軍的重任，搖身一變成了總司令。一九六五年的跨年夜，在經濟停滯與政治失能的背景下，卜卡薩發動政變，推翻了達科政府，自立為全新革命議會的掌旗人。卜卡薩拋棄了憲法，解散了原有的國家議會，打造起以他自己為中心的強人統治。

集殘酷與不按牌理出牌於一身的卜卡薩政權，讓他尷尬的法國盟友不知該如何自處。一九七六年，卜卡薩改國體為中非帝國，自封為卜卡薩一世。法國政府老大不情願地支持了他辦在一九七七年十二月四日的加冕大典，而且還是以一八〇四年稱帝的拿破崙為效仿模範。卜卡薩那頂由巴黎珠寶商設計的皇冠，上面鑲有一顆八十克拉的鑽石，整副皇冠上的珠寶價值據說高達五百萬美元。卜卡薩還從比利時進口了八匹用來拉動御用馬車的白駒，六十輛用來接駁訪客的全新賓士，還有六萬四千瓶給慶祝活動助興的葡萄酒。實際與會的外國元首數目是零，就連季斯卡也不敢去，不過這位法國總統還是派了他的合作部部長嘉利（Robert Galley）帶了一把拿破崙時代的軍刀過去當贈禮，對這位志得意滿的新皇帝來講還算識趣。

法國對卜卡薩的疑慮在一九七九年達到頂點。那年年初，中非爆發了鬧出多條人命的糧食暴動。而最終導致他敗亡的一系列事件，則是始於一場有關學校制服的糾紛。四月份，學生開始抱怨學校的新規定，規定他們必須穿上印有卜卡薩人像的高價制服（而且還是由皇帝的親戚所生產）。許多學生都因為表達不滿而被當局逮補，而且隔月就有國際特赦組織報導說卜卡薩的皇家衛隊殺害了上百名學生。非洲統一組織（今非洲聯盟）召集法學學者組成的五國委員會，則在該年八月證實了國際特赦組織的指控，並在報告結論中直指卜卡薩跟這場殺戮脫不了干係。至此法國終於坐不住了。一九七九年九月二十日，乘著卜卡薩前往利比亞會晤格達費（Muammar Gaddafi）而不在國內的機會，法國兩支傘兵部隊空降至中非首都班基（Bangui），以一場名為「梭子魚行動」的不流血任務罷黜了卜卡薩，迎回了前總統達科。卜卡薩逃到法國，後來在象牙海岸總統博瓦尼（Félix Houphouët-Boigny）的安排下住進該國大城阿必尚（Abidjan）的一處郊區。法國部隊調查了卜卡薩的在班基的官邸，結果駭人地發現兩副人類遺骸被綁在大到可以直接走進去的冷凍庫裡，並因此引發人相食的傳聞。法軍還發現大約三十人的碎骨，他們顯然是被餵給了養在官邸人造湖中的鱷魚。

卜卡薩政權已遭推翻，但隨著其政權的恐怖行徑被揭發，先前跟這位中非共和國——喔不，是帝國——獨裁者過從甚密的法國總統就免不了受到清算，不信我們來看看後續的事件發展。

一九七九年十月十日，法國諷刺週刊《鴨鳴報》（*Le Canard enchaîné*）刊登了卜卡薩在一九七三年簽署的總統令影本，上頭載明要把總計三十克拉的鑽石送給時任法國經濟與財政部長季斯卡。記者推測法軍會在梭子魚行動中扣下卜卡薩的檔案並轉送至法國駐班基大使館，就是想掩蓋中非共和國送禮給法國總統的醜聞。法國最重要的大報《世界報》也在此時加入戰局，支持在野的社會黨要求對此事發動調查。最新一期的《鴨鳴報》還宣稱季斯卡在其他場合同樣收受了卜卡薩的鑽石，包括他以部長或總統身分都曾於公或於私至中非中飽私囊。據稱拿了卜卡薩鑽石的人還包括季斯卡的親戚，以及儒爾尼亞克跟季斯卡政府中的兩名部長級官員，包括合作部部長嘉利。

季斯卡把各種報刊的指控撇得一乾二淨，但鑽石事件仍然持續延燒，特別是被法軍罷黜的卜卡薩想報復季斯卡的過河拆橋。送禮者把禮物變成對付收禮者的武器，這就是典型由愛生恨的範例。一九八〇年，流亡在象牙海岸的卜卡薩不知用什麼辦法，把資料送到了前戰地特派員迪爾沛（Roger Delpey）手中，但迪爾沛後續在巴黎被捕，罪名是協助利比亞顛覆法國，卜卡薩手中的文件也被政府查扣。迪爾沛最後被拘押了七個月，但他被指控的罪名則遭到撤銷。

此時，一九八一年的法國總統大選已經迫在眉睫，第一輪投票定在四月二十六日。原本在左派分裂的狀態下，尋求連任的季斯卡情勢一片大好。但鑽石事件引發的軒然大波卻讓他對手看到了反攻的機會。三月十日，在選前的電視節目中，季斯卡試圖平息該事件的聲浪，宣稱卜卡薩的禮物價值遭到惡意渲染與放大，「那些只是些小石頭罷了」，根本擔不太起鑽石的名號。就算真的有珠寶，也都早已經變賣及捐贈給紅十字會等慈善機構了。

這場專訪並沒能為季斯卡的選情止血。《鴨鳴報》隨即不甘示弱地登出了中非紅十字會主席羅蘭（Jeanne-Marie Ruth-Rolland）的電報，駁斥了季斯卡的捐贈說，逼著季斯卡政府只能尷尬地出來澄清，說捐款其實是二月四日才完成匯款，而且還是先匯款到中非前總統達科的帳戶，後續轉帳仍有待中非政府協助進行。中非政府倒是證實了這一點，但捐款金額不過區區八千美元。

這名法國總統的厄運並沒有到此為止。記者迪爾沛出版了他以鑽石事件為題的著作《操弄》（*La manipulation*），書中直指季斯卡這些年共從卜卡薩手中收受了約莫兩百顆鑽石，其價值跟捐給中非慈善團體的寥寥八千元可以說有著天壤之別。五月八日，也就是季斯卡要跟社會黨候選人密特朗（François Mitterrand）對決的第二輪投票前兩天，卜卡薩接受美國《華盛頓郵報》長達六小時的馬拉松專訪，並在專訪中一五一十地交代事實真相。卜卡薩並不諱言他就是要報復，因為他就是氣不過季斯卡推翻他，故意要讓季斯卡落選。化身程咬金的卜卡薩宣稱他送過四次鑽石給季斯卡，每一次都有目擊者可以作證，而且有些鑽石還不是普通的大。他說就連季斯卡的老婆也收過一顆不小的鑽石。除了鑽石，卜卡薩說他還曾送過季斯卡一大片獵場。

那年的法國大選最後是由密特朗勝出，差距超過百萬票。密特朗領導的社會黨於隔月的國會選舉中乘勝追擊，法國政壇自此態勢不變。季斯卡固然不是被鑽石事件這單一因素打敗，這事件或許連主因也說不上，但也確實在季斯卡的殞落中推了一把。如果說鑽石恆久遠，那季斯卡想必已經發現，人家不會沒事給你鑽石的這一點也是始終未變。

47
卡斯楚送的雪茄
西元 2004 年

高希霸長矛雪茄。

二〇一九年五月，美國南卡羅萊納州查爾斯頓市的老牌日報《信使郵報》（*The Post and Courier*）報導，共和黨前副州長鮑爾（André Bauer）收到的一份外交禮物正被人放到波士頓拍賣行的網站上求售，估計價值一萬美元。商品介紹中提到這是一個木質的雪茄盒，內容物有二十五根手工的古巴高希霸長矛雪茄，上頭還有古巴總統卡斯楚（Fidel Castro）以毛氈筆寫在盒身上的黑色潦草親簽。這份禮物可以回溯到二〇〇四年的古巴貿易訪問團，鮑爾當時也是其中一員。由於鮑爾從不抽菸，據報那盒雪茄在他從古巴返國後就被打入了冷宮。

《信使郵報》的報導一出，眾人腦中便冒出了一系列疑惑。愛抽雪茄的人可能會大嘆那些雪茄珍品被冷落在櫃子裡十五個年頭會變質多少，該報文章確實也引用了拍賣會執行副總李文斯頓（Bobby Livingston）的話，說那些雪茄的賞味狀態並不理想。還有些人質疑這禮物為什麼放這麼久才拿出來賣。暫且讓我們把這些問題擱在一邊，本書想談的是這份禮物誕生的背景，特別是為什麼選擇雪茄當贈禮。

鮑爾是在二〇〇四年率團造訪古巴，代表南卡羅萊納州的貿易代表團。二〇〇〇年，美國稍微放寬了對古巴的貿易禁運，規定特定農產品與藥品只要以現金交易，出貨就可以放行。這讓部分商人受益，大力促成這次貿易代表團的梅班克航運（Maybank Shipping）就是其中之一。梅班克的一艘駁船在二〇〇三年七月駛抵古巴哈瓦那港，成為貿易禁運四十多年後第一艘由美國船員掛美國國旗載貨到古巴的船隻。哈瓦那港的入口處也飄揚著一面表示歡迎的星條旗。

代表團參加了一場與古巴貿易官員同歡的晚餐會，地點就在一處哈瓦那隨處可見的國營「外交賓館」。代表團很滿意於此行的成功，因為古巴政府同意向南卡羅萊納州採購價值一千萬美元的農產品。而在來到古巴前，代表團曾聽說會有機會跟古巴總統會面，但也被告知不要懷著太多期待。

結果，當在場的古巴官員開始緊張踱步並不時望向窗外，加上女服務生開始清出餐桌的主位，再遲鈍的人也應該知道大事將要發生。三台賓士黑頭車車隊接著出現，走進來的是身穿他一貫深綠色軍裝的卡斯楚。接下來是一場三小時的會議，一開就超過了午夜。卡斯楚主要負責講話，話題從全球飢荒一路講到教育，但據說他非常抗拒鮑爾想把對話導向美古關係各種實質問題上的一次次嘗試。會議最後，雙方交換了禮物。代表團給卡斯楚送上的是水晶燭臺，還有一對上面印有南卡羅萊納州州徽的袖扣，而卡斯楚則送給代表團裝在簽字木盒中的高希霸雪茄。

高希霸雪茄可不是一般的雪茄。這個品牌成立於一九六〇年代，而且是小量生產給卡斯楚專用的雪茄。早期卡斯楚可以自用，也可以當外交禮物送出。一直要到一九八二年，高希霸雪茄才開始能用錢買到。卡斯楚曾經在另外一場與某個美國人的深夜會晤中，講述了高希霸雪茄的品牌故事。這一次是一九九四年，也在哈瓦那，那個美國人是《雪茄愛好者》（*Cigar Aficionado*）雜誌的發行人山肯（Marvin Shanken）。卡斯楚回憶說他是在十五歲那年由父親領進門，學會了抽雪茄跟喝紅酒。有天，卡斯楚被他一名保鑣在抽的雪茄香味所吸引，就問了他一下。保鑣告訴他說這雪茄是一名友人替他手工做成。卡斯楚聯絡了保鑣的朋友，並以那個人的雪茄祕方為基礎，蓋了一座「小湖別墅工廠」來專門生產這種雪茄。這種新雪茄被命名為高希霸，這在古巴原住民族泰諾族（Taíno）的語言中就是菸草的意思。卡斯楚會拿高希霸雪茄自用，也會拿來送人，至少在他一九八五年戒菸之前都是如此。他之所以在那年戒菸，是因為古巴當時正在提倡民眾要提高對抽菸的健康風險意識。在這種時空背景下，國家領袖萬一還繼續抽菸，那感覺就不太對勁了。

高希霸長矛雪茄被用作外交禮物，對卡斯楚而言也有兩大好處。第一，這個品牌跟他身為古巴領導人有緊密的連結，所以這份禮物能讓人覺得很特別，收禮者會清楚意識到自己抽的是跟卡斯楚一樣的雪茄。第二，這些禮物可以作為古巴雪茄產業的廣告，而當時古巴正好需要向世界證明他們的產品仍舊是世界第一。

回顧歷史，抽雪茄最早是泰諾族原住民的習慣，但西班牙人一下就愛上了，而且還將它帶回到歐洲，並開始在古巴種植菸草來滿足蒸蒸日上的雪茄需求。人們後來發現，若將菸葉在產地出貨前就先捲起來，而不要等到在西班牙工廠中再捲，就更有利於雪茄的保存，古巴的雪茄工廠於焉誕生。一八一七年，西班牙國王斐迪南七世解除了長達一世紀的雪茄專賣制度，免得妨礙產業的持續增長。此舉確實解放了古巴與世界各地的雪茄貿易，就此開啟古巴雪茄產業的黃金時代。雪茄既是古巴重要的外銷商品，也是古巴這個國家與其首都哈瓦那的品牌核心。一九五〇年代爆發的古巴革命（1953-1959）對這個產業造成了兩大挑戰：一來是資產充公引發了雪茄大亨的出走，二來是美國對古巴實施了貿易禁運，而這兩個因素都促成了頂級雪茄業者在多明尼加與宏都拉斯等國興起。從這個角度來看，古巴會把珍品般的雪茄當成外交禮物，一方面是為了鞏固古巴等於雪茄的印象，另一方面則是為了推廣其高級雪茄的品牌形象與外銷銷量。

古巴的雪茄外交，特別以美國作為目標。在美國對古巴禁運的這幾十年間，每當有人嘗試想緩和美古關係，幾乎都會拿雪茄當伴手禮。這一招能夠成立，靠的是美國境內不少位高權重的癮君子——雖然雪茄也在美國對古巴的禁運範圍之內，但古巴雪茄依舊是最高品質的首選，禁運只不過是讓它變得更加珍貴。就連美國總統都折服於古巴雪茄的魅力。在一件一九六二年廣為流傳的佚事中，據說當時的美國總統甘迺迪要他的新聞主管兼雪茄同好沙林傑（Pierre Salinger）到他的辦公室裡，並吩咐沙林傑替他準備「很多雪茄」，隔天早上要用。他原本設想的是一千支自己最愛的古巴小烏普曼雪茄，而幹勁十足的沙林傑最終真的湊到了一千兩百支。甘迺迪在得到這些雪茄後，馬上簽署了行政命令，將禁運範圍擴大到所有含有古巴產品的進口貨物。

一九六一年八月，也就是豬玀灣事件（美國中情局策反滯美古巴人反攻古巴）失敗的幾個月後，甘迺迪總統底下一名年輕幕僚古德溫（Richard Goodwin）代表美國前往烏拉圭參加拉丁美洲的外長會議，會議中將會討論「進步聯盟」（Alliance for Progress）的成立事宜（古巴反對這一聯盟）。席間古巴代表團團長切・格瓦拉（Che Guevara）注意到古德溫抽雪茄，就拿了一份紅木盒裝的雪茄給他，說是要給甘迺迪總統的禮物。格瓦拉在盒中放了一張手寫便條，上頭寫著「給敵人寫信並不容易，我就只用伸手代表千言萬語」。格瓦拉隨後安排與古德溫見面，兩人徹夜長談，討論了和平共處的前景，但也承認美古兩國注定難以成為盟友。古德溫向甘迺迪簡報了這場會面的內容，並轉交了雪茄。甘迺迪據說馬上拿了一根，咬掉煙屁股，點著了雪茄。

一九七四年夏天，美國國務卿季辛吉（Henry Kissinger）提議美國建立與古巴的雙向溝通管道，並藉由記者兼政治幕僚曼凱維奇（Frank Mankiewicz）前往古巴的機會，將一張沒有署名的手寫便箋交到了卡斯楚手上。卡斯楚也以手寫回函同意了密會，並順帶附上了一盒古巴雪茄給季辛吉。但最終這項提議並沒有開花結果，和解的希望在一九七五年破滅，因為古巴在那一年派兵到安哥拉支持內戰中的安哥拉人民解放運動（即安哥拉共產黨）。

一九八〇年，美國派了另外一名特使到古巴。美國國務卿的助理塔爾諾夫（Peter Tarnoff）銜命跟古巴談判，看要如何解決古巴人大舉偷渡到佛羅里達的問題，史稱「馬列爾偷渡」（Mariel Boatlift，馬列爾是古巴的港口）。卡斯楚同意要遏止民眾外逃，而他此舉或許有一部分是想幫助美國總統吉米．卡特連任。塔爾諾夫回程也帶上了卡斯楚要送給國務卿的雪茄。但卡特最終連任失敗，而雷根當選美國總統一事也提前宣判了美古關係改善的死刑。

在美古關係充滿張力的政治氛圍中，美國政治人物收受古巴元首的雪茄也得面對國內輿論的壓力。一九九六年初，民主黨新墨西哥州眾議員與後來的總統候選人理查森（Bill Richardson）去了一趟哈瓦那，長年致力於人道主義而累積聲譽的他，希望能讓古巴釋放政治犯。他帶了卡斯楚要給柯林頓總統的一份禮物，也就是一盒高希霸雪茄。理查森把禮物交給了柯林頓的古巴政策幕僚努奇歐（Richard Nuccio），努奇歐又跑去請教國家安全顧問山帝．伯格（Sandy Berger）。伯格唯恐柯林頓從卡斯楚手中收取這份禮物（在美國是違禁品）會引發軒然大波，便下令將之銷毀。結果柯林頓從頭到尾都沒摸到那盒雪茄。

到了歐巴馬時代，美國開始尋求與古巴直接互動，而這也為古巴的雪茄外交創造了更多機會。兩國總統睽違超過半世紀的第一次面對面，乘著二〇一五年四月十一日在巴拿馬的美洲高峰會空檔，終得實現：當時歐巴馬見到的是拉烏．卡斯楚（老卡斯楚的弟弟）。拉烏給了歐巴馬各式各樣與雪茄相關的禮物。根據國務院禮賓司當年四月的聯邦雇員收受外國禮物申報資料，那些禮物包括一只木質保濕盒中大約二百零五根雪茄，外加一把雪茄剪，還有另外一盒雪茄與打火機。到了十二月，古巴總統又多送了七盒雪茄。古巴贈送的禮物並不是只有雪茄，美國總統與第一夫人還收到了其他能象徵古巴的東西，包含一件由古巴傳統服飾演變而來的「瓜亞貝拉」（guayabera）襯衫、蘭姆酒，還有古巴音樂的 CD。古巴甚至精挑細選了一樣討好美國的禮物：亞伯拉罕．林肯總統的半身像。但雪茄還是樂勝林肯。

所以說，在漫長的美古關係史與雪茄外交史中，那二十五根送給鮑爾的高希霸長矛雪茄只不過是一段小小的插曲。

48

搶走臺灣邦交國的體育場

西元 2007 年

多米尼克首都羅索（Roseau）的溫莎公園體育場。

海外援助算是外交禮物嗎？富國公民私下樂捐給協助開發中國家的慈善團體，怎麼看都是最純粹的禮物。最初的捐贈者與最終的收禮者互不相識，後者不僅沒有回禮義務，甚至連回禮的可能性都沒有。然而，這來自私人的慈善樂捐其實得通過一系列複雜的流程，經過國際開發慈善團體與收禮國的非政府組織，再由非政府組織去支持中小型的草根組織。人類學者史提拉特（Roderick Stirrat）與漢克爾（Heiko Henkel）就曾主張，即便是最純粹的禮物，經歷過這樣的過程後也將受制於贊助人的政治壓力。

無論是政府部門還是非政府部門，這些協助開發中國家的專業人士通常都不樂見自己提供的協助被定位成禮物。開發界對於有「贈予」含意的用語保持距離，「援助」一詞也讓位給「開發合作」，捐贈者與收受者也開始被合稱「開發夥伴」。比起具有約束力的契約，或是收受者可以透過國際人權框架取得的「權利」，「協助」這個說法比較不會被捐贈者或收受者定位成禮物（當然，還是得要看他們的政治立場或看事情的角度而定）。

某種程度上，這種對禮物相關用語敬而遠之的態度，或許與「禮物交換」和「前現代文化」的連結有關，畢竟「前現代」一詞與開發所隱含的「現代化」有點格格不入。相較之下，市場經濟的用語跟現代化的目標就感覺比較契合。

但另一個原因，則與社會學家牟斯所強調的核心概念有關，那就是前面提到過的「互惠」。協助開發如果被定位成禮物，那就否定了互惠的可能性，而這就會衍生出讓收受者感覺受辱的風險，好像他們只能依賴別人一樣。要化解這種風險，就得把協助開發定位成一種夥伴關係，彷彿開發者只是針對有待解決的問題提供協助，供另外一個「夥伴」參考。

然而，也不是每一宗海外援助都會排斥禮物的相關用語。地理學者莫德斯利（Emma Mawdsley）就針對捐贈者的行為做了一個區分。在她的分類中，一邊是以經濟合作發展組織底下的發展援助委員會為核心，這類捐助者主要是西方國家，另一邊則是所謂的「發展中國家」，其核心成員包括中國、印度與巴西。莫德斯利認為比起後者，前者比較忌諱禮物的概念，而這項差異的起因，是這兩類國家推動合作開發的方式截然不同。西方國家更愛用「合作」一詞來代替贈禮，因為多數人都會同意援助就已經等同於慈善贈予，因此避免贈禮的意象就是要避免在國際關係上呈現一種我尊你卑的負面意涵，而這正是無償贈予很難避免的形象。

相較之下，莫德斯利認為開發中國家在捐贈時所採用的框架，是以分享經驗與確保雙贏為核心。不同於西方捐助國，這些開發中國家的捐助國並不諱言想獲得回饋的心願，所以他們並不擔心在用語上涉及禮物的概念。他們送出的不是施捨，而是有捨也要有得的資源、市場或投資機會。他們會使用互利與團結的說詞，避開慈善的說法。

二〇〇七年十月，在有「加勒比海的自然之島」之稱的島國多米尼克，一座新體育場在首都羅索郊區的溫莎公園中盛大開幕。該體育場可容納一萬兩千人，足以滿足各種賽事需求，可以作為國際板球賽場，也可以供文化跟政治活動使用，例如舉辦世界克里奧爾語音樂節（World Creole Music Festival）與多米尼克的獨立建國紀念日慶祝活動。這座體育場，是中華人民共和國提供給多米尼克的協助開發計畫，但在完工呈交時，官方用詞都稱之為一份禮物。多米尼克的教育部長暨資源開發部長韓德森（Vince Henderson）就語帶驕傲地宣布：「這座世界級的設施是一份禮物，為此我們要感謝我們的朋友：中華人民共和國的政府與人民。」

這座溫莎公園體育場，其實是中國「體育場外交」戰略的一環。若我們把時間拉長，就會發現中國自一九五八年以來，六十年間共計在開發中國家興建了不下一百四十座體育場。為了在國際賽事中增加能見度，中國曾在一九五〇年代末到六〇年代於亞洲社會主義國家蓋了大量的體育場。在當時的時空背景下，中國與臺灣正在奧運委員會內部進行政治代表權的拉鋸戰——只要臺灣還被承認，中國就無緣參與奧運會。於是，中國在一九六三年與一九六六年各贈送一座體育場給印尼與柬埔寨，以舉辦新興力量運動會，而中國在這兩次賽事中都輕鬆稱霸了獎牌榜。中國贈送的體育場自此開枝散葉，大肆進駐眾多開發中國家，其中又以在非洲、加勒比海與太平洋地區的覆蓋率最高。這種禮物興建的速度還愈來愈快，特別是從一九九〇年代開始，二〇一〇年後又有一波高峰（這也反映了中國在海外援助經費上的整體增長）。至此，中國贈送運動場館給外國的目標，早已不是為了提升運動員的能見度，否則中國沒有理由贈送一座中國運動員用不上的板球場給多米尼克。

中國繼續送禮的目標有二：首先是在非洲地區，中國的送禮是為了能持續從當地取得中國經濟發展所需的礦產與能源；其次是在加勒比海與太平洋地區，則是為了配合其「一個中國」的外交政策，用場館來交換收禮國與臺灣斷交。二〇〇四年三月，中國同意幫多米尼克總理斯克里特（Roosevelt Skerrit）興建好幾筆建設案，包括溫莎公園體育場，交換條件就是多米尼克得與臺灣斷交，改與中國建交。

東加勒比海島國格瑞那達也在二〇〇〇年捨棄臺灣改投中國懷抱，藉此換得一座可容納兩萬人的女王公園體育館，而且啟用時間還趕上了二〇〇七年的板球世界盃，成為了主辦場館之一。不過啟用典禮對捐贈國來說略為尷尬，因為皇家格瑞那達警察樂團一個不小心，在中國大使與一眾貴賓面前演奏起了臺灣國歌。

把體育館當禮物送，讓中國享有了可觀的軟實力。體育場館只要興建完成，馬上就會成為當地地標，為當地政治菁英跟庶民百姓在運動賽事、文化活動與政治集會上使用。這些建築展現了中國在設計與興建大型設施時的技術，對中國也具有很高的成本效益：這些建築一般都會發包給中國廠商，使用中國的勞工、建材與設備。

除了場館，受贈國也可以選擇其他的基礎建設，比方說道路、政府機關等。中國並沒有每次都全額負擔這些建築的成本，特別是在非洲。資金往往會來自各式各樣的補助或優惠貸款，偶爾甚至是由受贈國負擔絕大部分的支出。像二〇〇七年開幕的坦尚尼亞國家體育場就是一例。

早在二〇〇〇年，坦尚尼亞總統姆卡帕（Benjamin Mkapa）就承諾過要在二〇〇五年卸任前替坦尚尼亞打造一座可容納六萬人的體育場。他雄心勃勃地發出場館標案，並由一家法國營造公司得標。然而，坦尚尼亞卻是個「重債窮國」（Highly Indebted Poor Country），而按照一九九六年國際間對重債窮國的規定，符合債務減免資格的坦尚尼亞得為此接受嚴格的撙節方案。由於新場館的建設並不符合撙節方案，因此姆卡帕只得老大不情願地放棄法國廠商的興建計畫。但他並不想徹底拋棄自己的選舉承諾，於是就把目光投向了中國。中國拿出了兩千萬美元要蓋一座便宜許多的體育場，由北京建工集團操刀，但這兩千萬還不到整個計畫預算的一半，而剩下這一半多的預算自然都要由坦尚尼亞籌措。

對坦尚尼亞而言，建新場館就象徵著要在國際足壇闖出名堂的決心，他們也因此從巴西聘請著名球經梅西莫（Márcio Máximo）來擔任國家隊的主帥。但就算不考慮足球，新場館也可以作為坦尚尼亞追求國家現代化的象徵。在二〇〇六年六月的旋風式訪問中，中國總理溫家寶對在場館施工中的中國工人講話，強調他們對促進兩國邦誼扮演了重要角色。對中國而言，這並不是在毫無私欲的協助開發，而是一項追求雙贏的計畫：一方面幫坦尚尼亞一償夙願，另一方面追求中國的利益。

提供COVID疫苗給急需的國家，則是另一個說明合作夥伴與無償贈禮兩種修辭相結合的範例。在簡稱COVAX的全球疫苗採購供應計畫裡，處處充滿著強調夥伴關係的氛圍。在世界衛生組織、全球疫苗免疫聯盟與流行病預防創新聯盟的共同主導下，COVAX既尋求加速新冠肺炎疫苗的開發與生產，也希望確保能夠公平地向世界各國發放疫苗。中國在COVAX計畫中算是姍姍來遲，二〇二〇年十月才加入該組織，與此同時也持續以「外交禮物」的說法在推動雙邊疫苗供應。二〇二一年二月，中國捐贈了五十萬劑中國國藥疫苗給巴基斯坦，這是中國贈予該國共一百二十萬劑疫苗的第一批。巴基斯坦外長形容這是兩國友誼的「實質證據」，而中國駐巴基斯坦大使則稱之為「我們兄弟之誼的體現」。使用這種策略的遠不只中國一國，還有其他COVAX計畫的成員國也在一方面提供疫苗給這項計畫，另一方面私下進行著雙邊疫苗贈送。畢竟能帶來健康的禮物，送起來的「藥效」總是格外顯著。

49

一雙靴子

西元 2008 年

威廉斯靴。

雷吉納德・莫瑞・威廉斯（Reginald Murray Williams）生於一九〇八年澳洲南方的一處鄉間。一九一八年，他們舉家遷居到濱海大城阿德雷德，但威廉斯很想念內陸的生活，所以十五歲那年就背起行囊朝著內陸而去。他為了養活自己，從燒製石灰的工人到顧駱駝的駝夫什麼都幹。他跟馬夫學會製作皮革的本事，因此在日後重回阿德雷德安家立業後，他便開始從事皮革產品製作的生意，並靠著一系列靴子闖出名號。用整塊皮革一體成形所製成的鞋面，至今都還是威廉斯公司的正字標記。

威廉斯的生意在接下來的幾十年間愈做愈大，直到一九八八年他將公司出售。那之後公司又歷經了幾次轉手，某次買家還是法國奢侈品豪門軒尼詩（Louis Vuitton Moët Hennessy，也就是LVMH，中文簡稱路威酩軒集團）的相關企業，最後才在二〇二〇年落到了澳洲私人投資集團塔塔朗（Tattarang）手中。威廉斯本人在二〇〇三年以九十五歲的高齡辭世，但他留下了一間公司，跟一雙足以代表澳洲（尤其是澳洲內陸）的靴子：以他姓名縮寫命名的R・M・威廉斯靴（後簡稱威廉斯靴）。

如今，威廉斯靴已經是許多澳洲政治人物最鍾愛的鞋子，而且這股魅力還不分黨派，像中間偏右的澳洲自由派領袖艾保德（Tony Abbott）與滕博爾（Malcolm Turnbull）就偏愛這款靴子。不過真要說誰跟最能跟這種靴子劃上等號，就不能不提到澳洲前工黨黨魁陸克文（Kevin Rudd），他在二〇〇七到二〇一〇年出任過澳洲總理，並在二〇一三年回鍋過一小段時間。澳洲民主博物館甚至曾在一場「澳洲歷屆總理展」中展出過一雙他的黑色皮革威廉斯馬靴。這雙靴子加上與其並肩參展的一條雨果博斯（Hugo Boss）橘色絲質領帶，都是他二〇〇八年在澳洲國會裡代表國家向「被偷走的一代」道歉的行頭——「被偷走的一代」指的是過去曾遭受澳洲政府強迫帶走孩子與實施白人同化政策的原住民族。二〇〇九年，陸克文接見美國總統歐巴馬時穿的也是威廉斯靴。

陸克文也拿他最喜歡的靴子當外交禮物。二〇〇八年十二月，他應印尼總統尤多約諾（Susilo Bambang Yudhoyono）之邀飛到峇里島去擔任第一屆峇里民主論壇的共同主席。尤多約諾發起這項計畫，是要推動亞太地區的民主發展。陸克文在此行中宣布，他將會提供三百萬澳幣來資助峇里民主論壇與印尼和平與民主研究所。除此之外，他還以個人名義替印尼總統準備了禮物，也就是威廉斯靴。

這雙靴子作為外交禮物有好幾樣可取之處。這鞋展示了澳州的傳統與工藝技術，同時也有助於這家澳州企業進軍外銷市場的雄心，畢竟此舉將該公司的產品與世界級領導人連結在一起。公司網站特地強調穿過這些靴子的「有數百萬人，包括一些世界上最有名的人」。陸克文自己與這雙靴子的關係如此緊密，也讓這份禮物染上了幾分個人色彩，彷彿陸克文試圖利用一份他自己也推崇的禮物去確認一段友善關係。這種將禮物個人化的特色，還表現在威廉斯靴的另外一個特點上：鞋子製作前會需要知道收禮者的鞋子尺寸，因此這份總統級贈物在送出之前，往往會先有一通保密到家的電話打到對方的禮賓司，這樣後續作業才有辦法進行。

在某些場合下，拿靴子當禮物會需要搭配更仔細的試穿流程。克里斯多福・梅爾（Christopher Meyer）在回憶他擔任英國駐華府大使的記述中，曾提到過二〇〇二年四月的一個週末，時任英國首相東尼．布萊爾來到小布希總統位於德州克勞福德（Crawford）的牧場作客。就在兩位元首在牧場中共進晚餐時，一名靴匠在白宮團隊的安排下來到不遠處的韋科（Waco），那兒有陪同首相來訪的英國代表團在與美方窗口於餐廳中用餐。鞋匠送上了客製化的J. B. Hill靴，但據說沒有多少人敢收，主要是靴子的價值遠遠超過英國官員可以合法從外國人手中收下的禮物價值，若事後想保留這靴子還得付上一大筆差額。但大使本人還是在餐廳的儲藏室裡量過腳後，驕傲地入主了一雙德州牛仔高跟靴，上頭裝飾有英國、美國與德州的旗幟。

關於熱衷於拿威廉斯靴送禮一事，陸克文可以說是「吾道不孤」。同樣也是威廉斯靴愛好者的澳洲總理艾保德也在二〇一三年首次出訪時，送出過一雙威廉斯黑靴，外加一支用澳洲紅橡木做的筆。當時的收禮對象又是印尼總統尤多約諾，但願他此時也已成為這種靴子的粉絲。艾保德也在二〇一四年送了一雙威廉斯靴給訪澳的日本首相安倍晉三，而且這雙靴子還立刻就派上用場，主要是兩名國家元首去了一趟澳洲西部的皮爾布拉（Pilbara），參訪了力拓集團在當地的鐵礦坑。他們在一圈大輪胎旁擺出了超浮誇的姿勢，大秀兩人成套的靴子，拍成相片大肆宣傳。威廉斯靴也是時任澳洲總理滕博爾在二〇一八年會見美國總統川普時所贈送的禮物。

在前述所舉的例子裡，送禮者都是眾所周知自身也愛用威廉斯靴的澳洲總理。但這樣的選擇其實也是參照了澳洲部長級官員贈送外交禮物的規範。這套規範是由澳洲政府的「總理與內閣部」所擬訂，而我們可以從中看出現代澳洲在外交送禮策略上的端倪。

這套規範中最引人注目的地方，就在於外交禮物不受重視的程度。規定中明言，澳洲「傳統上是不送禮的國家」，會需要準備外交禮物只是為了配合「其他國家的習俗、禮貌與善意」。澳洲政府的「不送禮政策」皆會在官方出訪前告知對方，以免對方大手筆準備了贈禮。該規範也明定出澳洲官員的送禮價值上限，按照收禮方的職級資深程度，範圍大概落在國家元首與政府首長可送五百到七百五十澳幣（約一萬到一萬五千元臺幣），東道國的司機與安全人員可送二十五元澳幣（約五百元臺幣），這樣的一個範圍之間。

雖說禮物是由部長級官員所決定的，但負責提供禮物的則是一家名為協同控股（Intandem Holdings）的外包企業，該公司提供一系列禮物的選項，並遵守澳洲官方明定的禮物價格區間。最重要的是，他們堅持提供「澳洲製造或手工生產的品項，且採購自澳洲境內的貨源」。威廉斯靴恰好符合這項規定，它是澳洲製造，售價一般也落在給元首或首長的價格範圍內。

包括澳洲在內，其實不少國家都會避免送禮時過於奢華，像美國也設置了總統等高級官員在個別禮物上的支出上限。一方面是擔心昂貴的禮物不利於一國的政壇風氣，另一方面則可能是有預算壓力，再來就是在輿論對政府支出的監督下，送高價禮物給外國顯貴很容易受到非議，平價的禮物因此相對受到鼓勵。二〇一二年，媒體報導稱愛爾蘭共和國在經濟不景氣的大環境下，徹底檢討了外交部昂貴送禮的習慣做法。愛爾蘭此後的外交禮物就成了袖扣或鑰匙圈，只不過它們還是由愛爾蘭製造，也是能夠代表愛爾蘭的產品。

即便如此，各國政府（包括美國政府）仍舊時常與禮品供應商交涉，希望用最少的支出創造出最大的宣傳價值，而各國政府的籌碼就是讓產品與政要沾上邊的廣告價值。這種辦法確實在某種程度上突破了禮物價格上限的束縛，讓禮物不會真如帳面價格所顯示的那麼寒酸。二〇二一年六月在英國康沃爾（Cornwall）舉辦的七大工業國高峰會，美國總統拜登就送給時任英國首相強森一輛腳踏車，畢竟他們都是自行車運動的愛好者。美國國務院接洽了費城的拜連奇腳踏車工廠（Bilenky Cycle Works），這是一家專門製作高檔手工產品的腳踏車業者。根據在地的記者報導，國務院的預算只相當於拜連奇基本產品起價的三分之一，而且他們想買的還是一輛高度客製化的車子，上頭要求要有代表英國國旗的藍紅白色，外加成套的頭盔上有英美兩國的交叉旗幟。儘管如此，該公司還是承接了這個麻煩的急件案子，希望藉由這次委託來衝高公司產品的能見度。

不想花大錢送禮的心態，也說明了很多國家為什麼會避免收到大禮。我們之前討論過法王路易十六於一七八五年送過班傑明．富蘭克林一幅鑲鑽的迷你國王肖像，當時我們提到過美國憲法中的「薪酬條款」，裡頭規定了美國官員必須先取得國會同意，才能從外國元首或君主手中收受禮物、薪酬、官職或頭銜。時至今日，為了避免美國官員每次都要國會批准才能收下外國禮物，憲法薪酬條款之下又訂定了一部施行細則：一九六六年的《外國禮物與贈勳法》（Foreign Gifts and Decorations Act）暨其後續的修正案。

在這部施行細則下，美國官員獲准保留成本低於某個「最低價值」的禮物，而那最低價值隨著時間推移，已經從二〇二〇年一月一日起的三百九十美元上調到四百一十五美元。在特定狀況下，美國官員可以收下成本高於法定最低價值的禮物，以免過度推卻造成對方的不悅或尷尬，甚至會傷害美國的對外關係。但是這類禮物收下後不能為個人所保有，除非他們願意將差價付給國庫，否則這類禮物就是由官員代表美國政府收下，然後上繳到國家檔案和記錄管理局。至於他國元首送給美國總統的禮物，其歸宿往往是成為總統圖書館或博物館中的藏品。

不是所有國家都有跟澳美兩國一樣有嚴格的規定，但旨在避免外國賄賂衍生貪汙風險的相關規範，仍使得現今的外交禮物收受持續受到管制。這些規範試圖降低外交禮物附帶的風險，由此禮物的價值會被限制在一個尚可接受的範圍。外交禮物因此產生了本質上的改變：原本具有實質價值的物品，愈來愈變成一種象徵，一種用於強調或強化贈予者訴求的外交訊息。但是禮物本身，就不再有形塑雙邊關係的功能。

威廉斯靴就很稱職地扮演了這種角色。人們會想要這種禮物，但這種禮物又沒有貴到算是奢侈品。作為一種穿戴用的配件，這些靴子暗示著兩國領袖的私交跟友誼。以靴子為禮物，可以宣傳品牌並促進外銷，也能作為澳洲代表傳遞國家的美感與工藝技術，甚至散發出澳洲的個性與價值觀。這樣的一雙靴子，就是為了成為話題焦點而存在。

50
歐巴馬的禮物

西元 2014 年

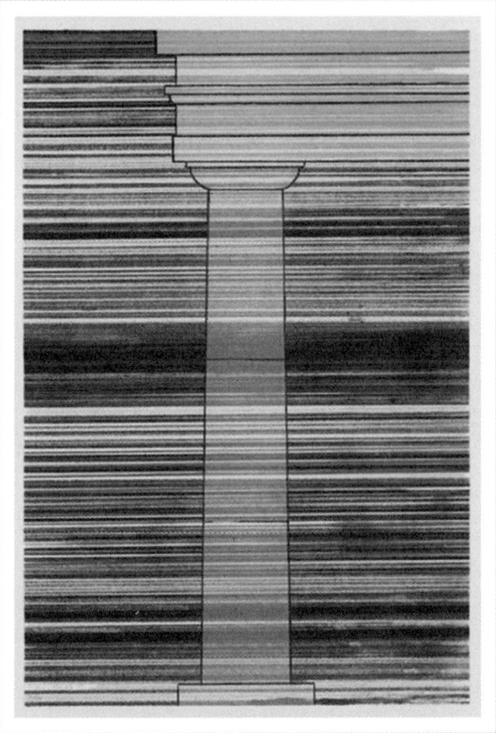

艾德・魯沙（Ed Ruscha）的石版畫《帶有速度線的柱子》。

社會學家牟斯認為，收禮者的回禮義務是禮物交換系統中的關鍵環節，而這在本書故事裡的每一份回禮中都得到了映證。如今來到最後一個故事，是時候好好探討一下禮物與回禮之間的互動了。美國總統歐巴馬與英澳兩國元首間的交流，就有助於我們達成這項目標。

首先讓我們回到一八八〇年，英國維多利亞女王送給美國總統海斯的堅毅桌，這張桌子是由英國皇家海軍堅毅號的船身所打造而成。二〇〇九年，英國首相戈登．布朗訪問華府時，特地為歐巴馬準備了一組禮物，包括堅毅號的裱框委任狀，還有用皇家海軍塘鵝號（HMS Gannet）船身做成的筆筒。據說當年英國的報紙還宣稱塘鵝號就是堅毅號的「姊妹艦」，惟這說法並不是很準確，選擇塘鵝號的真正原因應該是她曾參與過十九世紀在紅海一帶的反奴隸活動。

只要英美兩國的特殊關係中出現一絲絲見縫插針的機會，英國媒體就永遠也不會錯過——這次當然也不例外，畢竟兩國元首的禮物價值落差實在太大。美國國務院禮賓處估計，布朗首相給歐巴馬的禮物價值約在一萬六千五百一十美元之譜（內容包括前述禮物與全套邱吉爾的官方傳記），反之英國首相收到的禮物竟然只是美國經典電影DVD一組。部分評論者甚至不悅地指出，美國電影DVD在英國機器上放不放得出來都是個問題。各界普遍認為英國首相並沒有從這次贈禮中收到該有的互惠。

或許是意識到了負面的風向，隔年繼任的英國首相大衛．卡麥隆（David Cameron）就赴華府訪問時，在禮物選擇上跟美方進行事前協調，雙方共同準備了現代藝術品來交換。英國首相選是以街頭藝術聞名的班．艾恩（Ben Eine）與他的作品《二十一世紀城市》。他的塗鴉多次遊走法律邊緣，再加上與英國傳奇匿名塗鴉藝術家班克西（Banksy）有過合作，艾恩就這樣崛起成為英國重要的街頭藝術家，其代表作包括在倫敦斯皮塔佛德市集的「字母街」，也就是把二十六個英文字母沿著米德塞克斯街，一一噴漆在店家的鐵門上。

根據媒體報導，卡麥隆首相會選擇艾恩的作品是源自他太太珊曼莎的建議，她是艾恩的粉絲。但要從艾恩的畫作中找到一幅適合的來送給美國總統，還真沒那麼容易。由於出訪美國的行程已近在眼前，卡麥隆來不及請艾恩專門繪製一幅新作，但艾恩現有的油畫除了色彩斑斕的文字，調性大都過於負面。只有《二十一世紀城市》這幅畫，就是單純把 Twenty-First Century City 這句英文的字母排成七列五行的構圖。這幅畫在評估後總算過了關。

選用街頭藝術家的油畫來當禮物，不僅突顯了英國現代藝術的朝氣蓬勃，更致敬了美國貧民窟文化所催生出的街頭藝術。這份禮物還推崇了美國現任總統與街頭藝術的淵源，主要是街頭藝術家費瑞（Shepard Fairey）曾創作過《希望》這幅紅白藍三色的歐巴馬剪影作品，在歐巴馬二〇〇八的總統大選中助其一臂之力。

艾恩的油畫在如此重要的場合中脫穎而出，讓他的藝術家地位順勢更上層樓，就跟過去幾百年來被選為外交禮物的藝術作品享有同樣的待遇。首相親自找上門來的驚訝之情，以及外界對這份禮物的高度關注，都讓艾恩有感而發。他於是沿著倫敦的哈克尼路創作了一幅全新的街頭藝術，名叫《最奇怪的一週》：用小小笑臉組成的大型亮彩字母，寫出了 The Strangest Week 這三個英文單字。

歐巴馬的回禮是《帶有速度線的柱子》，這是一幅由艾德・魯沙所創作的石版畫。魯沙是內布拉斯加州一名積極參與流行藝術運動的畫家。畫布中央是一根柱子，讓人聯想到政府建物的恢弘柱廊，而紅白藍相間的水平線條則旨在強調英美兩國堅定的邦誼。歐巴馬政府此前就展現過對魯沙作品的興趣，他們曾在白宮放置過他一幅名叫《我覺得也許我會……》的作品。《帶有速度線的柱子》的來源更加直接，來自一間非營利組織「使館藝術與保存基金會」，該會的宗旨就是利用藝術作品促進美國國際形象，而魯沙的印製廠商當年即是將這幅作品捐贈給該會。換句話說，歐巴馬直接找上了一個積極想提升美國海外形象的藝術贊助單位。

而且他還找了不只一次。當澳洲總理艾保德在二〇一四年六月於華府與歐巴馬會晤時，他也收到了同一份石版畫的印製品。《帶有速度線的柱子》那紅白藍相間的線條不僅適用於美英關係，用在美澳關係上也毫無違和。不同於四年前與英國首相的禮物交換，美澳兩國這次顯然沒有在禮物形式上套好招。澳洲總理送給歐巴馬的禮物是一塊由雪梨班奈特衝浪板公司（Bennett Surfboards）特製的衝浪板，其淺藍跟白色的配色顯然是在呼應美國空軍一號的外觀，上頭還看得到總統徽章與兩國國旗。除此之外，澳洲的禮物中還包括了他們最愛送的禮物：一雙黑色皮靴。衝浪板符合澳洲人喜歡用禮物去突顯特有文化與工藝的習慣，同時也偷偷恭維了歐巴馬是位活力十足且有運動細胞的總統，是一位用得上衝浪板的國家元首——這份禮物甚至暗示了歐巴馬出生地夏威夷與澳洲對衝浪都有著同一份愛。

卡麥隆首相與歐巴馬總統的第二次禮物交換，再次讓人看到兩位領導人在禮物交換上有多積極相互協調。如果說二〇一〇年的禮物交換是以兩國的當代藝術為主題，那麼兩年後卡麥隆走的就是一種沒有距離感的家庭風格。卡麥隆送給歐巴馬一張登祿普的桌球桌，而歐巴馬則回贈由伊利諾州的恩格爾布萊希特烤爐公司（Engelbrecht Grills）出品的布拉頓頂級戶外燒烤爐，爐上刻著兩國國旗。連同爐子送出的還有兩件主廚外套，上面印著總統紋章跟美澳國旗。雙方的禮物選擇其實是在呼應歐巴馬前年出訪英國時，曾與卡麥隆一起去倫敦環球學院打過桌球，兩人後來還在首相的唐寧街庭園中快意地烤了肉。

兩位領導人家屬之間的贈禮，則為這場禮物交換增添了一分親切感。珊曼莎・卡麥隆收到了一甕白宮的蜂蜜，而給首相孩子們的禮物則是個人化的沙包懶骨頭。蜜雪兒・歐巴馬收到的禮物則是一條以維多利亞風格壁紙為靈感的圍巾，而歐巴馬的兩個女兒則獲得一套經典英國童書當禮物。

這麼看下來，我們可以將卡麥隆與歐巴馬的兩次禮物交換視為雙邊政府深思熟慮後的結果。歷史上並不是每一次禮物交換都經過如此縝密的事先安排。但除了事前協調以外，英美兩國的禮物交換還有一大特色，那就是這些交換禮物都是當場進行，反映了現代外交中領導人面對面的時間相對較短。我們可能還記得，社會學者布赫迪厄曾強調過時間差在禮物交換的重要性。他認為送禮一旦少了時間差，就會失去交換禮物的精髓。時間差能替送禮者創造某種義務感，讓他的權力暫時高於收禮者。一手送禮一手收禮的做法固然比較安全，卻也讓禮物失去了它作為禮物的力量。這類禮物在雙邊關係中仍然是力量的象徵，但就是少了能讓收禮者感覺吃人手短拿人手軟的能力。我們接下來就會根據這項重要差異，從本書對外交禮物的探討中歸納出幾項結論。

結語

我們伟大領袖毛主席永远和羣众心連心
在紀念毛主席《炮打司令部》大字报和《中国共产党中央委員会关于无产阶級文化大革命的决定》发表两周年的大喜日子里，偉大領袖毛主席亲自把外国朋友贈送的珍貴禮物——芒果，轉送給首都工农毛澤东思想宣傳队。毛主席說：“我們不要吃，要汪东兴同志送到清华大学給八个团的工农宣傳队的同志們”。
伟大領袖毛主席亲自贈送給首都工农毛澤东思想宣傳队的珍貴禮物——芒果

毛澤東主席的芒果。

我們已經看到，自從不同的人類群體彼此開始進行各種交易以後，禮物就是外交活動中不可或缺的一環。禮物在社會關係的建立與維繫上所扮演的角色，使它們成為外交工作的利器。

外交禮物的實際價值與象徵價值

隨著我們故事的時序逐步往前推進，從西元前十四世紀的君王通信，到二十一世紀政治領袖帶著禮物前往遙遠國度與他國元首會面，我們不得不得出一個結論：外交禮物隨著時間的推移，已經不如以往那般在外交工作上具有核心重要性，而除了少數例外，它的實際價值也愈來愈低。在本書的第一個故事裡，外交禮物推動了阿馬爾奈文書中兩大強權的交流。那些文書充斥著國王對埃及黃金等珍貴禮物的渴望，他們對於提及自己最想要什麼禮物、什麼禮物又讓他們大失所望也毫不避諱。這些文書所描述的禮物都有著可觀的實際價值。

我們可以把這些禮物跟二十一世紀的領袖們所送的禮物比較一下，例如歐巴馬總統在二〇一四年送給澳洲總理艾保德的石版畫，或是艾保德同一年送給日本首相安倍晉三的威廉斯靴。在這兩個例子中，禮物都經過精挑細選，收禮方應該也收得很開心，但石版畫和靴子都不是外交交流的重點。在將近三千五百年的時間裡，外交禮物從驅動政權們彼此互動的高價物品，演變成幾乎只具象徵價值的點綴之物。

當然這並不是說早年的外交禮物就沒有象徵價值。西元前四世紀時，波斯國王大流士三世送給亞歷山大大帝的一條鞭子、一顆球和一箱黃金，就同時具有很高的實際價值（黃金的數量足以負擔亞歷山大大帝班師回朝的軍費），以及象徵的意義，儘管在這個脈絡下這些禮物象徵的是挑釁。馬穆魯克人把蘇丹穿過的衣物當禮物，彼得大帝習慣把他親自在工作坊裡做出來的手工藝品當成禮物送人，還有歐洲君主愛拿自己的肖像當禮物，種種的做法都顯示象徵價值一直是選擇禮物時的重要考量之一。然而，我們似乎可以從本書所描繪的外交禮物史中看到一個趨勢：儘管外交禮物一直都同時具備實際與象徵價值，但實際價值隨著時代演進不斷遞減，使得禮物現在大多剩下象徵雙方外交關係的象徵價值。

對於這個現象，一個可能的解釋是禮物交換本身在社會發展的過程中，變得愈來愈不重要。牟斯將禮物交換系統與市場導向的商品交換系統視為不同社會的特徵，並認為時代的趨勢是後者將逐漸取代前者。後來有些學者則認為，禮物交換與商品交換可以在同一個社會裡共存，雖然要達成有一定的難度。外交禮物從強調實際價值變成以象徵價值為主的演變，呼應著市場導向的交換模式在廣大的社會中勝過禮物交換系統的過程。

這種思路認為，具有高度實際價值的外交禮物主要是特定時期的產物，特別是近現代以前，這時候人們期望收到這樣的禮物，送禮者也以此確認自己的角色與地位。我們以一五七四年，未來的法王亨利三世拜訪威尼斯為例。那年五月，法王查理九世年僅二十三歲就死於肺結核，他的兄弟亨利繼位，但此時亨利已經是波蘭國王，波蘭人不希望他離開波蘭前去繼承法國的王座，所以亨利被迫連夜「潛逃」出首都克拉科夫，而當他一出波蘭，其前往法國的行程就變成了照劇本演出的凱旋之旅，歐洲各地的統治者紛紛大肆款待起這位新法王。對威尼斯而言，準法王亨利三世的來訪是天賜良機，他們剛好可以藉此重振已經積弱了幾十年的國威，畢竟香料貿易重心已經移往大西洋，而他們在一五七三年與鄂圖曼人簽署的和約又重挫了威尼斯作為歐洲基督教捍衛者的形象。

一五七四年夏天，亨利在威尼斯的領地裡待了將近一個月，由威尼斯負擔他這段時間內所有的花費。威尼斯在這方面的大手筆，尤其展現在他在威尼斯城待的那一星期，極盡奢華之能事的遊行、宴會、戲劇和賽船樣樣來。雖然亨利也有收到象徵性的禮物，特別是一份含有「聖靈勳章」創立法源的手稿（他將於一五七八年重新設立該騎士團），但威尼斯送禮考慮的重點仍是物品的實用性，想要確保全歐洲最重要的君主之一在當地可以感到賓至如歸。威尼斯政府把諸如食宿、娛樂甚至馬隻等大小費用都包了，最後花了一大筆錢，大概是十萬達克特（ducat，歐洲在中世紀到近現代的流通貨幣）左右。

亨利的回禮也是五花八門，他將金鍊或禮金分送給眾多協助這次出訪的人們，從四名被威尼斯派來協助使團的特命大使，到廚子、外交官和武官隨扈，人人有獎。亨利透過這種大放送建立起慷慨國君的形象，以符合人們對強大的法蘭西王國統治者行為舉止的期待。一五二〇年，英王亨利八世與法王法蘭索瓦一世藉由在金帛盛會上進行贈禮競賽強化自己身為一國之君的地位與氣度，也是類似的概念。

時至今日，要價不斐的外交禮物則較常出現在與富有伊斯蘭國家的來往中。這些國家大致上仍遵循著過去的文化傳統，認為大手筆送禮的行為才能彰顯統治者的開明與強勢，此傳統又可以追溯到伊斯蘭信仰要人慷慨施捨的價值觀。好幾個中東國家都曾把錶盤上有著國徽等本國象徵的名錶（經常是勞力士）當成外交禮物，就是一個有名的例子。外交贈禮選擇高檔的瑞士錶而不是本國的特產，代表這些國家重視禮物的實際價值大於象徵價值。

前英國駐沙烏地阿拉伯大使古沛勤（Sherard Cowper-Coles）曾受一位顯赫人士招待到沙漠中遊玩，該趟旅程包含了用獵鷹獵捕鴇的環節。他的妻子在與這位人士聊天的過程中，誇獎了一下那些獵鷹的帥氣，結果後來就收到一份價值高達十五萬英鎊左右的大禮——一隻西伯利亞海東青。這隻鳥被安置在位於利雅德的大使官邸，以活鵪鶉為食。英國的部會首長來訪都會跟牠拍照。

挪威政治學者諾伊曼（Iver Neumann）在他的著作中，提出了對外交禮物實際價值大不如前之現象的另一種解釋，他認為禮物交換作為一種交換機制依舊存在，但用來交換的禮物本質產生了變化。諾伊曼根據外交禮物對贈禮者與收禮者的價值，將外交禮物分成了四大類：一、他把對送禮與收禮雙方來說都具有很高價值的東西稱為「獨特禮物」，拜占庭皇帝君士坦丁五世送給法蘭克國王丕平三世的管風琴便屬於這種禮物。另一個例子是「送出」王室貴族，要做到這點，可以透過婚姻，也可以透過過繼或類似的程序，西元九二〇年代的挪威國王金法哈拉爾（Harald Fairhair）就把兒子哈康（後來的挪威國王哈康一世）過繼給英格蘭國王艾賽斯坦（Æthelstan）。二、對送出者價值低而對收受者價值高的禮物，則是「個人化禮物」，這類禮物讓送禮者可以用相對低的支出滿足收禮者的特定興趣，進而促成自己想要的結果。三、對送出者價值高但對收受者價值低、送不到位的禮物，諾伊曼稱之為「缺乏文化關聯性的禮物」，在此情況下，收受者因為不瞭解禮物背後的文化或儀式性脈絡而無福消受。四、至於對送收雙方都沒什麼價值的禮物，他認為是「一團糟」而不屑一顧。

諾伊曼認為對雙方來說都很有價值的「獨特禮物」，會出現在一方尋求與另一方建立關係，但彼此還不熟悉的政體間。按牟斯的說法，高貴的禮物暗示著自己期望收到同樣價值的回禮，而諾伊曼認為歐洲在現代早期發展出的國家體系正提供了這類禮物大行其道的空間。反觀在現代的國際秩序下，國家之間的接觸相當頻繁，彼此也已建立起互惠的默契，因此禮物外交的重點就變成如何透過一系列等價的禮物交換來維繫關係。在這種平衡的交換框架中，高價的獨特禮物自然就愈來愈少見了。

我們還可以從本書描寫的故事中，看到外交禮物愈來愈少選用高價物品的另一項原因——禮物所附帶的風險，特別是它們可能會使收受者處於從屬的位置，進而引發貪汙的疑慮。禮物與賄賂只有模糊的一線之隔，所以一直以來都是個問題。這樣的擔憂從很久以前就存在於共和主義思想中，例如在柏拉圖眼裡的模範城市瑪格尼西亞（Magnesia），擔任公職者若收賄將被判處死刑；在十六世紀的威尼斯，個人也不能收下外國政權送出的大禮，所以準法王亨利三世在一五七四年大手筆送禮時，場面就顯得十分尷尬。亨利當時送了一枚鑽戒給威尼斯總督，元老院為此還特地開會討論該拿它怎麼辦才好，最後他們決定把它鑲在一朵金百合花上，放入威尼斯聖馬可大教堂的聖器收藏室中典藏，以紀念亨利對威尼斯的情誼。美國的開國元勳們也是因為考量到收賄的可能，而在新憲法中設置「薪酬條款」，任何外交禮物、酬勞、官職或頭銜只要來自外國，其收受都要先經過美國國會的許可。

愈來愈多國家對公務員可以收受的外國禮物價值訂立上限，而且很多是連國家元首跟政府首長都適用。這種規範並不會阻止國家收下高價的禮物，但重點是收禮的主體是國家，公務員只是代行，不能將禮物占為己有。不過這類規定還是讓奢華的禮物愈來愈少出現，許多國家都針對外交禮物的送出與收受訂下價值的限制，如同我們在二十一世紀澳洲的送禮故事中看到的那樣。

互惠與時間差

牟斯的分析方式，把重點放在利用互惠的回禮規避掉貪腐的風險，如此一來收禮者也不會感覺受辱或是養成依賴的習慣。確實對牟斯而言，用禮物發展社會關係，背後的核心概念就是互惠。我們的故事一再顯示互惠的確在許多不同的脈絡與時代中，都是交換外交禮物的首要考量。

所謂互惠並不是一定要回送一個類似的禮物，表達感謝的禮物就是一個很好的例子。奧斯陸每年送給倫敦聖誕樹便是為了感謝英國在二戰期間的支持，而我們可以把這樣的禮物，看成是在把虧欠感化為持續不斷的正向社會關係，本例中的社會關係就因為一份提醒戰時協助的年度禮物而愈來愈堅固。東德祝賀蘇聯領導人史達林七十大壽的禮物是一座天文館，從蘇聯的角度來看，這是在回贈史達林送給他們的禮物——社會主義；但對東德而言，他們送這份禮物是想讓自己與蘇聯慢慢由從屬的關係，變成對等的夥伴。

如果一份禮物在送出時沒有收到回禮的打算，就有可能是賄賂或進貢。雖然我們之前也看到，協助某國發展似乎就是一種不求回報的「純粹」禮物形式，但無論是伸出援手的資助方，還是接受援助的對象，通常都不願意把協助開發想成是送禮，因為如果沒有互惠的機會，那麼收受者就等於承認自己是處在受辱和依賴的情境。就像我們在中國的體育場外交所看到的，協助某國發展在雙方都有利可圖，也就是很明確具有互惠性的雙贏局面下，才比較有可能被視為一份禮物。

送禮與回禮間的時間差也是必須考量的重點。社會學家布赫迪厄在他的作品中指出，為了維繫位於禮物交換系統核心的社會關係，兩者間的時間差不可或缺。立即的回贈代表收禮者不是真正的感激，時間拖得太長又顯得收禮者毫不在意。

運輸與通訊上的技術革新推動了外交實務的進步，大大縮短了政治領導人們收禮與回禮之間的時間差。西元七九七年，查里曼派遣外交使團前去拜訪阿拔斯王朝的哈里發拉希德，高階團員中最後只有「猶太人艾薩克」順利生還，又過了五年左右他才帶著哈倫令人驚嘆連連的禮物返回亞琛——一隻名為阿布阿巴斯的大象。我們也知道後來文藝復興時期的義大利開始出現常駐大使的制度，改變了國家之間的互動方式。到了現代，交通技術的革新讓國家元首或政府首長彼此可以直接且常態性的見面，再也不用透過外交代表傳遞資訊，這樣的改變也使得外交禮物的贈送方式與先前大不相同。

特別來訪的外交使團一抵達目的地，就開啟了一連串繁複的外交贈禮行為。使團會代表元首獻上主要的禮物，致贈給他們造訪國度的元首；使團團長也可能以自身的名義贈送禮物給接待他們的國家領導人，並拿一些禮物感謝許多協助行程進行的接待國人員。某些禮物本質上就是賄賂，比方說他們可能買通了守門人才得以見到地方上的統治者。接待國的統治者可能在收下禮物之後就拿出給使團母國統治者的主要回禮，也可能賞賜一些東西給使團團長和成員。使團會獲得食宿的安置，也有機會欣賞到東道主招待的娛樂活動。在某種意義上，使團本身就是一份禮物，代表派遣使團的母國有意願和接待國交流，也讓接待國能藉此機會熱鬧一番。雖然接待國會立刻回送一些東西，但使團母國的統治者要好一段時間之後才會收到主要的回禮，可能被自家的使團帶回，或是由對方的拜訪使團致贈。這段互惠的時間差可以確保兩國社會關係的延續，因為收到禮物的國家就必須好好想想要送什麼樣的禮物才足夠合適。

今天，兩位政治領袖之間普遍會同步或幾乎同步交換外交禮物。由於旅行速度加快，元首們要面對面互動並不難，出訪的領導人獻上從本國首都帶來的合適禮品，接待國的領導人隨即回贈已經準備好的禮物。兩國的禮賓官員與使館人員往往會在事前協調好，瞭解對方準備的禮物價值或性質，確保本國元首拿出的是價值相當的回禮，以達到互惠的目的。

當然，凡事都有例外。現代的外交禮物偶爾還是會牽涉到可觀的後勤配合。英國首相約翰·梅傑的前私人祕書、英國高級專員艾倫爵士（Sir Alex Allan）在一九九九年十月對澳英協會的演講中，講述了土庫曼種馬「馬克薩特」的故事。土庫曼總統尼亞佐夫（Saparmurat Niyazov）在一九九二年訪問英國時（當時該國剛獨立不久），將一本皮革裝訂的相簿拿給英國首相看，裡頭是一匹土庫曼汗血馬種馬各種雄姿的照片。首相禮貌性地翻了翻相簿，接著在場的人們才意識到土庫曼總統的禮物不是相簿，而是照片中的馬，只是那匹馬現在還在土庫曼，等著人把牠抓到手。

英國駐莫斯科大使館一名頗具魄力的三號祕書布雷迪（Laura Brady）於是被交辦了一項任務，要跟與她對等的法國窗口接洽，因為土庫曼也送了一匹馬給法國總統密特朗。隔年這兩匹馬被載上火車從土庫曼運到莫斯科，由當地的馬伕押車。那時剛好碰上蘇聯解體，景氣很不好，所以馬伕們帶上了一大批土庫曼特產的甜瓜與各式蔬果，想以物易物地購得返回土庫曼阿什哈巴德（Ashgabat）的車票，不然他們根本拿不出一九九二年之後發行的鈔票。運馬的計畫接著差點因為半途出現的武裝匪徒而難以為繼，所幸劫車的搶匪拿脾氣很大的馬兒沒辦法，最後只好能帶走多少瓜就帶走多少瓜。

結果馬匹抵達莫斯科時，就碰上一觸即發的一九九三年俄羅斯憲政危機，所以英法的兩名外交官又費了一番功夫才通過獸醫和海關的檢查。他們因為可憐的馬兒不知需要多少時間才能獲得放行而顯得焦躁不安，沒想到引來一名熱愛動物的海關哨站櫃員說了個芬蘭大使的鸚鵡的悲傷故事。通關之後，還有最後一道障礙是要清除火車車廂裡累積的馬糞，直到達到規定的整潔程度，結果一行人又靠著送出幾個土庫曼甜瓜解決了問題。抵達英國後，馬克薩特原本是要去皇家近衛騎兵隊服務，然而牠的脾氣太過陰晴不定，不符合騎兵隊的要求，所以牠又被轉送到位於梅爾頓莫布雷（Melton Mowbray）的國防動物訓練團，但牠在新家也沒有比較開心。最後牠去到威爾斯的馬廄，在當地的馬術障礙賽中贏得了不少獎項。

土庫曼種馬的故事之所以特別，正是因為牠的曲折遭遇在現代外交贈禮的案例中，可說是難得一見的存在。如今更常見的做法是訂立送禮與收禮的價值上限，搭配即時的回禮，建立起一個安全機制，盡可能避免掉通常會伴隨禮物出現的義務感。但抹消了這種義務感，禮物維繫社會關係的能力也就隨之弱化，而那正是禮物交換機制的核心意義。於是禮物現在的功能就變得比較不重要：它們作為手工製品，可以傳遞非語言的外交訊息，在重要會議的大戲中扮演著小小的配角。

參與送禮過程的人們

我們也在本書的故事中看到外交工作本質的改變與交通運輸的革新，改變了外交送禮所牽涉到的人們。其中最顯而易見的，就是國家元首與政府首長間的禮物交換現在大多都當面進行，於是就不再那麼需要擔任中介角色的外交使節，像讓我們的故事充滿趣味的克雷莫納的利烏特普蘭德這樣的人物便再不復見。使節如今的任務，就是在人們看不到的禮賓部門協調好兩國間的禮物收送事宜。

當然，外交禮物不會只在統治者之間交換，有些禮物涉及的是相對低階的人物，如任期結束的大使會收到臨別禮物，現今出訪的部長級人物也會跟外國進行禮物的交流。那麼這些人收送的外交禮物與元首級別的禮物，有著什麼樣的差異？在某些時候，這似乎只是一種預算高低的量的差別。例如澳洲政府發行的部長級外交贈禮準則中，就規定送禮的對象層級愈高，禮物的價格上限也愈高。在某些文化脈絡下，元首之間與非元首之間的禮物交流則有質的區別。我們已經探討過馬穆魯克與鄂圖曼蘇丹的禮袍贈送方式：禮袍只能用作上對下的禮物，送給地位對等的統治者是大忌。歷史學者博卡松（Sarah Bercusson）也曾寫到類似的事情：三名奧地利女大公嫁進了十六世紀的義大利宮廷，結果發現她們的子民跟她們的丈夫所送的外交禮物性質大不相同。例如給人的感覺不那麼正式，品質偏家常、價格也十分便宜的食物贈禮，就廣泛被民眾拿來發展與維繫他們的社會關係。於是麥地奇（Francesco I de' Medici）之妻、奧地利的喬凡娜（Giovanna d'Austria）也有樣學樣，送給教宗和神聖羅馬帝國皇帝自家製的抹醬與果醬。

統治者與被統治者關係的變化趨勢，讓愈來愈多人能夠影響外交政策，「公眾外交」變得愈來愈重要，再加上大眾媒體時代的到來，種種因素都改變了決定備受關注禮物的人選。我們先前也看到，日本會在一九一二年送櫻花給華府，就是好幾個權力位階各異的人們彼此積極協調的結果；一九四九年的感恩列車是一名法國鐵路工人皮卡的想法，被法國政府興致勃勃地採納；自由女神像原先是一項私人計畫，後來才為政府欣然接受。

社群媒體的興起讓外交禮物提案辯論的開放程度又更上一層樓。二〇一七年，挪威地圖測繪局的一名退休員工哈爾松（Bjørn Geirr Harsson）提議挪威可以送一份特別的百年國慶贈禮給芬蘭：一座山峰。芬蘭國土的最高點位於哈爾蒂山（Halti Fell）上一處橫跨兩個國家、被稱為哈爾蒂秀赫加（Háldičohkka）的山嘴。然而不僅哈爾蒂山海拔一千三百六十五公尺的主峰位於挪威境內，就連哈爾蒂秀赫加山嘴上海拔一千三百三十一公尺的陪峰也是。換句話說，芬蘭的最高點位於一個名不見經傳的山坡中途。不過只要移動兩國邊界四十公尺，芬蘭國土的最高點就會是哈爾蒂秀赫加山嘴上的陪峰。

一個叫「送哈爾蒂當國慶禮物」的臉書社團採納了哈爾松的點子，當地科菲尤爾市（Kåfjord）市長萊洛斯（Svein Oddvar Leiros）也加入該活動，並去信挪威總理尋求支持。總理在回信中很遺憾地表示這樣的做法違反了挪威憲法，因為憲法明確規定挪威是一塊「不可切割或分裂的疆域」。這份禮物最終沒能送出去。

社群媒體改變的不只是參與外交禮物決策的方式，也改變了這些禮物想要達成的特定目標，像是透過禮物提升本國文化與成就在海外的能見度。二〇二〇年九月，英國的《倫敦旗幟晚報》（*Evening Standard*）評論了下議院非洲部長達德里吉（James Duddridge）身上一條特別搶眼的領帶。部長告訴記者那條領帶是衣索比亞財政部長送的禮物，設計靈感來自該國藝術家泰克爾（Afewerk Tekle）著名的彩繪玻璃作品《非洲人民的掙扎與志向》。達德里吉答應衣索比亞部長他會傳給他一張自己繫著領帶站在下議院公文箱旁邊的照片，而他也依約於九月十日將照片發在推特上，搭配的內文是「跟衣索比亞的『diplomatic ties』很堅固」。

在本書的許多故事裡，我們都能看到在統治者生涯的編年史或近代的媒體呈現中，外交禮物的用法為了服務講述者的目的，被以特定的敘事方式強調。社群媒體的特性使得存在已久的禮物外交策略（例如描述收禮者如何穿著、消費或使用外交禮物）不斷推陳出新，影響力也愈來愈大。我們接著就來仔細討論一下潛藏在各類禮物背後的外交策略。

禮物的選擇與策略

我們在本書中看到外交禮物的種類非常多樣，從河狸到靴子，從起司到櫻花，從書桌到鑽石，可以說無奇不有。如果想瞭解現代國家元首與政府首長選擇外交禮物時背後的考量，有一份參考資料可以幫助我們看出其中端倪，那就是美國每年針對包含總統在內的所有公務員收到來自外國政府且超過法定「最低價值」的禮物所發行的《聯邦公報》。如在小布希與歐巴馬在任的十六年當中，總統獨自或偕同第一夫人共收到一千零九十九份登記在案的禮物，平均一年將近六十九份。

雖然界線顯然十分模糊，聯邦公報裡的簡略描述也顯示禮物的本質與其代表的意義並不總是那麼清楚，但我們還是可以根據選擇禮物時的主要考量大致分出七種送禮的策略，其中三種基本上把禮物視為兩國之間的正式交流。

第一種策略強調的是送禮國的文化。例如愛爾蘭共和國總理肯尼二〇一三年送給歐巴馬的裱框葉慈詩作《茵納斯弗利湖島》（*The Lake Isle of Innisfree*）。

第二種策略試圖彰顯雙邊關係的強固。讓人回想起送禮國與美國之間特定正向連結的禮物，就屬於這種策略的標準範例。我們之前提過的、英國首相戈登．布朗在二〇〇九年送給歐巴馬的兩樣禮物——皇家海軍堅毅號的裱框委任狀與用皇家海軍塘鵝號船身木材做出的筆筒，便是在向英國維多利亞女王送給美國總統海斯並傳為佳話的禮物堅毅桌遙相致敬，而堅毅桌的歷史典故，又讓人想到當年英美兩國在極地攜手合作的情誼。送出可以呼應舊禮物的新禮物，進而創造出雙方感情不散的溫暖感受，這樣的思路也可見於中國對美國的贈禮選擇中。二〇〇九年，中共總書記胡錦濤送給美國總統歐巴馬一幅瓷雕，上頭的圖案是一千三百年前唐代政治人物兼畫家韓滉的《五牛圖》；三年之後，時任中共副總書記的習近平又送了一幅《五牛圖》的複製品給歐巴馬，外加一顆簽名籃球。這些禮物都讓人想起一九七二年尼克森總統送給中國的麝牛，那是感謝中國致贈兩頭熊貓的回禮。

第三種策略是表現出對美國文化與價值的讚美。如墨西哥總統尼托（Enrique Peña Nieto）就曾於二〇一四年送給歐巴馬一張有美國國旗圖案的羊毛毯。

接下來的三種送禮策略皆強調禮物供個人使用的特質，雖然在這類高度受到管制的交流中，充滿著各種限制讓美國總統其實沒辦法私藏禮物或將它據為己用。總之，第四種策略訴諸的是美國總統的個人興趣。比方說以色列總理艾胡德．歐麥特（Ehud Olmert）曾於二〇〇八年送過一輛登山腳踏車、自行車衣、短褲和背包給小布希總統，就完全是在滿足小布希對山地自行車運動的愛好。第五種策略送的是沒那麼高貴但仍舊相當不錯的禮物，反其道而行的做法旨在創造兩國領導人之間一種不拘小節的親切感。像是汶萊蘇丹曾在二〇一四年送給歐巴馬一堆小東西，包含一只胡桃木的起司托盤，還有企鵝形狀的泡茶器。第六種策略則是送格外奢華的禮物。我們之前也提過，此種做法最常見於一小群以中東為主的國家，對他們而言昂貴的禮物象徵著送禮者的身分地位與慷慨的氣度。二〇一五年，沙烏地阿拉伯國王沙爾曼（Salman bin Abdulaziz al Saud）送給歐巴馬總統價值總計五十二萬兩千九百七十二美元的禮物，其中包括兩座鑲有各種寶石的銅馬像。

第七種策略是送昂貴的名牌。這可以說是一種結合前述兩個特質的禮物，維持個人化禮物表象的同時，又突顯出送禮國的特產與形象。我們在前言提到過的、義大利總理西爾維奧・貝魯斯柯尼（Silvio Berlusconi）送給小布希的三條巴提斯托尼真絲領帶，還有拉烏・卡斯楚在二〇一五年送給歐巴馬的雪茄，都屬於這一類。

有些送給美國總統的禮物則是針對出訪的目的所挑選的象徵物品。為了簽署條約而出訪時所送的筆，或是在有具體議程的高峰會上所送的禮物，都是這類贈禮的實例。二〇〇三年五月，新加坡總理吳作棟曾前往美國簽署美國與新加坡的自由貿易協定，他那時送給小布希的禮物就包括一枝黑色的日本並木鋼筆。高峰會往往是在無窗的會議場地中進行高強度的討論，與會者因此會有一種不知自己身在何處的感受，這時送給各國代表團首長的禮盒就可以發揮提示的效果，讓人一看到裡頭的筆、公事包和隨身碟，便想起該場會議的初心，同時找回具體的地方感。二〇一三年在北愛爾蘭的厄恩湖渡假村，英國首相卡麥隆於八大工業國高峰會送給歐巴馬的禮物包含當地名店 Co Couture 的巧克力、一瓶威士忌、關於北愛爾蘭的書籍，以及有著酢漿草花樣的瓷杯，即為一例。

瑟勒芒斯（Eline Ceulemans）在她的著作中檢視了中國領導人胡錦濤與習近平從二〇〇三到二〇一九年送過的禮物，結果發現兩種截然不同的送禮模式，一種將外交禮物視為國與國之間正式交流的媒介，另一種把它當成送給個人的東西。儀式性的贈禮常見於中國以老大哥自居時的場合，像是他們和北韓會面的時候。奢華的國宴與展現中國傳統工藝的貴氣禮物，如絲綢、漆器和景泰藍花瓶，都是基本配備。與之形成對比的是中國和國際上位高權重的領導人見面時，交換禮物就會是比較歡樂的場面，他們會在充分的準備下營造出不那麼正式的氛圍，禮物也具有更多個人化與感性的成分，更訴諸收禮者的形象和品味。一份禮物愈是個人化，就需要投入愈多的時間跟精力準備，因為送禮者得費盡心思判斷什麼禮物最能送進收禮者的心坎裡，儘管這類禮物的價格通常比不上儀式性的禮物。

這些送禮策略都不是新招，早已在我們的故事裡與歷史的長河中反覆出現。透過禮物突顯自家的科技造詣與文化的博大精深是相當常見的思路，這個過程也讓具有代表性的禮物和特定的政治實體之間劃上了等號，如拜占庭的絲綢或薩克森選侯國的邁森瓷器，後者充分展現該國在探索白金製程上的成功。

我們還可以在本書的故事裡看到，雖然利用禮物彰顯本國特色的做法受限於各時代對於合宜禮物的期待，但在彼此頻繁接觸、對於什麼是可接受的禮物擁有共識的政體之間，都會選擇既符合該共識，又能呈現自身文化與身分的禮物。例如歐洲各國的領導人就曾不約而同地用晚餐瓷器組感謝救了他們一命的威靈頓公爵。歐洲各國都想藉由送禮的機會突顯本國的文化和工藝，並試圖和公爵套交情，而他們皆選擇了大陣仗的晚餐瓷器作為表達的載體，因為這樣的場合該送這種物品，顯然是當時歐洲君主間的共識。於是外交贈禮的選擇便會在一種情境下出現拉鋸的張力。當人們受邀出席一個非常高檔的社交場合，就必須在出盡風頭並於他人心中留下深刻印象，與融入人群同時免去出洋相的風險之間做抉擇。

在某些脈絡下，統治者想透過禮物突顯的不是自身的文化，而是經營有成的國際關係、遼闊的帝國疆域，以及重要的軍事成就。這種炫耀的目的可以藉由挑選明顯不具本國特色的禮物來達成，例如轉送自帶歷史典故的禮物，也就是按牟斯的說法內含有靈魂的禮物。馬穆魯克蘇丹轉送的中國瓷器，就證明了他們有強大的關係可與東方從事貿易；曼紐一世送給教宗雷歐十世的那頭大象，則意在提醒他葡萄牙近期於印度可是連戰皆捷。

有份駭人的外交禮物就是被用來彰顯送禮國在開疆闢土上的成就，那是一顆亡國之君的人頭。一四六八年，土庫曼白羊王朝統治者烏尊哈桑（Uzun Hasan）送給馬穆魯克蘇丹卡伊特拜的禮物，是對手黑羊王朝統治者沙阿（Jahan Shah）被砍下的頭顱，為了在展現與卡伊特拜的盟友關係的同時突顯自己軍事力量的強大。不過用鄰國統治者腦袋送禮也要注意分寸：隔年烏尊哈桑又給卡伊特拜送去了帖木兒帝國蘇丹的頭顱，但這次就被認為是在恫嚇馬穆魯克。

有些禮物不是廣義地代表整個送禮國，而是代表該國特定的統治者。想要使用禮物建立社會關係時，禮品的挑選可能會以能跟收禮國的統治者產生個人連結為前提。送禮國統治者的肖像就是一例。但一幅肖像如果是送給臣屬的國家，用意可能就不是強調統治者之間的私交，而是要對方一看到肖像就想起自己是老大。一份禮物也可能同時指涉送禮國與收禮國的統治者。比方說全套甲冑、武器與馬匹合在一起，便能用來象徵軍事領導的才能與戰場上的功績。透過贈送異國的動物增加王家動物園的藏品，則讓外交禮物明顯與兩國平常的交易物品有所區別，突顯出皇家的能耐。

但也不是每份外交禮物都跟貿易商品那麼不同，這在本書裡也出現過不少次，比方說那些被當成外交禮物的瓷器跟雪茄，就是為了刺激外國對奢侈品的買氣。外交禮物可以化身代言利器，挑起替商品打廣告的任務。二〇一六年在中國杭州，普丁於八大工業國峰會的空檔見了中共領導人習近平，並送了盒俄羅斯的冰淇淋給他，據說該產品接著就在中國大受歡迎。

不過真要說，還是那些無法與送禮者切割的物品較能長遠地紀念一段關係。肖像也好、熊貓也罷，這種禮物都不是收受者想賣就可以賣，想轉送就可以轉送的，而因為這麼做必須承擔不小的風險，便讓送禮者比較不容易被指控是在賄賂，這就是肖像在十八世紀末的印度成為一項常見禮品的原因。在某些狀況下，送禮方會想送一份既代表私交，但也價值不菲的禮物。希拉特禮袍在送出當下是鄂圖曼蘇丹的權力象徵，但作為一款紡織品，希拉特禮袍的禮物身分在頒贈典禮過後就看不太出來了，收受者便可以安心轉賣。

從我們講述的外交禮物史中，可以看到一個共通的概念，那就是這種禮物一定要十分特別。如馬穆魯克人在送禮時秉持的「土哈夫」（驚奇）觀念明確指出的，禮物要有創造驚奇的能力。雖然我們之前也提到，外交禮物與一般物品的性質並不是在所有場合都那麼不同，但兩者的差異仍舊呼應了牟斯在美拉尼西亞觀察到的庫拉圈禮物交換系統。他們送的是十分特定的物品，跟在同一個社會裡用不同的體系（如以物易物）進行交換的東西，完全不一樣。

珍禽異獸就被證明是一種有能力創造出驚奇的外交禮物，同樣具備這種能力的禮物還有未曾在收禮國出現過的物品與科技。拜占庭皇帝送給丕平三世的管風琴，詹姆斯國王送給卸任日本幕府將軍德川家康的那尊望遠鏡，都屬於這樣的例子。這類禮物可以達成雙重目的，一方面創造出驚奇，另一方面又能突顯送禮國的國力與文明發展程度，不過它們也會讓送禮國暴露在科技外流的風險中。在英王亨利八世送給蒂雷納子爵一套盔甲的故事裡，我們就看到收禮者是如何在收到一份使用先進技術的禮物之後，學會該項技術並加以改良，再把它融入回禮當中。這種送出代表先進技術的外交禮物以創造驚奇的做法，在某種程度上促成了科技的擴散。

為了外交的用途而創造出某種精巧、複雜或創新的物品，想要讓收到的人感到嘆為觀止的做法，也連帶推動了科技的革新，如文藝復興晚期的威尼斯就是一例。威尼斯共和國與鄂圖曼帝國的貿易來往是用一種外交贈禮的體系來維繫，威尼斯會固定送出大量的絲綢或各種布料給鄂圖曼，也會在狀況特殊或有特定目的時送出「非常規禮物」，例如雙方在關係緊張時，威尼斯就得用特殊的禮物安撫蘇丹，有時他們也要用禮物去換取基督教奴隸的自由。這些非常規禮物常來自鄂圖曼朝廷明確而高難度的要求，像是有著全新圖案的絲綢、形式繁複的玻璃器皿，或是設計精美並鑲有珠寶的匣子。這類「訂單」基本上創造出了一個跨文化的委託製造體系，為威尼斯的工藝部門注入了創新的動力。

外交禮物與這相關連的一個重要特色便是它們在跨文化交流中所扮演的角色。我們已經探討過有地理區隔的人類社群如何試圖透過外交促成貿易，且有時候雙方的地理距離十分遙遠，如同我們在本書自歐洲地理大發現以後的故事中所看到的那樣。地理距離愈大，文化差異就愈大，外交禮物也就愈有可能成為一種媒介，讓人開始去理解（或誤解、誤讀），一個超乎他們知識與想像力範圍的世界。在一方看來象徵尊卑次序的貢品，在另一方眼中卻是開啟雙方平等往來關係的禮物，這種認知落差正是馬戛爾尼與乾隆皇帝在一七九三年不歡而散的原因。

兩個政治實體的第一次接觸是格外困難的外交禮物致贈情境，因為雙方對什麼禮物合適都還沒有概念。我們之前也提到，諾伊曼認為在某方試圖與另一方建立關係的情況下，便有很高的機率會選用高價值禮物。但這還是取決於送禮的政體如何看待收禮的政體，我們可以比較一下歐洲列強開始跟亞洲帝國打交道時，擺出的禮物都十分大手筆，但跟北美部落領袖接觸的時候，卻經常送一些小而瑣碎的東西。初次見面的禮物是要建立而非維護關係，重點是信任感。成敗對送收雙方都是一翻兩瞪眼，犯下某些錯誤甚至可能鬧出人命。

禮物的來世與靈魂

外交禮物裝飾著許多與國際外交相關的建築物，讓外交官們有一個真正的「國際空間」來展現他們的專業。舉例來說，已經有超過一百四十個會員國捐贈了至少一份禮物為聯合國總部增色。但反過來說，我們無法確知世界各地王宮裡的飾物是否曾是別人送上的禮物。禮物的歷史一旦消散，它的靈魂也就隨風而去，我們便只能看到身價非凡但沒有故事性的藝術品。禮物於是變得跟商品沒有兩樣。

所幸外交禮物的靈魂不時會展現出超乎想像的堅韌。今日的遊客若走出西班牙塞維亞大教堂哥德式的主體，會進到一個環繞著美麗橘園的迴廊。這個景點的天花板上掛著三樣讓人有點意想不到的東西：馬嚼鐵一只、象牙一根，還有最吸引人目光的，一隻塗漆的木頭鱷魚。最後一樣人稱「教堂蜥蜴」，遊客會聽到的說法是這三樣物品意在紀念由埃及蘇丹送來的外交禮物，包含一頭大象、一隻長頸鹿或者斑馬，以及一條鱷魚。象牙是僅存的大象遺骸，嚼鐵是當年用來牽引長頸鹿或斑馬的工具，鱷魚則在死後被做成標本，放在教堂裡。標本化為碎片後，便改成展示木製的複製品。

《阿方索十世紀年書》（*The Chronicle of Alfonso X*）記錄著史稱「智者」的卡斯提爾—雷昂國王的功績，書中提到埃及統治者「阿爾凡德克薩沃」（Alvandexáver）派特使前來塞維亞拜訪阿方索十世的朝廷，帶來的禮物有珍貴的布匹、稀有的珠寶，以及諸如大象、長頸鹿和斑馬等各式各樣的珍禽異獸，卻沒提到鱷魚。我們可以從紀年書推斷出使團可能的抵達時間是一二六〇年，如此一來阿爾凡德克薩沃若不是該年底遇刺的馬穆魯克蘇丹忽圖茲（Qutuz），就是他的繼任者兼潛在敵人拜巴斯（Baybars），歷史學者認為他的名字可能是忽圖茲頭銜阿爾—穆扎法爾（al-Muzaffar），或者拜巴斯頭銜阿爾—邦杜克達里（al-Bunduqdārī）的誤植。伊斯蘭方面似乎沒有提及這次出訪的史料。

教堂裡的這些物品可能會讓人想起紀年書中的使團，但在長久的歲月裡，這些文物背後的故事也產生了變化。遊客或許會被信誓旦旦地告知埃及拿這些動物當禮物，是想求取某位西班牙公主下嫁，但最終沒能如願以償。導遊可能會加油添醋地講些軼事當笑料，說什麼鱷魚改信了基督教。這些禮物到了新去處不但沒有淪為商品，還被注入了新的靈魂。

外交禮物甚至可能在原版禮物已經沒有一點蛛絲馬跡的時候，都還以相當具體的形象流傳在世，這偶爾會讓人不禁懷疑一開始是否真的有禮物存在。為了說明這種情況，我們得將話題從剛剛的鱷魚，轉向某隻理論上是由法國軍官拉法葉侯爵送給美國總統亞當斯的短吻鱷。按照流傳的故事，總統亞當斯把牠當成寵物養在白宮東廳的一間浴室裡，而且很喜歡在參觀行程中用牠來嚇客人。這隻短吻鱷在兒童繪本《總統亞當斯的短吻鱷與其他白宮寵物》（*President Adams' Alligator and Other White House Pets*）中是最重要的主角，這本書細數美國總統曾經擁有的寵物，小讀者要找出每一幅插圖中的短吻鱷。死忠的粉絲甚至有亞當斯短吻鱷的絨毛玩具可買，那是總統寵物系列的其中一隻。

然而學者們試圖確認這個故事的歷史真實性時，卻踢到了鐵板。部分歷史學家的結論是該短吻鱷不是法國侯爵送給美國總統的禮物，而是拉法葉在一八二四與一八二五年長時間巡迴全美時，收到的眾多禮物之一，畢竟當時他在美國人眼中，是協助打贏獨立戰爭的大英雄。侯爵一八二五年曾經住在白宮，而亞當斯是當時的總統，根據推測，那隻短吻鱷是他借放在白宮東廳的眾多禮物之一，東廳那時因為被一八一四年英軍火燒華府波及，還在修復當中。後來侯爵踏上歸程，所有禮物也跟著他搭上了返法的美國海軍布蘭迪懷恩號（USS Brandywine）。

但就連這趟低調的鱷魚白宮之旅，好像也找不到明確的證據。最早與拉法葉短吻鱷有關的文字紀錄，還是比這起事件晚了至少六十年。該紀錄來自政治運動者阿普頓（Harriet Taylor Upton）一篇寫給小朋友看的文章，其中簡短提到白宮東廳曾供來訪的拉法葉侯爵暫放他獲贈的各種奇珍異寶，包括「一些活生生的短吻鱷」。這麼看來，禮物的靈魂有時不需要禮物本體也能存在。

團結 vs. 權威

本書的故事讓我們看到外交禮物想達成的目的相當複雜。在牟斯的著作之後，不少的社會學研究都是以禮物在社會關係的建立與維繫中扮演什麼角色為主要的探討方向，本書收錄的外交禮物故事也提供了一些禮物在創造與強化盟友關係中發揮作用的實際案例。然而，我們的故事也充分說明了建立社會關係絕非外交贈禮的全部動機。

安特衛普大學專攻國際政治的副教授卡司特曼斯（Jorg Kustermans），在一份對波斯阿契美尼德帝國、清帝國與拜占庭帝國的分析中主張，外交贈禮不該從結盟的角度理解，而應視為送禮國用來鞏固國際權威的工具。我們之前也看到拜占庭帝國如何用外交禮物昭告天下，皇帝是上帝在俗世的攝政，所有基督徒的統治者都該臣服於他。但卡司特曼斯認為用禮物聲張權威、將權威合理化，也常見於拜占庭與哈里發的禮物交換中，此時雙方並沒有尊卑之別。因此他主張奢侈品的交換所創造出的，是一種拜占庭與哈里發共有的特權文化，雙方便是藉助這種文化對小國的國君和他們的子民強調自己的權威。

外交禮物確實有著建立與維繫社會關係的意圖，但那並不是它全部的存在意義。它們也可以宣揚送禮政體的權威、展露其魅力，換句話說，就是能夠表現出送禮國的硬實力與軟實力。它們可以同時達到這兩個目的。送出外交禮物的可以是一方之霸，也可以是落水狗；可以是精心籌備、計劃與商議後的產物，也可能基於突然冒出來的想法；禮物可以用來諂媚，也可以用來羞辱；可以深入人心幾百年，也可能被遺忘在一瞬間。禮物自有人類紀錄以來，就在地球的故事中占有一席之地，也是地表所有政治實體彼此互動的一環。

毛主席的芒果

在本書前言中為我們這趟旅程開場的，是法國總統歐蘭德獲贈的一頭小駱駝，那是一份被不當回事過了頭的外交禮物。牠不應該被吃掉，但卻被受託照顧的人家大卸八塊。如今這趟旅程即將來到終點，我們將結束在一份與駱駝的故事完全相反的禮物：一份被當成食物送出，卻始終沒有被吃掉的外交禮物。這禮物後來在人們不斷的吹捧之下，成了送禮者壓根沒想到的、備受禮敬的崇拜物。

這份禮物是一箱芒果，由巴基斯坦外長胡笙（Mian Arshad Hussain）在一九六八年八月四日正式出訪中國時，送給中國共產黨主席毛澤東。這是一份討喜但不怎麼特別的外交禮物，東南亞國家贈送芒果是很常見的行為，不過中國人對芒果確實是有些陌生。送完禮後，胡笙在這個故事裡就大致退居幕後，因為這些芒果在當時的中國媒體上，普遍被稱作一份來自「外國朋友」的心意，至於具體是哪個國家則沒有明說。這份禮物剛好在文化大革命一個格外動盪的時間點出現：學生率領的紅衛兵原本在一九六六和一九六七年主導了第一階段的文化大革命，但此時他們已經被派系林立弄得分崩離析，同時在中國內部愈來愈像無政府狀態的情況下，紅衛兵遭到了嚴厲鎮壓，不少學生都被以再教育的名義流放下鄉。

一九六八年七月底，毛澤東親自把一群工廠勞工派到北京的清華大學，處理兩支武鬥派紅衛兵發生校園械鬥的棘手情況。毛澤東接下來所做的決定將使胡笙的禮物不再是普通的芒果：他把收到的芒果送給了進駐清華大學的勞工，而不是自己吃掉。這在當時被認為是在傳遞一項清楚的訊息，那就是官方如今與工農思想宣傳隊站在一起，不再認可紅衛兵的行徑。不過真正讓這些芒果從平凡變得不凡的，是這群工廠工人後來的決定。他們也沒有把這些芒果吃掉，而是將其供奉起來。

每一間參與恢復清大秩序的工廠都各收到了一顆芒果。根據毛澤東私人醫師李志綏的回憶錄，北京紡織廠的工人用蠟把芒果封起來，打算永久保存，並把它放到工廠禮堂的祭壇上，但芒果還是很快就出現腐敗的跡象。腐爛的芒果被放進一大鍋水裡煮沸，工廠員工再一人一匙喝下這鍋聖水。另一間工廠則有人試圖用裝了福馬林的瓶子保存這顆水果。李志綏在回憶錄中表示，他曾跟毛主席報告過工人把芒果當成寶貝的行為，而毛主席笑了，這也代表透過轉送禮物觸發這場芒果之亂，並不是他有意為之。

李志綏的回憶錄寫道，北京紡織廠為芒果不復在的問題想了一個解決辦法，那便是訂製一顆芒果的蠟像，繼續放在祭壇上供奉，成為毛主席確立工人領導地位的紀念品。各地開始量產芒果蠟像，並用小玻璃容器盛裝。這些蠟像被分送給工廠工人，也被拿來獎勵自願遷居中國偏鄉發揚毛主席思想的志願者。芒果的複製品就這樣被送到中國各地，收到芒果的城市又會把複製品再拿去複製，好滿足下轄鄉鎮對芒果的需求。若不這樣做，不加入芒果教的行列，下場非同小可。在四川省，當地人翹首期盼著能看到一眼巡迴的芒果本尊，但他們最終等到的，卻是由肅清反革命委員會主委用托盤端著的，一顆早已破爛不堪的果實。一名韓姓牙醫看了芒果之後說道這東西好像挺普通，而且長得有點像番薯，他心直口快的下場是遭受審判，隨後被處決。中國旋即吹起了芒果熱，新生產的家用琺瑯餐具和棉被都添上了芒果圖案，七十多種芒果徽章在各工廠免費發放，河南新鄭市的一間工廠開始生產「芒果牌」香菸。

芒果作為禮物有兩個特點，使它可以從平凡無奇的水果變成席捲中國的聖物。首先，芒果有著吉祥的金色，而金色在中國讓人聯想到權威和財富，再來就是芒果在當時中國算是新奇的事物。中國北方的人們在一九六〇年代末以前，基本上不知道有芒果這種東西。因此芒果可以創造驚嘆，而這項性質如我們先前所見，一直以來都是在選擇至關重要的外交禮物時，尤其會被考慮到的重點。芒果因為是未知的水果，所以本身象徵的意義還不明朗，但人們很快就挪用了壽桃的意象來指涉芒果，將其視為保佑人長命百歲、身體健康的「長壽果」。這種文化上的對應讓毛主席的贈禮顯得更加崇高與無私：偉大的領袖竟然犧牲自己獲得長壽的機會，將有神力的水果送給了參與重要任務的卑微工人。

芒果的崇拜來得快，去得也快，特別在毛澤東一九七六年去世之後更是如此。到了一九八〇年代初，聰明人都會處理掉包含假芒果在內的毛澤東紀念品來明哲保身。許多芒果蠟像被重新製作成普通的蠟燭，成為停電時提供居家照明的備品。禮物的複製品反映的是送禮者的精神，一旦送禮者失勢，這些禮物就有可能帶來危險。毛主席的芒果從一份普通的禮物，變成宣示偏好特定群體的政治工具，再成為盲目崇拜的對象，接著又搖身一變，成了可能招來橫禍的前領導人相關物品，如今則被人當成古董。外交禮物史的曲折與魅力，全都體現在這則故事裡了。

致謝

我首先想感謝赫斯特出版（Hurst）的發行人與執行董事麥可．德威爾（Michael Dwyer），謝謝他鍥而不捨地鼓勵我寫出本書，也謝謝他在這過程中對我保持的信心。赫斯特出版的優異團隊，包括黛西（Daisy Leitch）、凱瑟琳（Kathleen May）與拉拉（Lara Weisweiller-Wu）。我還要感謝提姆．佩吉（Tim Page）的編輯長才。

職業外交官亞歷山大．埃文斯（Alexander Evans）作為英國內閣辦公室的策略總監替我引介了麥可，也讓我踏上了這本書的寫作之路。由梅利森（Jan Melissen）、卡司特曼斯（Jorg Kustermans）與一眾先進共同與會的一場《海牙外交季刊》論壇為我提供了極佳的機會，讓我得以從也在探索國禮精彩之處的同仁們口中獲益匪淺。

我要感謝由馬克．麥可威廉斯（Mark McWilliams）、凱西．考夫曼（Cathy Kaufman）等人籌劃了令人深受啟發的牛津食物研討會，讓我有機會準備並發表一些關於把飲食用作外交禮物的觀點。我也要感謝馬爾他遺產基金會的海洋與軍事館藏資深策展人伊曼紐爾．康提（Emmanuel Magro Conti），謝謝他就凱薩琳大帝的馬爾他肖像背後有什麼典故，幫我上了一課。

最重要的是我要感謝亞德里安娜的支持、熱忱與理解，謝謝喬治用可愛幫我解悶。最後雖然我無意給予新冠肺炎任何形式的肯定，但它促成的閉關確實替我把各種娛樂外務擋住，讓我在本書的研究與撰寫上更加心無旁騖。

參考書目與圖片出處

本書的參考書目與圖片出處皆已全部數位化，
歡迎讀者掃描 QR Code 瀏覽參考：

Beyond 50

世界的啟迪

送禮的藝術

從特洛伊木馬到動物園熊貓，50件外交禮物背後的世界史

Diplomatic Gifts: A History in Fifty Presents

作者	保羅・布魯梅爾（Paul Brummell）
譯者	鄭煥昇
執行長	陳蕙慧
副總編輯	洪仕翰
責任編輯	洪仕翰、王晨宇
行銷總監	陳雅雯
行銷企劃	趙鴻祐、張偉豪
封面設計	莊謹銘
內頁排版	宸遠彩藝
出版	衛城出版 / 遠足文化事業股份有限公司
發行	遠足文化事業股份有限公司（讀書共和國出版集團）
地址	231 新北市新店區民權路 108-3 號 8 樓
電話	02-22181417
傳真	02-22180727
客服專線	0800-221029
法律顧問	華洋法律事務所　蘇文生律師
印刷	呈靖彩藝有限公司
初版	2022 年 8 月
定價	550 元
ISBN	9786267052891（紙本）
	9786267052938（EPUB）
	9786267052921（PDF）

歡迎團體訂購，另有優惠，請洽 02-22181417，分機 1124

特別聲明：有關本書中的言論內容，不代表本公司 / 出版集團之立場與意見，文責由作者自行承擔。

DIPLOMATIC GIFTS: A History in Fifty Presents

First published in the United Kingdom in 2022 by C. Hurst & Co. (Publishers) Ltd.

ACRO POLIS 衛城出版

Email acropolismde@gmail.com

Facebook www.facebook.com/acrolispublish

國家圖書館出版品預行編目(CIP)資料

送禮的藝術：從特洛伊木馬到動物園熊貓,50件外交禮物背後的世界史 / 保羅 . 布魯梅爾(Paul Brummell)作 ; 鄭煥昇譯 . -- 初版 . -- 新北市：衛城出版, 遠足文化事業股份有限公司, 2023.08

面； 公分 . --(Beyoud 50)(世界的啟迪)

譯自 : Diplomatic gifts : a history in fifty presents.

ISBN 978-626-7052-89-1(平裝)

1. 禮品　2. 外交禮儀　3. 外交行政

578.89　　11200854